T&P BOOKS

IØ168713

KOREAANS
WOORDENSCHAT

NEDERLANDS KOREAANS

De meest bruikbare woorden
Om uw woordenschat uit te breiden en
uw taalvaardigheid aan te scherpen

9000 woorden

Thematische woordenschat Nederlands-Koreaans - 9000 woorden

Door Andrey Taranov

Woordenlijsten van T&P Books zijn bedoeld om u woorden van een vreemde taal te helpen leren, onthouden, en bestudering. Dit woordenboek is ingedeeld in thema's en behandelt alle belangrijk terreinen van het dagelijkse leven, bedrijven, wetenschap, cultuur, etc.

Het proces van het leren van woorden met behulp van de op thema's gebaseerde aanpak van T&P Books biedt u de volgende voordelen:

- Correct gegroepeerde informatie is bepalend voor succes bij opeenvolgende stadia van het leren van woorden
- De beschikbaarheid van woorden die van dezelfde stam zijn maakt het mogelijk om woordgroepen te onthouden (in plaats van losse woorden)
- Kleine groepen van woorden faciliteren het proces van het aanmaken van associatieve verbindingen, die nodig zijn bij het consolideren van de woordenschat
- Het niveau van talenkennis kan worden ingeschat door het aantal geleerde woorden

T&P Books Publishing
www.tpbooks.com

ISBN: 978-1-78616-553-4

Dit boek is ook beschikbaar in e-boek formaat.
Gelieve www.tpbooks.com te bezoeken of de belangrijkste online boekwinkels.

KOREAANSE WOORDENSCHAT
nieuwe woorden leren

T&P Books woordenlijsten zijn bedoeld om u te helpen vreemde woorden te leren, te onthouden, en te bestuderen. De woordenschat bevat meer dan 9000 veel gebruikte woorden die thematisch geordend zijn.

- De woordenlijst bevat de meest gebruikte woorden
- Aanbevolen als aanvulling bij welke taalcursus dan ook
- Voldoet aan de behoeften van de beginnende en gevorderde student in vreemde talen
- Geschikt voor dagelijks gebruik, bestudering en zelftestactiviteiten
- Maakt het mogelijk om uw woordenschat te evalueren

Bijzondere kenmerken van de woordenschat

- De woorden zijn gerangschikt naar hun betekenis, niet volgens alfabet
- De woorden worden weergegeven in drie kolommen om bestudering en zelftesten te vergemakkelijken
- Woorden in groepen worden verdeeld in kleine blokken om het leerproces te vergemakkelijken
- De woordenschat biedt een handige en eenvoudige beschrijving van elk buitenlands woord

De woordenschat bevat 256 onderwerpen zoals:

Basisconcepten, getallen, kleuren, maanden, seizoenen, meeteenheden, kleding en accessoires, eten & voeding, restaurant, familieleden, verwanten, karakter, gevoelens, emoties, ziekten, stad, dorp, bezienswaardigheden, winkelen, geld, huis, thuis, kantoor, werken op kantoor, import & export, marketing, werk zoeken, sport, onderwijs, computer, internet, gereedschap, natuur, landen, nationaliteiten en meer ...

INHOUDSOPGAVE

UITSPRAAKGIDS

Letter	Koreaans voorbeeld	T&P fonetisch alfabet	Nederlands voorbeeld

Medeklinkers

Letter	Koreaans voorbeeld	T&P fonetisch alfabet	Nederlands voorbeeld
ㄱ [1]	개	[k]	kennen, kleur
ㄱ [2]	아기	[g]	goal, tango
ㄲ	껌	[k]	gespannen [k]
ㄴ	눈	[n]	nemen, zonder
ㄷ [3]	달	[t]	tomaat, taart
ㄷ [4]	사다리	[d]	Dank u, honderd
ㄸ	딸	[t]	gespannen [t]
ㄹ [5]	라디오	[r]	roepen, breken
ㄹ [6]	십팔	[l]	delen, luchter
ㅁ	문	[m]	morgen, etmaal
ㅂ [7]	봄	[p]	parallel, koper
ㅂ [8]	아버지	[b]	hebben
ㅃ	빵	[p]	gespannen [p]
ㅅ [9]	실	[s]	spreken, kosten
ㅅ [10]	옷	[t]	tomaat, taart
ㅆ	쌀	[ja:]	januari, gedetailleerd
ㅇ [11]	강	[ng]	combinatie van klanken [ŋ] en [g]
ㅈ [12]	집	[tɕ]	ongeveer 'tjie'
ㅈ [13]	아주	[dʑ]	jeans, bougie
ㅉ	짬	[tɕ]	gespannen [tch]
ㅊ	차	[tɕʰ]	aspiraat [tsch]
ㅌ	택시	[th]	luchthaven, stadhuis
ㅋ	칼	[kh]	deukhoed, Stockholm
ㅍ	포도	[ph]	ophouden, ophangen
ㅎ	한국	[h]	het, herhalen

Klinkers en combinaties met klinkers

ㅏ	사	[a]	acht
ㅑ	향	[ja]	signaal, Spanjaard
ㅓ	머리	[ʌ]	acht

Letter	Koreaans voorbeeld	T&P fonetisch alfabet	Nederlands voorbeeld
ㅕ	병	[jɑ]	januari, jaar
ㅗ	몸	[o]	overeenkomst
ㅛ	표	[jɔ]	New York, jongen
ㅜ	물	[u]	hoed, doe
ㅠ	슈퍼	[ju]	jullie, aquarium
―	음악	[ı]	iemand, die
ㅣ	길	[i], [iː]	bidden, lila
ㅐ	뱀	[ɛ], [ɛː]	zwemmen, existeren
ㅒ	애기	[je]	project, yen
ㅔ	펜	[e]	delen, spreken
ㅖ	계산	[je]	project, yen
ㅘ	왕	[wa]	zwart, wachten
ㅙ	왜	[ʋə]	werken, grondwet
ㅚ	회의	[ø], [we]	neus, web
ㅝ	권	[uɔ]	combinatie van klanken [u] en [o]
ㅞ	웬	[ʋə]	werken, grondwet
ㅟ	쥐	[wi]	kiwi
ㅢ	거의	[ɯi]	combinatie [ıi]

Opmerkingen

[1] aan het begin van een woord
[2] tussen stemhebbende klanken
[3] aan het begin van een woord
[4] tussen stemhebbende klanken
[5] aan het begin van een lettergreep
[6] aan het eind van een lettergreep
[7] aan het begin van een woord
[8] tussen stemhebbende klanken
[9] aan het begin van een lettergreep
[10] aan het eind van een lettergreep
[11] aan het eind van een lettergreep
[12] aan het begin van een woord
[13] tussen stemhebbende klanken

AFKORTINGEN
gebruikt in de woordenschat

Nederlandse afkortingen

abn	-	als bijvoeglijk naamwoord
bijv.	-	bijvoorbeeld
bn	-	bijvoeglijk naamwoord
bw	-	bijwoord
enk.	-	enkelvoud
enz.	-	enzovoort
form.	-	formele taal
inform.	-	informele taal
mann.	-	mannelijk
mil.	-	militair
mv.	-	meervoud
on.ww.	-	onovergankelijk werkwoord
ontelb.	-	ontelbaar
ov.	-	over
ov.ww.	-	overgankelijk werkwoord
telb.	-	telbaar
vn	-	voornaamwoord
vrouw.	-	vrouwelijk
vw	-	voegwoord
vz	-	voorzetsel
wisk.	-	wiskunde
ww	-	werkwoord

Nederlandse artikelen

de	-	gemeenschappelijk geslacht
de/het	-	gemeenschappelijk geslacht, onzijdig
het	-	onzijdig

BASISBEGRIPPEN

Basisbegrippen Deel 1

1. Voornaamwoorden

ik	나, 저	na
jij, je	너	neo
hij	그, 그분	geu, geu-bun
zij, ze	그녀	geu-nyeo
het	그것	geu-geot
wij, we	우리	u-ri
jullie	너희	neo-hui
U (form., enk.)	당신	dang-sin
zij, ze	그들	geu-deul

2. Begroetingen. Begroetingen. Afscheid

Hallo! Dag!	안녕!	an-nyeong!
Hallo!	안녕하세요!	an-nyeong-ha-se-yo!
Goedemorgen!	안녕하세요!	an-nyeong-ha-se-yo!
Goedemiddag!	안녕하세요!	an-nyeong-ha-se-yo!
Goedenavond!	안녕하세요!	an-nyeong-ha-se-yo!
gedag zeggen (groeten)	인사하다	in-sa-ha-da
Hoi!	안녕!	an-nyeong!
groeten (het)	인사	in-sa
verwelkomen (ww)	인사하다	in-sa-ha-da
Hoe gaat het?	잘 지내세요?	jal ji-nae-se-yo?
Is er nog nieuws?	어떻게 지내?	eo-tteo-ke ji-nae?
Dag! Tot ziens!	안녕히 가세요!	an-nyeong-hi ga-se-yo!
Tot snel! Tot ziens!	또 만나요!	tto man-na-yo!
Vaarwel! (inform.)	잘 있어!	jal ri-seo!
Vaarwel! (form.)	안녕히 계세요!	an-nyeong-hi gye-se-yo!
afscheid nemen (ww)	작별인사를 하다	jak-byeo-rin-sa-reul ha-da
Tot kijk!	안녕!	an-nyeong!
Dank u!	감사합니다!	gam-sa-ham-ni-da!
Dank u well!	대단히 감사합니다!	dae-dan-hi gam-sa-ham-ni-da!
Graag gedaan	천만이에요	cheon-man-i-e-yo
Geen dank!	천만의 말씀입니다	cheon-man-ui mal-sseum-im-ni-da
Geen moeite.	천만에	cheon-man-e

Excuseer me, … (inform.)	실례!	sil-lye!
Excuseer me, … (form.)	실례합니다!	sil-lye-ham-ni-da!
excuseren (verontschuldigen)	용서하다	yong-seo-ha-da

zich verontschuldigen	사과하다	sa-gwa-ha-da
Mijn excuses.	사과드립니다	sa-gwa-deu-rim-ni-da
Het spijt me!	죄송합니다!	joe-song-ham-ni-da!
vergeven (ww)	용서하다	yong-seo-ha-da
alsjeblieft	부탁합니다	bu-tak-am-ni-da

Vergeet het niet!	잊지 마십시오!	it-ji ma-sip-si-o!
Natuurlijk!	물론이에요!	mul-lon-i-e-yo!
Natuurlijk niet!	물론 아니에요!	mul-lon a-ni-e-yo!
Akkoord!	그래요!	geu-rae-yo!
Zo is het genoeg!	그만!	geu-man!

3. Hoe aan te spreken

meneer	선생	seon-saeng
mevrouw	여사님	yeo-sa-nim
juffrouw	아가씨	a-ga-ssi
jongeman	젊은 분	jeol-meun bun
jongen	꼬마	kko-ma
meisje	꼬마	kko-ma

4. Kardinale getallen. Deel 1

nul	영	yeong
een	일	il
twee	이	i
drie	삼	sam
vier	사	sa

vijf	오	o
zes	육	yuk
zeven	칠	chil
acht	팔	pal
negen	구	gu

tien	십	sip
elf	십일	si-bil
twaalf	십이	si-bi
dertien	십삼	sip-sam
veertien	십사	sip-sa

vijftien	십오	si-bo
zestien	십육	si-byuk
zeventien	십칠	sip-chil
achttien	십팔	sip-pal
negentien	십구	sip-gu
twintig	이십	i-sip
eenentwintig	이십일	i-si-bil

tweeëntwintig	이십이	i-si-bi
drieëntwintig	이십삼	i-sip-sam
dertig	삼십	sam-sip
eenendertig	삼십일	sam-si-bil
tweeëndertig	삼십이	sam-si-bi
drieëndertig	삼십삼	sam-sip-sam
veertig	사십	sa-sip
eenenveertig	사십일	sa-si-bil
tweeënveertig	사십이	sa-si-bi
drieënveertig	사십삼	sa-sip-sam
vijftig	오십	o-sip
eenenvijftig	오십일	o-si-bil
tweeënvijftig	오십이	o-si-bi
drieënvijftig	오십삼	o-sip-sam
zestig	육십	yuk-sip
eenenzestig	육십일	yuk-si-bil
tweeënzestig	육십이	yuk-si-bi
drieënzestig	육십삼	yuk-sip-sam
zeventig	칠십	chil-sip
eenenzeventig	칠십일	chil-si-bil
tweeënzeventig	칠십이	chil-si-bi
drieënzeventig	칠십삼	chil-sip-sam
tachtig	팔십	pal-sip
eenentachtig	팔십일	pal-si-bil
tweeëntachtig	팔십이	pal-si-bi
drieëntachtig	팔십삼	pal-sip-sam
negentig	구십	gu-sip
eenennegentig	구십일	gu-si-bil
tweeënnegentig	구십이	gu-si-bi
drieënnegentig	구십삼	gu-sip-sam

5. Kardinale getallen. Deel 2

honderd	백	baek
tweehonderd	이백	i-baek
driehonderd	삼백	sam-baek
vierhonderd	사백	sa-baek
vijfhonderd	오백	o-baek
zeshonderd	육백	yuk-baek
zevenhonderd	칠백	chil-baek
achthonderd	팔백	pal-baek
negenhonderd	구백	gu-baek
duizend	천	cheon
tweeduizend	이천	i-cheon
drieduizend	삼천	sam-cheon

tienduizend	만	man
honderdduizend	십만	sim-man
miljoen (het)	백만	baeng-man
miljard (het)	십억	si-beok

6. Ordinale getallen

eerste (bn)	첫 번째의	cheot beon-jjae-ui
tweede (bn)	두 번째의	du beon-jjae-ui
derde (bn)	세 번째의	se beon-jjae-ui
vierde (bn)	네 번째의	ne beon-jjae-ui
vijfde (bn)	다섯 번째의	da-seot beon-jjae-ui
zesde (bn)	여섯 번째의	yeo-seot beon-jjae-ui
zevende (bn)	일곱 번째의	il-gop beon-jjae-ui
achtste (bn)	여덟 번째의	yeo-deol beon-jjae-ui
negende (bn)	아홉 번째의	a-hop beon-jjae-ui
tiende (bn)	열 번째의	yeol beon-jjae-ui

7. Getallen. Breuken

breukgetal (het)	분수	bun-su
half	이분의 일	i-bun-ui il
een derde	삼분의 일	sam-bun-ui il
kwart	사분의 일	sa-bun-ui il
een achtste	팔분의 일	pal-bun-ui il
een tiende	십분의 일	sip-bun-ui il
twee derde	삼분의 이	sam-bun-ui i
driekwart	사분의 삼	sa-bun-ui sam

8. Getallen. Eenvoudige berekeningen

aftrekking (de)	빼기	ppae-gi
aftrekken (ww)	빼다	ppae-da
deling (de)	나누기	na-nu-gi
delen (ww)	나누다	na-nu-da
optelling (de)	더하기	deo-ha-gi
erbij optellen (bij elkaar voegen)	합하다	ha-pa da
optellen (ww)	더하다	deo-ha-da
vermenigvuldiging (de)	곱하기	go-pa-gi
vermenigvuldigen (ww)	곱하다	go-pa-da

9. Getallen. Diversen

| cijfer (het) | 숫자 | sut-ja |
| nummer (het) | 숫자 | sul-ja |

telwoord (het)	수사	su-sa
minteken (het)	마이너스	ma-i-neo-seu
plusteken (het)	플러스	peul-leo-seu
formule (de)	공식	gong-sik

berekening (de)	계산	gye-san
tellen (ww)	세다	se-da
bijrekenen (ww)	헤아리다	he-a-ri-da
vergelijken (ww)	비교하다	bi-gyo-ha-da

Hoeveel? (ontelb.)	얼마?	eol-ma?
Hoeveel? (telb.)	얼마나?	eo-di-ro?
som (de), totaal (het)	총합	chong-hap
uitkomst (de)	결과	gyeol-gwa
rest (de)	나머지	na-meo-ji

enkele (bijv. ~ minuten)	몇	myeot
weinig (bw)	조금	jo-geum
restant (het)	나머지	na-meo-ji
anderhalf	일과 이분의 일	il-gwa i-bun-ui il
dozijn (het)	다스	da-seu

middendoor (bw)	반으로	ba-neu-ro
even (bw)	균등하게	gyun-deung-ha-ge
helft (de)	절반	jeol-ban
keer (de)	번	beon

10. De belangrijkste werkwoorden. Deel 1

aanbevelen (ww)	추천하다	chu-cheon-ha-da
aandringen (ww)	주장하다	ju-jang-ha-da
aankomen (per auto, enz.)	도착하다	do-chak-a-da
aanraken (ww)	닿다	da-ta
adviseren (ww)	조언하다	jo-eon-ha-da

afdalen (on.ww.)	내려오다	nae-ryeo-o-da
afslaan (naar rechts ~)	돌다	dol-da
antwoorden (ww)	대답하다	dae-da-pa-da
bang zijn (ww)	무서워하다	mu-seo-wo-ha-da
bedreigen (bijv. met een pistool)	협박하다	hyeop-bak-a-da

bedriegen (ww)	속이다	so-gi-da
beëindigen (ww)	끝내다	kkeun-nae-da
beginnen (ww)	시작하다	si-jak-a-da
begrijpen (ww)	이해하다	i-hae-ha-da
beheren (managen)	운영하다	u-nyeong-ha-da

beledigen (met scheldwoorden)	모욕하다	mo-yok-a-da
beloven (ww)	약속하다	yak-sok-a-da
bereiden (koken)	요리하다	yo-ri-ha-da
bespreken (spreken over)	의논하다	ui-non-ha-da
bestellen (eten ~)	주문하다	ju-mun-ha-da

bestraffen (een stout kind ~)	처벌하다	cheo-beol-ha-da
betalen (ww)	지불하다	ji-bul-ha-da
betekenen (beduiden)	의미하다	ui-mi-ha-da
betreuren (ww)	후회하다	hu-hoe-ha-da
bevallen (prettig vinden)	좋아하다	jo-a-ha-da
bevelen (mil.)	명령하다	myeong-nyeong-ha-da
bevrijden (stad, enz.)	해방하다	hae-bang-ha-da
bewaren (ww)	보관하다	bo-gwan-ha-da
bezitten (ww)	소유하다	so-yu-ha-da
bidden (praten met God)	기도하다	gi-do-ha-da
binnengaan (een kamer ~)	들어가다	deu-reo-ga-da
breken (ww)	깨뜨리다	kkae-tteu-ri-da
controleren (ww)	제어하다	je-eo-ha-da
creëren (ww)	창조하다	chang-jo-ha-da
deelnemen (ww)	참가하다	cham-ga-ha-da
denken (ww)	생각하다	saeng-gak-a-da
doden (ww)	죽이다	ju-gi-da
doen (ww)	하다	ha-da
dorst hebben (ww)	목마르다	mong-ma-reu-da

11. De belangrijkste werkwoorden. Deel 2

een hint geven	힌트를 주다	hin-teu-reul ju-da
eisen (met klem vragen)	요구하다	yo-gu-ha-da
existeren (bestaan)	존재하다	jon-jae-ha-da
gaan (te voet)	가다	ga-da
gaan zitten (ww)	앉다	an-da
gaan zwemmen	수영하다	su-yeong-ha-da
geven (ww)	주다	ju-da
glimlachen (ww)	미소를 짓다	mi-so-reul jit-da
goed raden (ww)	추측하다	chu-cheuk-a-da
grappen maken (ww)	농담하다	nong-dam-ha-da
graven (ww)	파다	pa-da
hebben (ww)	가지다	ga-ji-da
helpen (ww)	도와주다	do-wa-ju-da
herhalen (opnieuw zeggen)	반복하다	ban-bok-a-da
honger hebben (ww)	배가 고프다	bae-ga go-peu-da
hopen (ww)	희망하다	hui-mang-ha-da
horen	듣다	deut-da
(waarnemen met het oor)		
huilen (wenen)	울다	ul-da
huren (huis, kamer)	임대하다	im-dae-ha-da
informeren (informatie geven)	알리다	al-li-da
instemmen (akkoord gaan)	동의하다	dong-ui-ha-da
jagen (ww)	사냥하다	sa-nyang-ha-da
kennen (kennis hebben van iemand)	알다	al-da

| kiezen (ww) | 선택하다 | seon-taek-a-da |
| klagen (ww) | 불평하다 | bul-pyeong-ha-da |

kosten (ww)	값이 … 이다	gap-si … i-da
kunnen (ww)	할 수 있다	hal su it-da
lachen (ww)	웃다	ut-da
laten vallen (ww)	떨어뜨리다	tteo-reo-tteu-ri-da
lezen (ww)	읽다	ik-da

liefhebben (ww)	사랑하다	sa-rang-ha-da
lunchen (ww)	점심을 먹다	jeom-si-meul meok-da
nemen (ww)	잡다	jap-da
nodig zijn (ww)	필요하다	pi-ryo-ha-da

12. De belangrijkste werkwoorden. Deel 3

onderschatten (ww)	과소평가하다	gwa-so-pyeong-ga-ha-da
ondertekenen (ww)	서명하다	seo-myeong-ha-da
ontbijten (ww)	아침을 먹다	a-chi-meul meok-da
openen (ww)	열다	yeol-da
ophouden (ww)	그만두다	geu-man-du-da
opmerken (zien)	알아차리다	a-ra-cha-ri-da

opscheppen (ww)	자랑하다	ja-rang-ha-da
opschrijven (ww)	적다	jeok-da
plannen (ww)	계획하다	gye-hoek-a-da
prefereren (verkiezen)	선호하다	seon-ho-ha-da
proberen (trachten)	해보다	hae-bo-da
redden (ww)	구조하다	gu-jo-ha-da

rekenen op …	… 에 의지하다	… e ui-ji-ha-da
rennen (ww)	달리다	dal-li-da
reserveren	예약하다	ye-yak-a-da
(een hotelkamer ~)		
roepen (om hulp)	부르다, 요청하다	bu-reu-da, yo-cheong-ha-da
schieten (ww)	쏘다	sso-da
schreeuwen (ww)	소리치다	so-ri-chi-da

schrijven (ww)	쓰다	sseu-da
souperen (ww)	저녁을 먹다	jeo-nyeo-geul meok-da
spelen (kinderen)	놀다	nol-da
spreken (ww)	말하다	mal-ha-da
stelen (ww)	훔치다	hum-chi-da
stoppen (pauzeren)	정지하다	jeong-ji-ha-da

studeren (Nederlands ~)	공부하다	gong-bu-ha-da
sturen (zenden)	보내다	bo-nae-da
tellen (optellen)	세다	se-da
toebehoren …	… 에 속하다	… e sok-a-da
toestaan (ww)	허가하다	heo-ga-ha-da
tonen (ww)	보여주다	bo-yeo-ju-da

| twijfelen (onzeker zijn) | 의심하다 | ui-sim-ha-da |
| uitgaan (ww) | 나가다 | na-ga-da |

uitnodigen (ww)	초대하다	cho-dae-ha-da
uitspreken (ww)	발음하다	ba-reum-ha-da
uitvaren tegen (ww)	꾸짖다	kku-jit-da

13. De belangrijkste werkwoorden. Deel 4

vallen (ww)	떨어지다	tteo-reo-ji-da
vangen (ww)	잡다	jap-da
veranderen (anders maken)	바꾸다	ba-kku-da
verbaasd zijn (ww)	놀라다	nol-la-da
verbergen (ww)	숨기다	sum-gi-da

verdedigen (je land ~)	방어하다	bang-eo-ha-da
verenigen (ww)	연합하다	yeon-ha-pa-da
vergelijken (ww)	비교하다	bi-gyo-ha-da
vergeten (ww)	잊다	it-da
vergeven (ww)	용서하다	yong-seo-ha-da

verklaren (uitleggen)	설명하다	seol-myeong-ha-da
verkopen (per stuk ~)	팔다	pal-da
vermelden (praten over)	언급하다	eon-geu-pa-da
versieren (decoreren)	장식하다	jang-sik-a-da
vertalen (ww)	번역하다	beo-nyeok-a-da

vertrouwen (ww)	신뢰하다	sil-loe-ha-da
vervolgen (ww)	계속하다	gye-sok-a-da
verwarren (met elkaar ~)	혼동하다	hon-dong-ha-da
verzoeken (ww)	부탁하다	bu-tak-a-da
verzuimen (school, enz.)	결석하다	gyeol-seok-a-da

vinden (ww)	찾다	chat-da
vliegen (ww)	날다	nal-da
volgen (ww)	… 를 따라가다	… reul tta-ra-ga-da
voorstellen (ww)	제안하다	je-an-ha-da
voorzien (verwachten)	예상하다	ye-sang-ha-da
vragen (ww)	묻다	mut-da

waarnemen (ww)	지켜보다	ji-kyeo-bo-da
waarschuwen (ww)	경고하다	gyeong-go-ha-da
wachten (ww)	기다리다	gi-da-ri-da
weerspreken (ww)	반대하다	ban-dae-ha-da
welgeren (ww)	거절하다	geo-jeol-ha-da

werken (ww)	일하다	il-ha-da
weten (ww)	알다	al-da
willen (verlangen)	원하다	won-ha-da
zeggen (ww)	말하다	mal-ha-da
zich haasten (ww)	서두르다	seo-du-reu-da

zich interesseren voor …	… 에 관심을 가지다	… e gwan-si-meul ga-ji-da
zich vergissen (ww)	실수하다	sil-su-ha-da
zich verontschuldigen	사과하다	sa-gwa-ha-da
zien (ww)	보다	bo-da
zoeken (ww)	… 를 찾다	… reul chat-da

| zwemmen (ww) | 수영하다 | su-yeong-ha-da |
| zwijgen (ww) | 침묵을 지키다 | chim-mu-geul ji-ki-da |

14. Kleuren

kleur (de)	색	sae
tint (de)	색조	saek-jo
kleurnuance (de)	색상	saek-sang
regenboog (de)	무지개	mu-ji-gae

wit (bn)	흰	huin
zwart (bn)	검은	geo-meun
grijs (bn)	회색의	hoe-sae-gui

groen (bn)	초록색의	cho-rok-sae-gui
geel (bn)	노란	no-ran
rood (bn)	빨간	ppal-gan

blauw (bn)	파란	pa-ran
lichtblauw (bn)	하늘색의	ha-neul-sae-gui
roze (bn)	분홍색의	bun-hong-sae-gui
oranje (bn)	주황색의	ju-hwang-sae-gui
violet (bn)	보라색의	bo-ra-sae-gui
bruin (bn)	갈색의	gal-sae-gui

| goud (bn) | 금색의 | geum-sae-gui |
| zilverkleurig (bn) | 은색의 | eun-sae-gui |

beige (bn)	베이지색의	be-i-ji-sae-gui
roomkleurig (bn)	크림색의	keu-rim-sae-gui
turkoois (bn)	청록색의	cheong-nok-sae-gui
kersrood (bn)	암적색의	am-jeok-sae-gui
lila (bn)	연보라색의	yeon-bo-ra-sae-gui
karmijnrood (bn)	진홍색의	jin-hong-sae-gui

licht (bn)	밝은	bal-geun
donker (bn)	짙은	ji-teun
fel (bn)	선명한	seon-myeong-han

kleur-, kleurig (bn)	색의	sae-gui
kleuren- (abn)	컬러의	keol-leo-ui
zwart-wit (bn)	흑백의	heuk-bae-gui
eenkleurig (bn)	단색의	dan-sae-gui
veelkleurig (bn)	다색의	da-sae-gui

15. Vragen

Wie?	누구?	nu-gu?
Wat?	무엇?	mu-eot?
Waar?	어디?	eo-di?
Waarheen?	어디로?	eo-di-ro?
Waar ... vandaan?	어디로부터?	eo-di-ro-bu-teo?

Wanneer?	언제?	eon-je?
Waarom?	왜?	wae?
Waarom?	왜?	wae?

Waarvoor dan ook?	무엇을 위해서?	mu-eos-eul rwi-hae-seo?
Hoe?	어떻게?	eo-tteo-ke?
Wat voor ...?	어떤?	eo-tteon?
Welk?	어느?	eo-neu?

Aan wie?	누구에게?	nu-gu-e-ge?
Over wie?	누구에 대하여?	nu-gu-e dae-ha-yeo?
Waarover?	무엇에 대하여?	mu-eos-e dae-ha-yeo?
Met wie?	누구하고?	nu-gu-ha-go?

| Hoeveel? | 얼마? | eol-ma? |
| Van wie? (mann.) | 누구의? | nu-gu-ui? |

16. Voorzetsels

met (bijv. ~ beleg)	··· 하고	... ha-go
zonder (~ accent)	없이	eop-si
naar (in de richting van)	··· 에	... e
over (praten ~)	··· 에 대하여	... e dae-ha-yeo
voor (in tijd)	전에	jeon-e
voor (aan de voorkant)	··· 앞에	... a-pe

onder (lager dan)	밑에	mi-te
boven (hoger dan)	위에	wi-e
op (bovenop)	위에	wi-e
van (uit, afkomstig van)	··· 에서	... e-seo
van (gemaakt van)	··· 로	... ro

| over (bijv. ~ een uur) | ··· 안에 | ... a-ne |
| over (over de bovenkant) | 너머 | dwi-e |

17. Functiewoorden. Bijwoorden. Deel 1

Waar?	어디?	eo-di?
hier (bw)	여기	yeo-gi
daar (bw)	거기	geo-gi

| ergens (bw) | 어딘가 | eo-din-ga |
| nergens (bw) | 어디도 | eo-di-do |

| bij ... (in de buurt) | 옆에 | yeo-pe |
| bij het raam | 창문 옆에 | chang-mun nyeo-pe |

Waarheen?	어디로?	eo-di-ro?
hierheen (bw)	여기로	yeo-gi-ro
daarheen (bw)	거기로	geo-gi-ro
hiervandaan (bw)	여기서	yeo-gi-seo
daarvandaan (bw)	거기서	geo-gi-seo

dichtbij (bw)	가까이	ga-kka-i
ver (bw)	멀리	meol-li
in de buurt (van …)	근처에	geun-cheo-e
vlakbij (bw)	인근에	in-geu-ne
niet ver (bw)	멀지 않게	meol-ji an-ke
linker (bn)	왼쪽의	oen-jjo-gui
links (bw)	왼쪽에	oen-jjo-ge
linksaf, naar links (bw)	왼쪽으로	oen-jjo-geu-ro
rechter (bn)	오른쪽의	o-reun-jjo-gui
rechts (bw)	오른쪽에	o-reun-jjo-ge
rechtsaf, naar rechts (bw)	오른쪽으로	o-reun-jjo-geu-ro
vooraan (bw)	앞쪽에	ap-jjo-ge
voorste (bn)	앞의	a-pui
vooruit (bw)	앞으로	a-peu-ro
achter (bw)	뒤에	dwi-e
van achteren (bw)	뒤에서	dwi-e-seo
achteruit (naar achteren)	뒤로	dwi-ro
midden (het)	가운데	ga-un-de
in het midden (bw)	가운데에	ga-un-de-e
opzij (bw)	옆에	yeo-pe
overal (bw)	모든 곳에	mo-deun gos-e
omheen (bw)	주위에	ju-wi-e
binnenuit (bw)	내면에서	nae-myeon-e-seo
naar ergens (bw)	어딘가에	eo-din-ga-e
rechtdoor (bw)	똑바로	ttok-ba-ro
terug (bijv. ~ komen)	뒤로	dwi-ro
ergens vandaan (bw)	어디에서든지	eo-di-e-seo-deun-ji
ergens vandaan	어디로부터인지	eo-di-ro-bu-teo-in-ji
(en dit geld moet ~ komen)		
ten eerste (bw)	첫째로	cheot-jjae-ro
ten tweede (bw)	둘째로	dul-jjae-ro
ten derde (bw)	셋째로	set-jjae-ro
plotseling (bw)	갑자기	gap-ja-gi
in het begin (bw)	처음에	cheo-eum-e
voor de eerste keer (bw)	처음으로	cheo-eu-meu-ro
lang voor … (bw)	… 오래 전에	… o-rae jeon-e
opnieuw (bw)	다시	da-si
voor eeuwig (bw)	영원히	yeong-won-hi
nooit (bw)	절대로	jeol-dae-ro
weer (bw)	다시	da-si
nu (bw)	이제	i-je
vaak (bw)	자주	ja-ju
toen (bw)	그때	geu-ttae
urgent (bw)	급히	geu-pi

meestal (bw)	보통으로	bo-tong-eu-ro
trouwens, ...	그건 그렇고, ...	geu-geon geu-reo-ko, ...
(tussen haakjes)		
mogelijk (bw)	가능한	ga-neung-han
waarschijnlijk (bw)	아마	a-ma
misschien (bw)	어쩌면	eo-jjeo-myeon
trouwens (bw)	게다가 ...	ge-da-ga ...
daarom ...	그래서 ...	geu-rae-seo ...
in weerwil van ...	... 에도 불구하고	... e-do bul-gu-ha-go
dankzij ...	... 덕분에	... deok-bun-e
iets (vn)	무엇인가	mu-eon-nin-ga
iets	무엇이든지	mu-eon-ni-deun-ji
niets (vn)	아무것도	a-mu-geot-do
iemand (een onbekende)	누구	nu-gu
iemand	누군가	nu-gun-ga
(een bepaald persoon)		
niemand (vn)	아무도	a-mu-do
nergens (bw)	아무데도	a-mu-de-do
niemands (bn)	누구의 것도 아닌	nu-gu-ui geot-do a-nin
iemands (bn)	누군가의	nu-gun-ga-ui
zo (Ik ben ~ blij)	그래서	geu-rae-seo
ook (evenals)	역시	yeok-si
alsook (eveneens)	또한	tto-han

18. Functiewoorden. Bijwoorden. Deel 2

Waarom?	왜?	wae?
om een bepaalde reden	어떤 이유로	eo-tteon ni-yu-ro
omdat ...	왜냐하면 ...	wae-nya-ha-myeon ...
voor een bepaald doel	어떤 목적으로	eo-tteon mok-jeo-geu-ro
en (vw)	그리고	geu-ri-go
of (vw)	또는	tto-neun
maar (vw)	그러나	geu-reo-na
voor (vz)	위해서	wi-hae-seo
te (~ veel mensen)	너무	neo-mu
alleen (bw)	... 만	... man
precies (bw)	정확하게	jeong-hwak-a-ge
ongeveer (~ 10 kg)	약	yak
omstreeks (bw)	대략	dae-ryak
bij benadering (bn)	대략적인	dae-ryak-jeo-gin
bijna (bw)	거의	geo-ui
rest (de)	나머지	na-meo-ji
elk (bn)	각각의	gak-ga-gui
om het even welk	아무	a-mu
veel (grote hoeveelheid)	많이	ma-ni
veel mensen	많은 사람들	ma-neun sa-ram-deul

iedereen (alle personen)	모두	mo-du
in ruil voor ...	... 의 교환으로	... ui gyo-hwa-neu-ro
in ruil (bw)	교환으로	gyo-hwa-neu-ro
met de hand (bw)	수공으로	su-gong-eu-ro
onwaarschijnlijk (bw)	거의	geo-ui

waarschijnlijk (bw)	아마	a-ma
met opzet (bw)	일부러	il-bu-reo
toevallig (bw)	우연히	u-yeon-hi

zeer (bw)	아주	a-ju
bijvoorbeeld (bw)	예를 들면	ye-reul deul-myeon
tussen (~ twee steden)	사이에	sa-i-e
tussen (te midden van)	중에	jung-e
zoveel (bw)	이만큼	i-man-keum
vooral (bw)	특히	teuk-i

Basisbegrippen Deel 2

19. Dagen van de week

maandag (de)	월요일	wo-ryo-il
dinsdag (de)	화요일	hwa-yo-il
woensdag (de)	수요일	su-yo-il
donderdag (de)	목요일	mo-gyo-il
vrijdag (de)	금요일	geu-myo-il
zaterdag (de)	토요일	to-yo-il
zondag (de)	일요일	i-ryo-il
vandaag (bw)	오늘	o-neul
morgen (bw)	내일	nae-il
overmorgen (bw)	모레	mo-re
gisteren (bw)	어제	eo-je
eergisteren (bw)	그저께	geu-jeo-kke
dag (de)	낮	nat
werkdag (de)	근무일	geun-mu-il
feestdag (de)	공휴일	gong-hyu-il
verlofdag (de)	휴일	hyu-il
weekend (het)	주말	ju-mal
de hele dag (bw)	하루종일	ha-ru-jong-il
de volgende dag (bw)	다음날	da-eum-nal
twee dagen geleden	이틀 전	i-teul jeon
aan de vooravond (bw)	전날	jeon-nal
dag-, dagelijks (bn)	일간의	il-ga-nui
elke dag (bw)	매일	mae-il
week (de)	주	ju
vorige week (bw)	지난 주에	ji-nan ju-e
volgende week (Lw)	다음 주에	da-eum ju-e
wekelijks (bn)	주간의	ju-ga-nui
elke week (bw)	매주	mae-ju
twee keer per week	일주일에 두번	il-ju-i-re du-beon
elke dinsdag	매주 화요일	mae-ju hwa-yo-il

20. Uren. Dag en nacht

morgen (de)	아침	a-chim
's morgens (bw)	아침에	a-chim-e
middag (de)	정오	jeong-o
's middags (bw)	오후에	o-hu-e
avond (de)	저녁	jeo-nyeok
's avonds (bw)	저녁에	jeo-nyeo-ge

27

nacht (de)	밤	bam
's nachts (bw)	밤에	bam-e
middernacht (de)	자정	ja-jeong

seconde (de)	초	cho
minuut (de)	분	bun
uur (het)	시	si
halfuur (het)	반시간	ban-si-gan
kwartier (het)	십오분	si-bo-bun
vijftien minuten	십오분	si-bo-bun
etmaal (het)	이십사시간	i-sip-sa-si-gan

zonsopgang (de)	일출	il-chul
dageraad (de)	새벽	sae-byeok
vroege morgen (de)	이른 아침	i-reun a-chim
zonsondergang (de)	저녁 노을	jeo-nyeok no-eul

's morgens vroeg (bw)	이른 아침에	i-reun a-chim-e
vanmorgen (bw)	오늘 아침에	o-neul ra-chim-e
morgenochtend (bw)	내일 아침에	nae-il ra-chim-e
vanmiddag (bw)	오늘 오후에	o-neul ro-hu-e
's middags (bw)	오후에	o-hu-e
morgenmiddag (bw)	내일 오후에	nae-il ro-hu-e
vanavond (bw)	오늘 저녁에	o-neul jeo-nyeo-ge
morgenavond (bw)	내일 밤에	nae-il bam-e

klokslag drie uur	3시 정각에	se-si jeong-ga-ge
ongeveer vier uur	4시쯤에	ne-si-jjeu-me
tegen twaalf uur	12시까지	yeoldu si-kka-ji

over twintig minuten	20분 안에	isib-bun na-ne
over een uur	한 시간 안에	han si-gan na-ne
op tijd (bw)	제시간에	je-si-gan-e

kwart voor ...	··· 십오 분	... si-bo bun
binnen een uur	한 시간 내에	han si-gan nae-e
elk kwartier	15분 마다	sibo-bun ma-da
de klok rond	하루종일	ha-ru-jong-il

21. Maanden. Seizoenen

januari (de)	일월	i-rwol
februari (de)	이월	i-wol
maart (de)	삼월	sam-wol
april (de)	사월	sa-wol
mei (de)	오월	o-wol
juni (de)	유월	yu-wol

juli (de)	칠월	chi-rwol
augustus (de)	팔월	pa-rwol
september (de)	구월	gu-wol
oktober (de)	시월	si-wol
november (de)	십일월	si-bi-rwol
december (de)	십이월	si-bi-wol

lente (de)	봄	bom
in de lente (bw)	봄에	bom-e
lente- (abn)	봄의	bom-ui
zomer (de)	여름	yeo-reum
in de zomer (bw)	여름에	yeo-reum-e
zomer-, zomers (bn)	여름의	yeo-reu-mui
herfst (de)	가을	ga-eul
in de herfst (bw)	가을에	ga-eu-re
herfst- (abn)	가을의	ga-eu-rui
winter (de)	겨울	gyeo-ul
in de winter (bw)	겨울에	gyeo-u-re
winter- (abn)	겨울의	gyeo-ul
maand (de)	월, 달	wol, dal
deze maand (bw)	이번 달에	i-beon da-re
volgende maand (bw)	다음 달에	da-eum da-re
vorige maand (bw)	지난 달에	ji-nan da-re
een maand geleden (bw)	한달 전에	han-dal jeon-e
over een maand (bw)	한 달 안에	han dal ra-ne
over twee maanden (bw)	두 달 안에	du dal ra-ne
de hele maand (bw)	한 달 내내	han dal lae-nae
een volle maand (bw)	한달간 내내	han-dal-gan nae-nae
maand-, maandelijks (bn)	월간의	wol-ga-nui
maandelijks (bw)	매월, 매달	mae-wol, mae-dal
elke maand (bw)	매달	mae-dal
twee keer per maand	한 달에 두 번	han da-re du beon
jaar (het)	년	nyeon
dit jaar (bw)	올해	ol-hae
volgend jaar (bw)	내년	nae-nyeon
vorig jaar (bw)	작년	jang-nyeon
een jaar geleden (bw)	일년 전	il-lyeon jeon
over een jaar	일 년 안에	il lyeon na-ne
over twee jaar	이 년 안에	i nyeon na-ne
het hele jaar	한 해 전체	han hae jeon-che
een vol jaar	일년 내내	il-lyeon nae-nae
elk jaar	매년	mae-nyeon
jaar-, jaarlijks (bn)	연간의	yeon-ga-nui
jaarlijks (bw)	매년	mae-nyeon
4 keer per jaar	일년에 네 번	il-lyeon-e ne beon
datum (de)	날짜	nal-jja
datum (de)	월일	wo-ril
kalender (de)	달력	dal-lyeok
een half jaar	반년	ban-nyeon
zes maanden	육개월	yuk-gae-wol
seizoen (bijv. lente, zomer)	계절	gye-jeol
eeuw (de)	세기	se-gi

22. Tijd. Diversen

tijd (de)	시간	si-gan
ogenblik (het)	순간	sun-gan
moment (het)	찰나	chal-la
ogenblikkelijk (bn)	찰나의	chal-la-ui
tijdsbestek (het)	기간	gi-gan
leven (het)	일생	il-saeng
eeuwigheid (de)	영원	yeong-won
epoche (de), tijdperk (het)	시대	si-dae
era (de), tijdperk (het)	시대	si-dae
cyclus (de)	주기	ju-gi
periode (de)	기간	gi-gan
termijn (vastgestelde periode)	기간	gi-gan
toekomst (de)	미래	mi-rae
toekomstig (bn)	미래의	mi-rae-ui
de volgende keer	다음번	da-eum-beon
verleden (het)	과거	gwa-geo
vorig (bn)	지나간	ji-na-gan
de vorige keer	지난 번에	ji-nan beon-e
later (bw)	나중에	na-jung-e
na (~ het diner)	… 후에	… hu-e
tegenwoordig (bw)	요즘	yo-jeum
nu (bw)	이제	i-je
onmiddellijk (bw)	즉시	jeuk-si
snel (bw)	곧	got
bij voorbaat (bw)	미리	mi-ri
lang geleden (bw)	오래 전	o-rae jeon
kort geleden (bw)	최근	choe-geun
noodlot (het)	운명	un-myeong
herinneringen (mv.)	회상, 추억	hoe-sang, chu-eok
archief (het)	기록	gi-rok
tijdens … (ten tijde van)	… 동안	… dong-an
lang (bw)	오래	o-rae
niet lang (bw)	길지 않은	gil-ji a-neun
vroeg (bijv. ~ in de ochtend)	일찍	il-jjik
laat (bw)	늦게	neut-ge
voor altijd (bw)	영원히	yeong-won-hi
beginnen (ww)	시작하다	si-jak-a-da
uitstellen (ww)	연기하다	yeon-gi-ha-da
tegelijkertijd (bw)	동시에	dong-si-e
voortdurend (bw)	영구히	yeong-gu-hi
constant (bijv. ~ lawaai)	끊임없는	kkeu-nim-eom-neun
tijdelijk (bn)	일시적인	il-si-jeo-gin
soms (bw)	가끔	ga-kkeum
zelden (bw)	드물게	deu-mul-ge
vaak (bw)	자주	ja-ju

23. Tegenovergestelden

rijk (bn)	부유한	bu-yu-han
arm (bn)	가난한	ga-nan-han
ziek (bn)	아픈	a-peun
gezond (bn)	건강한	geon-gang-han
groot (bn)	큰	keun
klein (bn)	작은	ja-geun
snel (bw)	빨리	ppal-li
langzaam (bw)	천천히	cheon-cheon-hi
snel (bn)	빠른	ppa-reun
langzaam (bn)	느린	neu-rin
vrolijk (bn)	기쁜	gi-ppeun
treurig (bn)	슬픈	seul-peun
samen (bw)	같이	ga-chi
apart (bw)	따로	tta-ro
hardop (~ lezen)	큰소리로	keun-so-ri-ro
stil (~ lezen)	묵독	muk-dok
hoog (bn)	높은	no-peun
laag (bn)	낮은	na-jeun
diep (bn)	깊은	gi-peun
ondiep (bn)	얕은	ya-teun
ja	네	ne
nee	아니오	a-ni-o
ver (bn)	먼	meon
dicht (bn)	인근의	in-geu-nui
ver (bw)	멀리	meol-li
dichtbij (bw)	인근에	in-geu-ne
lang (bn)	긴	gin
kort (bn)	짧은	jjal-beun
vriendelijk (goedhartig)	착한	cha-kan
kwaad (bn)	사악한	sa-a-kan
gehuwd (mann.)	결혼한	gyeol-hon-han
ongehuwd (mann.)	미혼의	mi-hon-ui
verbieden (ww)	금지하다	geum-ji-ha-da
toestaan (ww)	허가하다	heo-ga-ha-da
einde (het)	끝	kkeut
begin (het)	시작	si-jak

| linker (bn) | 왼쪽의 | oen-jjo-gui |
| rechter (bn) | 오른쪽의 | o-reun-jjo-gui |

| eerste (bn) | 첫 번째의 | cheot beon-jjae-ui |
| laatste (bn) | 마지막의 | ma-ji-ma-gui |

| misdaad (de) | 범죄 | beom-joe |
| bestraffing (de) | 벌 | beol |

| bevelen (ww) | 명령하다 | myeong-nyeong-ha-da |
| gehoorzamen (ww) | 복종하다 | bok-jong-ha-da |

| recht (bn) | 곧은 | go-deun |
| krom (bn) | 굽은 | gu-beun |

| paradijs (het) | 천국 | cheon-guk |
| hel (de) | 지옥 | ji-ok |

| geboren worden (ww) | 태어나다 | tae-eo-na-da |
| sterven (ww) | 죽다 | juk-da |

| sterk (bn) | 강한 | gang-han |
| zwak (bn) | 약한 | yak-an |

| oud (bn) | 늙은 | neul-geun |
| jong (bn) | 젊은 | jeol-meun |

| oud (bn) | 낡은 | nal-geun |
| nieuw (bn) | 새로운 | sae-ro-un |

| hard (bn) | 단단한 | dan-dan-han |
| zacht (bn) | 부드러운 | bu-deu-reo-un |

| warm (bn) | 따뜻한 | tta-tteu-tan |
| koud (bn) | 추운 | chu-un |

| dik (bn) | 뚱뚱한 | ttung-ttung-han |
| dun (bn) | 마른 | ma-reun |

| smal (bn) | 좁은 | jo-beun |
| breed (bn) | 넓은 | neol-beun |

| goed (bn) | 좋은 | jo-eun |
| slecht (bn) | 나쁜 | na-ppeun |

| moedig (bn) | 용감한 | yong-gam-han |
| laf (bn) | 비겁한 | bi-geo-pan |

24. Lijnen en vormen

vierkant (het)	정사각형	jeong-sa-gak-yeong
vierkant (bn)	사각의	sa-ga-gui
cirkel (de)	원	won
rond (bn)	원형의	won-hyeong-ui

driehoek (de)	삼각형	sam-gak-yeong
driehoekig (bn)	삼각형의	sam-gak-yeong-ui
ovaal (het)	타원	ta-won
ovaal (bn)	타원의	ta-won-ui
rechthoek (de)	직사각형	jik-sa-gak-yeong
rechthoekig (bn)	직사각형의	jik-sa-gak-yeong-ui
piramide (de)	피라미드	pi-ra-mi-deu
ruit (de)	마름모	ma-reum-mo
trapezium (het)	사다리꼴	sa-da-ri-kkol
kubus (de)	정육면체	jeong-yung-myeon-che
prisma (het)	각기둥	gak-gi-dung
omtrek (de)	원주	won-ju
bol, sfeer (de)	구	gu
bal (de)	구체	gu-che
diameter (de)	지름	ji-reum
straal (de)	반경	ban-gyeong
omtrek (~ van een cirkel)	둘레	dul-le
middelpunt (het)	중심	jung-sim
horizontaal (bn)	가로의	ga-ro-ui
verticaal (bn)	세로의	se-ro-ui
parallel (de)	평행	pyeong-haeng
parallel (bn)	평행한	pyeong-haeng-han
lijn (de)	선, 줄	seon, jul
streep (de)	획	hoek
rechte lijn (de)	직선	jik-seon
kromme (de)	곡선	gok-seon
dun (bn)	얇은	yal-beun
omlijning (de)	외곽선	oe-gwak-seon
snijpunt (het)	교점	gyo-jeom
rechte hoek (de)	직각	jik-gak
segment (het)	활꼴	hwal-kkol
sector (de)	부채꼴	bu-chae-kkol
zijde (de)	변	byeon
hoek (de)	각	gak

25. Meeteenheden

gewicht (het)	무게	mu-ge
lengte (de)	길이	gi-ri
breedte (de)	폭, 너비	pok, neo-bi
hoogte (de)	높이	no-pi
diepte (de)	깊이	gi-pi
volume (het)	부피	bu-pi
oppervlakte (de)	면적	myeon-jeok
gram (het)	그램	geu-raem
milligram (het)	밀리그램	mil li-geu-raem

kilogram (het)	킬로그램	kil-lo-geu-raem
ton (duizend kilo)	톤	ton
pond (het)	파운드	pa-un-deu
ons (het)	온스	on-seu

meter (de)	미터	mi-teo
millimeter (de)	밀리미터	mil-li-mi-teo
centimeter (de)	센티미터	sen-ti-mi-teo
kilometer (de)	킬로미터	kil-lo-mi-teo
mijl (de)	마일	ma-il

duim (de)	인치	in-chi
voet (de)	피트	pi-teu
yard (de)	야드	ya-deu

vierkante meter (de)	제곱미터	je-gom-mi-teo
hectare (de)	헥타르	hek-ta-reu

liter (de)	리터	ri-teo
graad (de)	도	do
volt (de)	볼트	bol-teu
ampère (de)	암페어	am-pe-eo
paardenkracht (de)	마력	ma-ryeok

hoeveelheid (de)	수량, 양	su-ryang, yang
een beetje ...	··· 조금	... jo-geum
helft (de)	절반	jeol-ban
dozijn (het)	다스	da-seu
stuk (het)	조각	jo-gak

afmeting (de)	크기	keu-gi
schaal (bijv. ~ van 1 op 50)	축척	chuk-cheok

minimaal (bn)	최소의	choe-so-ui
minste (bn)	가장 작은	ga-jang ja-geun
medium (bn)	중간의	jung-gan-ui
maximaal (bn)	최대의	choe-dae-ui
grootste (bn)	가장 큰	ga-jang keun

26. Containers

glazen pot (de)	유리병	yu-ri-byeong
blik (conserven~)	캔, 깡통	kaen, kkang-tong
emmer (de)	양동이	yang-dong-i
ton (bijv. regenton)	통	tong

ronde waterbak (de)	대야	dae-ya
tank (bijv. watertank-70-ltr)	탱크	taeng-keu
heupfles (de)	휴대용 술병	hyu-dae-yong sul-byeong
jerrycan (de)	통	tong
tank (bijv. ketelwagen)	탱크	taeng-keu

beker (de)	머그컵	meo-geu-keop
kopje (het)	컵	keop

schoteltje (het)	받침 접시	bat-chim jeop-si
glas (het)	유리잔	yu-ri-jan
wijnglas (het)	와인글라스	wa-in-geul-la-seu
steelpan (de)	냄비	naem-bi
fles (de)	병	byeong
flessenhals (de)	병목	byeong-mok
karaf (de)	디캔터	di-kaen-teo
kruik (de)	물병	mul-byeong
vat (het)	용기	yong-gi
pot (de)	항아리	hang-a-ri
vaas (de)	화병	hwa-byeong
flacon (de)	향수병	hyang-su-byeong
flesje (het)	약병	yak-byeong
tube (bijv. ~ tandpasta)	튜브	tyu-beu
zak (bijv. ~ aardappelen)	자루	ja-ru
tasje (het)	봉투	bong-tu
pakje (~ sigaretten, enz.)	갑	gap
doos (de)	박스	bak-seu
kist (de)	상자	sang-ja
mand (de)	바구니	ba-gu-ni

27. Materialen

materiaal (het)	재료	jae-ryo
hout (het)	목재	mok-jae
houten (bn)	목재의	mok-jae-ui
glas (het)	유리	yu-ri
glazen (bn)	유리의	yu-ri-ui
steen (de)	돌	dol
stenen (bn)	돌의	do-rui
plastic (het)	플라스틱	peul-la-seu-tlk
plastic (bn)	플라스틱의	peul-la-seu-ti-gui
rubber (het)	고무	go-mu
rubber-, rubberen (bn)	고무의	go-mu-ui
stof (de)	직물	jing-mul
van stof (bn)	직물의	jing-mu-rui
papier (het)	종이	jong-i
papieren (bn)	종이의	jong-i-ui
karton (het)	판지	pan-ji
kartonnen (bn)	판지의	pan-ji-ui
polyethyleen (het)	폴리에틸렌	pol-li-e-til-len
cellofaan (het)	셀로판	sel-lo-pan

multiplex (het)	합판	hap-pan
porselein (het)	도자기	do-ja-gi
porseleinen (bn)	도자기의	do-ja-gi-ui
klei (de)	점토	jeom-to
klei-, van klei (bn)	점토의	jeom-to-ui
keramiek (de)	세라믹	se-ra-mik
keramieken (bn)	세라믹의	se-ra-mi-gui

28. Metalen

metaal (het)	금속	geum-sok
metalen (bn)	금속제의	geum-sok-je-ui
legering (de)	합금	hap-geum
goud (het)	금	geum
gouden (bn)	금의	geum-ui
zilver (het)	은	eun
zilveren (bn)	은의	eun-ui
IJzer (het)	철	cheol
IJzeren (bn)	철제의	cheol-je-ui
staal (het)	강철	gang-cheol
stalen (bn)	강철의	gang-cheo-rui
koper (het)	구리	gu-ri
koperen (bn)	구리의	gu-ri-ui
aluminium (het)	알루미늄	al-lu-mi-nyum
aluminium (bn)	알루미늄의	al-lu-mi-nyum-ui
brons (het)	청동	cheong-dong
bronzen (bn)	청동의	cheong-dong-ui
messing (het)	황동	hwang-dong
nikkel (het)	니켈	ni-kel
platina (het)	백금	baek-geum
kwik (het)	수은	su-eun
tin (het)	주석	ju-seok
lood (het)	납	nap
zink (het)	아연	a-yeon

MENS

Mens. Het lichaam

29. Mensen. Basisbegrippen

mens (de)	사람	sa-ram
man (de)	남자	nam-ja
vrouw (de)	여자	yeo-ja
kind (het)	아이, 아동	a-i, a-dong
meisje (het)	소녀	so-nyeo
jongen (de)	소년	so-nyeon
tiener, adolescent (de)	청소년	cheong-so-nyeon
oude man (de)	노인	no-in
oude vrouw (de)	노인	no-in

30. Menselijke anatomie

organisme (het)	생체	saeng-che
hart (het)	심장	sim-jang
bloed (het)	피	pi
slagader (de)	동맥	dong-maek
ader (de)	정맥	jeong-maek
hersenen (mv.)	두뇌	du-noe
zenuw (de)	신경	sin-gyeong
zenuwen (mv.)	신경	sin-gyeong
wervel (de)	척추	cheok-chu
ruggengraat (de)	등뼈	deung-ppyeo
maag (de)	위	wi
darmen (mv.)	창자	chang-ja
darm (de)	장	jang
lever (de)	간	gan
nier (de)	신장	sin-jang
been (deel van het skelet)	뼈	ppyeo
skelet (het)	뼈대	ppyeo-dae
rib (de)	늑골	neuk-gol
schedel (de)	두개골	du-gae-gol
spier (de)	근육	geu-nyuk
biceps (de)	이두근	i-du-geun
pees (de)	힘줄, 건	him-jul, geon
gewricht (het)	관절	gwan-jeol

longen (mv.)	폐	pye
geslachtsorganen (mv.)	생식기	saeng-sik-gi
huid (de)	피부	pi-bu

31. Hoofd

hoofd (het)	머리	meo-ri
gezicht (het)	얼굴	eol-gul
neus (de)	코	ko
mond (de)	입	ip

oog (het)	눈	nun
ogen (mv.)	눈	nun
pupil (de)	눈동자	nun-dong-ja
wenkbrauw (de)	눈썹	nun-sseop
wimper (de)	속눈썹	song-nun-sseop
ooglid (het)	눈꺼풀	nun-kkeo-pul

tong (de)	혀	hyeo
tand (de)	이	i
lippen (mv.)	입술	ip-sul
jukbeenderen (mv.)	광대뼈	gwang-dae-ppyeo
tandvlees (het)	잇몸	in-mom
gehemelte (het)	입천장	ip-cheon-jang

neusgaten (mv.)	콧구멍	kot-gu-meong
kin (de)	턱	teok
kaak (de)	턱	teok
wang (de)	뺨, 볼	ppyam, bol

voorhoofd (het)	이마	i-ma
slaap (de)	관자놀이	gwan-ja-no-ri
oor (het)	귀	gwi
achterhoofd (het)	뒤통수	dwi-tong-su
hals (de)	목	mok
keel (de)	목구멍	mok-gu-meong

haren (mv.)	머리털, 헤어	meo-ri-teol, he-eo
kapsel (het)	머리 스타일	meo-ri seu-ta-il
haarsnit (de)	헤어컷	he-eo-keot
pruik (de)	가발	ga-bal

snor (de)	콧수염	kot-su-yeom
baard (de)	턱수염	teok-su-yeom
dragen (een baard, enz.)	기르다	gi-reu-da
vlecht (de)	땋은 머리	tta-eun meo-ri
bakkebaarden (mv.)	구레나룻	gu-re-na-rut

ros (roodachtig, rossig)	빨강머리의	ppal-gang-meo-ri-ui
grijs (~ haar)	흰머리의	huin-meo-ri-ui
kaal (bn)	대머리인	dae-meo-ri-in
kale plek (de)	땜통	ttaem-tong
paardenstaart (de)	말총머리	mal-chong-meo-ri
pony (de)	앞머리	am-meo-ri

32. Menselijk lichaam

hand (de)	손	son
arm (de)	팔	pal

vinger (de)	손가락	son-ga-rak
duim (de)	엄지손가락	eom-ji-son-ga-rak
pink (de)	새끼손가락	sae-kki-son-ga-rak
nagel (de)	손톱	son-top

vuist (de)	주먹	ju-meok
handpalm (de)	손바닥	son-ba-dak
pols (de)	손목	son-mok
voorarm (de)	전박	jeon-bak
elleboog (de)	팔꿈치	pal-kkum-chi
schouder (de)	어깨	eo-kkae

been (rechter ~)	다리	da-ri
voet (de)	발	bal
knie (de)	무릎	mu-reup
kuit (de)	종아리	jong-a-ri
heup (de)	엉덩이	eong-deong-i
hiel (de)	발뒤꿈치	bal-dwi-kkum-chi

lichaam (het)	몸	mom
buik (de)	배	bae
borst (de)	가슴	ga-seum
borst (de)	가슴	ga-seum
zijde (de)	옆구리	yeop-gu-ri
rug (de)	등	deung
lage rug (de)	허리	heo-ri
taille (de)	허리	heo-ri

navel (de)	배꼽	bae-kkop
billen (mv.)	엉덩이	eong-deong-i
achterwerk (het)	엉덩이	eong-deong-i

huidvlek (de)	점	jeom
moedervlek (de)	모반	mo-ban
tatoeage (de)	문신	mun-sin
litteken (het)	흉터	hyung-teo

Kleding en accessoires

33. Bovenkleding. Jassen

kleren (mv.), kleding (de)	옷	ot
bovenkleding (de)	겉옷	geo-tot
winterkleding (de)	겨울옷	gyeo-u-rot
jas (de)	코트	ko-teu
bontjas (de)	모피 외투	mo-pi oe-tu
bontjasje (het)	짧은 모피 외투	jjal-beun mo-pi oe-tu
donzen jas (de)	패딩점퍼	pae-ding-jeom-peo
jasje (bijv. een leren ~)	재킷	jae-kit
regenjas (de)	트렌치코트	teu-ren-chi-ko-teu
waterdicht (bn)	방수의	bang-su-ui

34. Heren & dames kleding

overhemd (het)	셔츠	syeo-cheu
broek (de)	바지	ba-ji
jeans (de)	청바지	cheong-ba-ji
colbert (de)	재킷	jae-kit
kostuum (het)	양복	yang-bok
jurk (de)	드레스	deu-re-seu
rok (de)	치마	chi-ma
blouse (de)	블라우스	beul-la-u-seu
wollen vest (de)	니트 재킷	ni-teu jae-kit
blazer (kort jasje)	재킷	jae-kit
T-shirt (het)	티셔츠	ti-syeo-cheu
shorts (mv.)	반바지	ban-ba-ji
trainingspak (het)	운동복	un-dong-bok
badjas (de)	목욕가운	mo-gyok-ga-un
pyjama (de)	파자마	pa-ja-ma
sweater (de)	스웨터	seu-we-teo
pullover (de)	풀오버	pu-ro-beo
gilet (het)	조끼	jo-kki
rokkostuum (het)	연미복	yeon-mi-bok
smoking (de)	턱시도	teok-si-do
uniform (het)	제복	je-bok
werkkleding (de)	작업복	ja-geop-bok
overall (de)	작업바지	ja-geop-ba-ji
doktersjas (de)	가운	ga-un

35. Kleding. Ondergoed

ondergoed (het)	속옷	so-got
onderhemd (het)	러닝 셔츠	reo-ning syeo-cheu
sokken (mv.)	양말	yang-mal
nachthemd (het)	잠옷	jam-ot
beha (de)	브라	beu-ra
kniekousen (mv.)	무릎길이 스타킹	mu-reup-gi-ri seu-ta-king
panty (de)	팬티 스타킹	paen-ti seu-ta-king
nylonkousen (mv.)	팬드 스타킹	baen-deu seu-ta-king
badpak (het)	수영복	su-yeong-bok

36. Hoofddeksels

hoed (de)	모자	mo-ja
deukhoed (de)	중절모	jung-jeol-mo
honkbalpet (de)	야구 모자	ya-gu mo-ja
kleppet (de)	플랫캡	peul-laet-kaep
baret (de)	베레모	be-re-mo
kap (de)	후드	hu-deu
panamahoed (de)	파나마 모자	pa-na-ma mo-ja
gebreide muts (de)	니트 모자	ni-teu mo-ja
hoofddoek (de)	스카프	seu-ka-peu
dameshoed (de)	여성용 모자	yeo-seong-yong mo-ja
veiligheidshelm (de)	안전모	an-jeon-mo
veldmuts (de)	개리슨 캡	gae-ri-seun kaep
helm, valhelm (de)	헬멧	hel-met

37. Schoeisel

schoeisel (het)	신발	sin-bal
schoenen (mv.)	구두	gu-du
vrouwenschoenen (mv.)	구두	gu-du
laarzen (mv.)	부츠	bu-cheu
pantoffels (mv.)	슬리퍼	seul-li-peo
sportschoenen (mv.)	운동화	un-dong-hwa
sneakers (mv.)	스니커즈	seu-ni-keo-jeu
sandalen (mv.)	샌들	saen-deul
schoenlapper (de)	구둣방	gu-dut-bang
hiel (de)	굽	gup
paar (een ~ schoenen)	켤레	kyeol-le
veter (de)	끈	kkeun
rijgen (schoenen ~)	끈을 매다	kkeu-neul mae-da

| schoenlepel (de) | 구둣주걱 | gu-dut-ju-geok |
| schoensmeer (de/het) | 구두약 | gu-du-yak |

38. Textiel. Weefsel

katoen (de/het)	면	myeon
katoenen (bn)	면의	myeo-nui
vlas (het)	리넨	ri-nen
vlas-, van vlas (bn)	린넨의	rin-ne-nui

zijde (de)	실크	sil-keu
zijden (bn)	실크의	sil-keu-ui
wol (de)	모직, 울	mo-jik, ul
wollen (bn)	모직의	mo-ji-gui

fluweel (het)	벨벳	bel-bet
suède (de)	스웨이드	seu-we-i-deu
ribfluweel (het)	코듀로이	ko-dyu-ro-i

nylon (de/het)	나일론	na-il-lon
nylon-, van nylon (bn)	나일론의	na-il-lo-nui
polyester (het)	폴리에스테르	pol-li-e-seu-te-reu
polyester- (abn)	폴리에스테르의	pol-li-e-seu-te-reu-ui

leer (het)	가죽	ga-juk
leren (van leer gemaak)	가죽의	ga-ju-gui
bont (het)	모피	mo-pi
bont- (abn)	모피의	mo-pi-ui

39. Persoonlijke accessoires

handschoenen (mv.)	장갑	jang-gap
wanten (mv.)	벙어리장갑	beong-eo-ri-jang-gap
sjaal (fleece ~)	목도리	mok-do-ri

bril (de)	안경	an-gyeong
brilmontuur (het)	안경테	an-gyeong-te
paraplu (de)	우산	u-san
wandelstok (de)	지팡이	ji-pang-i
haarborstel (de)	빗, 솔빗	bit, sol-bit
waaier (de)	부채	bu-chae

das (de)	넥타이	nek-ta-i
strikje (het)	나비넥타이	na-bi-nek-ta-i
bretels (mv.)	멜빵	mel-ppang
zakdoek (de)	손수건	son-su-geon

kam (de)	빗	bit
haarspeldje (het)	머리핀	meo-ri-pin
schuifspeldje (het)	머리핀	meo-ri-pin
gesp (de)	버클	beo-keul
broekriem (de)	벨트	bel-teu

draagriem (de)	어깨끈	eo-kkae-kkeun
handtas (de)	가방	ga-bang
damestas (de)	핸드백	haen-deu-baek
rugzak (de)	배낭	bae-nang

40. Kleding. Diversen

mode (de)	패션	pae-syeon
de mode (bn)	유행하는	yu-haeng-ha-neun
kledingstilist (de)	패션 디자이너	pae-syeon di-ja-i-neo

kraag (de)	옷깃	ot-git
zak (de)	주머니, 포켓	ju-meo-ni, po-ket
zak- (abn)	주머니의	ju-meo-ni-ui
mouw (de)	소매	so-mae
lusje (het)	거는 끈	geo-neun kkeun
gulp (de)	바지 지퍼	ba-ji ji-peo

rits (de)	지퍼	ji-peo
sluiting (de)	조임쇠	jo-im-soe
knoop (de)	단추	dan-chu
knoopsgat (het)	단춧 구멍	dan-chut gu-meong
losraken (bijv. knopen)	떨어지다	tteo-reo-ji-da

naaien (kleren, enz.)	바느질하다	ba-neu-jil-ha-da
borduren (ww)	수놓다	su-no-ta
borduursel (het)	자수	ja-su
naald (de)	바늘	ba-neul
draad (de)	실	sil
naad (de)	솔기	sol-gi

vies worden (ww)	더러워지다	deo-reo-wo-ji-da
vlek (de)	얼룩	eol-luk
gekreukt raken (ov. kleren)	구겨지다	gu-gyeo-ji-da
scheuren (ov.ww.)	찢다	jjit-da
mot (de)	좀	jom

41. Persoonlijke verzorging. Schoonheidsmiddelen

tandpasta (de)	치약	chi-yak
tandenborstel (de)	칫솔	chit-sol
tanden poetsen (ww)	이를 닦다	i-reul dak-da

scheermes (het)	면도기	myeon-do-gi
scheerschuim (het)	면도용 크림	myeon-do-yong keu-rim
zich scheren (ww)	깎다	kkak-da

| zeep (de) | 비누 | bi-nu |
| shampoo (de) | 샴푸 | syam-pu |

| schaar (de) | 가위 | ga-wi |
| nagelvijl (de) | 손톱줄 | son-top-jul |

| nagelknipper (de) | 손톱깎이 | son-top-kka-kki |
| pincet (het) | 족집게 | jok-jip-ge |

cosmetica (de)	화장품	hwa-jang-pum
masker (het)	얼굴 마스크	eol-gul ma-seu-keu
manicure (de)	매니큐어	mae-ni-kyu-eo
manicure doen	매니큐어를 칠하다	mae-ni-kyu-eo-reul chil-ha-da
pedicure (de)	페디큐어	pe-di-kyu-eo

cosmetica tasje (het)	화장품 가방	hwa-jang-pum ga-bang
poeder (de/het)	분	bun
poederdoos (de)	콤팩트	kom-paek-teu
rouge (de)	블러셔	beul-leo-syeo

parfum (de/het)	향수	hyang-su
eau de toilet (de)	화장수	hwa-jang-su
lotion (de)	로션	ro-syeon
eau de cologne (de)	오드콜로뉴	o-deu-kol-lo-nyu

oogschaduw (de)	아이섀도	a-i-syae-do
oogpotlood (het)	아이라이너	a-i-ra-i-neo
mascara (de)	마스카라	ma-seu-ka-ra

lippenstift (de)	립스틱	rip-seu-tik
nagellak (de)	매니큐어	mae-ni-kyu-eo
haarlak (de)	헤어 스프레이	he-eo seu-peu-re-i
deodorant (de)	데오도란트	de-o-do-ran-teu

crème (de)	크림	keu-rim
gezichtscrème (de)	얼굴 크림	eol-gul keu-rim
handcrème (de)	핸드 크림	haen-deu keu-rim
antirimpelcrème (de)	주름제거 크림	ju-reum-je-geo keu-rim
dag- (abn)	낮의	na-jui
nacht- (abn)	밤의	ba-mui

tampon (de)	탐폰	tam-pon
toiletpapier (het)	화장지	hwa-jang-ji
föhn (de)	헤어 드라이어	he-eo deu-ra-i-eo

42. Juwelen

sieraden (mv.)	보석	bo-seok
edel (bijv. ~ stenen)	귀중한	gwi-jung-han
keurmerk (het)	품질 보증 마크	pum-jil bo-jeung ma-keu

ring (de)	반지	ban-ji
trouwring (de)	결혼반지	gyeol-hon-ban-ji
armband (de)	팔찌	pal-jji

oorringen (mv.)	귀걸이	gwi-geo-ri
halssnoer (het)	목걸이	mok-geo-ri
kroon (de)	왕관	wang-gwan
kralen snoer (het)	구슬 목걸이	gu-seul mok-geo-ri
diamant (de)	다이아몬드	da-i-a-mon-deu

smaragd (de)	에메랄드	e-me-ral-deu
robijn (de)	루비	ru-bi
saffier (de)	사파이어	sa-pa-i-eo
parel (de)	진주	jin-ju
barnsteen (de)	호박	ho-bak

43. Horloges. Klokken

polshorloge (het)	손목 시계	son-mok si-gye
wijzerplaat (de)	문자반	mun-ja-ban
wijzer (de)	바늘	ba-neul
metalen horlogeband (de)	금속제 시계줄	geum-sok-je si-gye-jul
horlogebandje (het)	시계줄	si-gye-jul

batterij (de)	건전지	geon-jeon-ji
leeg zijn (ww)	나가다	na-ga-da
batterij vervangen	배터리를 갈다	bae-teo-ri-reul gal-da
voorlopen (ww)	빨리 가다	ppal-li ga-da
achterlopen (ww)	늦게 가다	neut-ge ga-da

wandklok (de)	벽시계	byeok-si-gye
zandloper (de)	모래시계	mo-rae-si-gye
zonnewijzer (de)	해시계	hae-si-gye
wekker (de)	알람 시계	al-lam si-gye
horlogemaker (de)	시계 기술자	si-gye gi-sul-ja
repareren (ww)	수리하다	su-ri-ha-da

Voedsel. Voeding

44. Voedsel

vlees (het)	고기	go-gi
kip (de)	닭고기	dak-go-gi
kuiken (het)	영계	yeong-gye
eend (de)	오리고기	o-ri-go-gi
gans (de)	거위고기	geo-wi-go-gi
wild (het)	사냥감	sa-nyang-gam
kalkoen (de)	칠면조고기	chil-myeon-jo-go-gi
varkensvlees (het)	돼지고기	dwae-ji-go-gi
kalfsvlees (het)	송아지 고기	song-a-ji go-gi
schapenvlees (het)	양고기	yang-go-gi
rundvlees (het)	소고기	so-go-gi
konijnenvlees (het)	토끼고기	to-kki-go-gi
worst (de)	소시지	so-si-ji
saucijs (de)	비엔나 소시지	bi-en-na so-si-ji
spek (het)	베이컨	be-i-keon
ham (de)	햄	haem
gerookte achterham (de)	개먼	gae-meon
paté, pastei (de)	파테	pa-te
lever (de)	간	gan
gehakt (het)	다진 고기	da-jin go-gi
tong (de)	혀	hyeo
ei (het)	계란	gye-ran
eieren (mv.)	계란	gye-ran
eiwit (het)	흰자	huin-ja
eigeel (het)	노른자	no-reun-ja
vis (de)	생선	saeng-seon
zeevruchten (mv.)	해물	hae-mul
kaviaar (de)	캐비어	kae-bi-eo
krab (de)	게	ge
garnaal (de)	새우	sae-u
oester (de)	굴	gul
langoest (de)	대하	dae-ha
octopus (de)	문어	mun-eo
inktvis (de)	오징어	o-jing-eo
steur (de)	철갑상어	cheol-gap-sang-eo
zalm (de)	연어	yeon-eo
heilbot (de)	넙치	neop-chi
kabeljauw (de)	대구	dae-gu
makreel (de)	고등어	go-deung-eo

tonijn (de)	참치	cham-chi
paling (de)	뱀장어	baem-jang-eo

forel (de)	송어	song-eo
sardine (de)	정어리	jeong-eo-ri
snoek (de)	강꼬치고기	gang-kko-chi-go-gi
haring (de)	청어	cheong-eo

brood (het)	빵	ppang
kaas (de)	치즈	chi-jeu
suiker (de)	설탕	seol-tang
zout (het)	소금	so-geum

rijst (de)	쌀	ssal
pasta (de)	파스타	pa-seu-ta
noedels (mv.)	면	myeon

boter (de)	버터	beo-teo
plantaardige olie (de)	식물유	sing-mu-ryu
zonnebloemolie (de)	해바라기유	hae-ba-ra-gi-yu
margarine (de)	마가린	ma-ga-rin

olijven (mv.)	올리브	ol-li-beu
olijfolie (de)	올리브유	ol-li-beu-yu

melk (de)	우유	u-yu
gecondenseerde melk (de)	연유	yeo-nyu
yoghurt (de)	요구르트	yo-gu-reu-teu
zure room (de)	사워크림	sa-wo-keu-rim
room (de)	크림	keu-rim

mayonaise (de)	마요네즈	ma-yo-ne-jeu
crème (de)	버터크림	beo-teo-keu-rim

graan (het)	곡물	gong-mul
meel (het), bloem (de)	밀가루	mil-ga-ru
conserven (mv.)	통조림	tong-jo-rim

maïsvlokken (mv.)	콘플레이크	kon-peul-le-i-keu
honing (de)	꿀	kkul
jam (de)	잼	jaem
kauwgom (de)	껌	kkeom

45. Drankjes

water (het)	물	mul
drinkwater (het)	음료수	eum-nyo-su
mineraalwater (het)	미네랄 워터	mi-ne-ral rwo-teo

zonder gas	탄산 없는	tan-san neom-neun
koolzuurhoudend (bn)	탄산의	tan-sa-nui
bruisend (bn)	탄산이 든	tan-san-i deun
IJs (hot)	얼음	eo-reum
met ijs	얼음을 넣은	eo-rou-meul leo-eun

alcohol vrij (bn)	무알코올의	mu-al-ko-o-rui
alcohol vrije drank (de)	청량음료	cheong-nyang-eum-nyo
frisdrank (de)	청량 음료	cheong-nyang eum-nyo
limonade (de)	레모네이드	re-mo-ne-i-deu
alcoholische dranken (mv.)	술	sul
wijn (de)	와인	wa-in
witte wijn (de)	백 포도주	baek po-do-ju
rode wijn (de)	레드 와인	re-deu wa-in
likeur (de)	리큐르	ri-kyu-reu
champagne (de)	샴페인	syam-pe-in
vermout (de)	베르무트	be-reu-mu-teu
whisky (de)	위스키	wi-seu-ki
wodka (de)	보드카	bo-deu-ka
gin (de)	진	jin
cognac (de)	코냑	ko-nyak
rum (de)	럼	reom
koffie (de)	커피	keo-pi
zwarte koffie (de)	블랙 커피	beul-laek keo-pi
koffie (de) met melk	밀크 커피	mil-keu keo-pi
cappuccino (de)	카푸치노	ka-pu-chi-no
oploskoffie (de)	인스턴트 커피	in-seu-teon-teu keo-pi
melk (de)	우유	u-yu
cocktail (de)	각테일	kak-te-il
milkshake (de)	밀크 셰이크	mil-keu sye-i-keu
sap (het)	주스	ju-seu
tomatensap (het)	토마토 주스	to-ma-to ju-seu
sinaasappelsap (het)	오렌지 주스	o-ren-ji ju-seu
vers geperst sap (het)	생과일주스	saeng-gwa-il-ju-seu
bier (het)	맥주	maek-ju
licht bier (het)	라거	ra-geo
donker bier (het)	흑맥주	heung-maek-ju
thee (de)	차	cha
zwarte thee (de)	홍차	hong-cha
groene thee (de)	녹차	nok-cha

46. Groenten

groenten (mv.)	채소	chae-so
verse kruiden (mv.)	녹황색 채소	nok-wang-saek chae-so
tomaat (de)	토마토	to-ma-to
augurk (de)	오이	o-i
wortel (de)	당근	dang-geun
aardappel (de)	감자	gam-ja
ui (de)	양파	yang-pa
knoflook (de)	마늘	ma-neul

kool (de)	양배추	yang-bae-chu
bloemkool (de)	컬리플라워	keol-li-peul-la-wo
spruitkool (de)	방울다다기 양배추	bang-ul-da-da-gi yang-bae-chu
broccoli (de)	브로콜리	beu-ro-kol-li

rode biet (de)	비트	bi-teu
aubergine (de)	가지	ga-ji
courgette (de)	애호박	ae-ho-bak
pompoen (de)	호박	ho-bak
raap (de)	순무	sun-mu

peterselie (de)	파슬리	pa-seul-li
dille (de)	딜	dil
sla (de)	양상추	yang-sang-chu
selderij (de)	셀러리	sel-leo-ri
asperge (de)	아스파라거스	a-seu-pa-ra-geo-seu
spinazie (de)	시금치	si-geum-chi

erwt (de)	완두	wan-du
bonen (mv.)	콩	kong
maïs (de)	옥수수	ok-su-su
boon (de)	강낭콩	gang-nang-kong

peper (de)	피망	pi-mang
radijs (de)	무	mu
artisjok (de)	아티초크	a-ti-cho-keu

47. Vruchten. Noten

vrucht (de)	과일	gwa-il
appel (de)	사과	sa-gwa
peer (de)	배	bae
citroen (de)	레몬	re-mon
sinaasappel (de)	오렌지	o-ren-ji
aardbei (de)	딸기	ttal-gi

mandarijn (de)	귤	gyul
pruim (de)	자두	ja-du
perzik (de)	복숭아	bok-sung-a
abrikoos (de)	살구	sal-gu
framboos (de)	라즈베리	ra-jeu-be-ri
ananas (de)	파인애플	pa-in-ae peul

banaan (de)	바나나	ba-na-na
watermeloen (de)	수박	su-bak
druif (de)	포도	po-do
zure kers (de)	신양	si-nyang
zoete kers (de)	양벚나무	yang-beon-na-mu
meloen (de)	멜론	mel-lon

grapefruit (de)	자몽	ja-mong
avocado (de)	아보카도	a-bo-ka-do
papaja (de)	파파야	pa-pa-ya

| mango (de) | 망고 | mang-go |
| granaatappel (de) | 석류 | seong-nyu |

rode bes (de)	레드커렌트	re-deu-keo-ren-teu
zwarte bes (de)	블랙커렌트	beul-laek-keo-ren-teu
kruisbes (de)	구스베리	gu-seu-be-ri
bosbes (de)	빌베리	bil-be-ri
braambes (de)	블랙베리	beul-laek-be-ri

rozijn (de)	건포도	geon-po-do
vijg (de)	무화과	mu-hwa-gwa
dadel (de)	대추야자	dae-chu-ya-ja

pinda (de)	땅콩	ttang-kong
amandel (de)	아몬드	a-mon-deu
walnoot (de)	호두	ho-du
hazelnoot (de)	개암	gae-am
kokosnoot (de)	코코넛	ko-ko-neot
pistaches (mv.)	피스타치오	pi-seu-ta-chi-o

48. Brood. Snoep

suikerbakkerij (de)	과자류	gwa-ja-ryu
brood (het)	빵	ppang
koekje (het)	쿠키	ku-ki

chocolade (de)	초콜릿	cho-kol-lit
chocolade- (abn)	초콜릿의	cho-kol-lis-ui
snoepje (het)	사탕	sa-tang
cakeje (het)	케이크	ke-i-keu
taart (bijv. verjaardags~)	케이크	ke-i-keu

| pastei (de) | 파이 | pa-i |
| vulling (de) | 속 | sok |

confituur (de)	잼	jaem
marmelade (de)	마멀레이드	ma-meol-le-i-deu
wafel (de)	와플	wa-peul
IJsje (het)	아이스크림	a-i-seu-keu-rim

49. Bereide gerechten

gerecht (het)	요리, 코스	yo-ri, ko-seu
keuken (bijv. Franse ~)	요리	yo-ri
recept (het)	요리법	yo-ri-beop
portie (de)	분량	bul-lyang

| salade (de) | 샐러드 | sael-leo-deu |
| soep (de) | 수프 | su-peu |

| bouillon (de) | 육수 | yuk-su |
| boterham (de) | 샌드위치 | saen-deu-wi-chi |

spiegelei (het)	계란후라이	gye-ran-hu-ra-i
hamburger (de)	햄버거	haem-beo-geo
biefstuk (de)	비프스테이크	bi-peu-seu-te-i-keu
garnering (de)	사이드 메뉴	sa-i-deu me-nyu
spaghetti (de)	스파게티	seu-pa-ge-ti
aardappelpuree (de)	으깬 감자	eu-kkaen gam-ja
pizza (de)	피자	pi-ja
pap (de)	죽	juk
omelet (de)	오믈렛	o-meul-let
gekookt (in water)	삶은	sal-meun
gerookt (bn)	훈제된	hun-je-doen
gebakken (bn)	튀긴	twi-gin
gedroogd (bn)	말린	mal-lin
diepvries (bn)	얼린	eol-lin
gemarineerd (bn)	초절인	cho-jeo-rin
zoet (bn)	단	dan
gezouten (bn)	짠	jjan
koud (bn)	차가운	cha-ga-un
heet (bn)	뜨거운	tteu-geo-un
bitter (bn)	쓴	sseun
lekker (bn)	맛있는	man-nin-neun
koken (in kokend water)	삶다	sam-da
bereiden (avondmaaltijd ~)	요리하다	yo-ri-ha-da
bakken (ww)	부치다	bu-chi-da
opwarmen (ww)	데우다	de-u-da
zouten (ww)	소금을 넣다	so-geu-meul leo-ta
peperen (ww)	후추를 넣다	hu-chu-reul leo-ta
raspen (ww)	강판에 갈다	gang-pa-ne gal-da
schil (de)	껍질	kkeop-jil
schillen (ww)	껍질 벗기다	kkeop-jil beot-gi-da

50. Kruiden

zout (het)	소금	so-geum
gezouten (bn)	짜	jja
zouten (ww)	소금을 넣다	so-geu-meul leo-ta
zwarte peper (de)	후추	hu-chu
rode peper (de)	고춧가루	go-chut-ga-ru
mosterd (de)	겨자	gyeo-ja
mierikswortel (de)	고추냉이	go-chu-naeng-i
condiment (het)	양념	yang-nyeom
specerij , kruiderij (de)	향료	hyang-nyo
saus (de)	소스	so-seu
azijn (de)	식초	sik-cho
anijs (de)	아니스	a-ni-seu
basilicum (de)	바질	ba jil

kruidnagel (de)	정향	jeong-hyang
gember (de)	생강	saeng-gang
koriander (de)	고수	go-su
kaneel (de/het)	계피	gye-pi

sesamzaad (het)	깨	kkae
laurierblad (het)	월계수잎	wol-gye-su-ip
paprika (de)	파프리카	pa-peu-ri-ka
komijn (de)	캐러웨이	kae-reo-we-i
saffraan (de)	사프란	sa-peu-ran

51. Maaltijden

| eten (het) | 음식 | eum-sik |
| eten (ww) | 먹다 | meok-da |

ontbijt (het)	아침식사	a-chim-sik-sa
ontbijten (ww)	아침을 먹다	a-chi-meul meok-da
lunch (de)	점심식사	jeom-sim-sik-sa
lunchen (ww)	점심을 먹다	jeom-si-meul meok-da
avondeten (het)	저녁식사	jeo-nyeok-sik-sa
souperen (ww)	저녁을 먹다	jeo-nyeo-geul meok-da

| eetlust (de) | 식욕 | si-gyok |
| Eet smakelijk! | 맛있게 드십시오! | man-nit-ge deu-sip-si-o! |

openen (een fles ~)	열다	yeol-da
morsen (koffie, enz.)	엎지르다	eop-ji-reu-da
zijn gemorst	쏟아지다	sso-da-ji-da

koken (water kookt bij 100°C)	끓다	kkeul-ta
koken (Hoe om water te ~)	끓이다	kkeu-ri-da
gekookt (~ water)	끓인	kkeu-rin

| afkoelen (koeler maken) | 식히다 | sik-i-da |
| afkoelen (koeler worden) | 식다 | sik-da |

| smaak (de) | 맛 | mat |
| nasmaak (de) | 뒷맛 | dwit mat |

volgen een dieet	살을 빼다	sa-reul ppae-da
dieet (het)	다이어트	da-i-eo-teu
vitamine (de)	비타민	bi-ta-min
calorie (de)	칼로리	kal-lo-ri

| vegetariër (de) | 채식주의자 | chae-sik-ju-ui-ja |
| vegetarisch (bn) | 채식주의의 | chae-sik-ju-ui-ui |

vetten (mv.)	지방	ji-bang
eiwitten (mv.)	단백질	dan-baek-jil
koolhydraten (mv.)	탄수화물	tan-su-hwa-mul
snede (de)	조각	jo-gak
stuk (bijv. een ~ taart)	조각	jo-gak
kruimel (de)	부스러기	bu-seu-reo-gi

52. Tafelschikking

lepel (de)	숟가락	sut-ga-rak
mes (het)	나이프	na-i-peu
vork (de)	포크	po-keu
kopje (het)	컵	keop
bord (het)	접시	jeop-si
schoteltje (het)	받침 접시	bat-chim jeop-si
servet (het)	냅킨	naep-kin
tandenstoker (de)	이쑤시개	i-ssu-si-gae

53. Restaurant

restaurant (het)	레스토랑	re-seu-to-rang
koffiehuis (het)	커피숍	keo-pi-syop
bar (de)	바	ba
tearoom (de)	카페, 티룸	ka-pe, ti-rum
kelner, ober (de)	웨이터	we-i-teo
serveerster (de)	웨이트리스	we-i-teu-ri-seu
barman (de)	바텐더	ba-ten-deo
menu (het)	메뉴판	me-nyu-pan
wijnkaart (de)	와인 메뉴	wa-in me-nyu
een tafel reserveren	테이블 예약을 하다	te-i-beul rye-ya-geul ha-da
gerecht (het)	요리, 코스	yo-ri, ko-seu
bestellen (eten ~)	주문하다	ju-mun-ha-da
een bestelling maken	주문을 하다	ju-mu-neul ha-da
aperitief (de/het)	아페리티프	a-pe-ri-ti-peu
voorgerecht (het)	애피타이저	ae-pi-ta-i-jeo
dessert (het)	디저트	di-jeo-teu
rekening (de)	계산서	gye-san-seo
de rekening betalen	계산하다	gye-san-ha-da
wisselgeld teruggeven	거스름돈을 주다	geo-seu-reum-do-neul ju-da
fooi (de)	팁	tip

Familie, verwanten en vrienden

54. Persoonlijke informatie. Formulieren

naam (de)	이름	i-reum
achternaam (de)	성	seong
geboortedatum (de)	생년월일	saeng-nyeon-wo-ril
geboorteplaats (de)	탄생지	tan-saeng-ji
nationaliteit (de)	국적	guk-jeok
woonplaats (de)	거소	geo-so
land (het)	나라	na-ra
beroep (het)	직업	ji-geop
geslacht (ov. het vrouwelijk ~)	성별	seong-byeol
lengte (de)	키	ki
gewicht (het)	몸무게	mom-mu-ge

55. Familieleden. Verwanten

moeder (de)	어머니	eo-meo-ni
vader (de)	아버지	a-beo-ji
zoon (de)	아들	a-deul
dochter (de)	딸	ttal
jongste dochter (de)	작은딸	ja-geun-ttal
jongste zoon (de)	작은아들	ja-geun-a-deul
oudste dochter (de)	맏딸	mat-ttal
oudste zoon (de)	맏아들	ma-da-deul
broer (de)	형제	hyeong-je
zuster (de)	자매	ja-mae
neef (zoon van oom, tante)	사촌 형제	sa-chon hyeong-je
nicht (dochter van oom, tante)	사촌 자매	sa-chon ja-mae
mama (de)	엄마	eom-ma
papa (de)	아빠	a-ppa
ouders (mv.)	부모	bu-mo
kind (het)	아이, 아동	a-i, a-dong
kinderen (mv.)	아이들	a-i-deul
oma (de)	할머니	hal-meo-ni
opa (de)	할아버지	ha-ra-beo-ji
kleinzoon (de)	손자	son-ja
kleindochter (de)	손녀	son-nyeo
kleinkinderen (mv.)	손자들	son-ja-deul

oom (de)	삼촌	sam-chon
neef (zoon van broer, zus)	조카	jo-ka
nicht (dochter van broer ,zus)	조카딸	jo-ka-ttal

schoonmoeder (de)	장모	jang-mo
schoonvader (de)	시아버지	si-a-beo-ji
schoonzoon (de)	사위	sa-wi
stiefmoeder (de)	계모	gye-mo
stiefvader (de)	계부	gye-bu

zuigeling (de)	영아	yeong-a
wiegenkind (het)	아기	a-gi
kleuter (de)	꼬마	kko-ma

vrouw (de)	아내	a-nae
man (de)	남편	nam-pyeon
echtgenoot (de)	배우자	bae-u-ja
echtgenote (de)	배우자	bae-u-ja

gehuwd (mann.)	결혼한	gyeol-hon-han
gehuwd (vrouw.)	결혼한	gyeol-hon-han
ongehuwd (mann.)	미혼의	mi-hon-ui
vrijgezel (de)	미혼 남자	mi-hon nam-ja
gescheiden (bn)	이혼한	i-hon-han
weduwe (de)	과부	gwa-bu
weduwnaar (de)	홀아비	ho-ra-bi

familielid (het)	친척	chin-cheok
dichte familielid (het)	가까운 친척	ga-kka-un chin-cheok
verre familielid (het)	먼 친척	meon chin-cheok
familieleden (mv.)	친척들	chin-cheok-deul

wees (de), weeskind (het)	고아	go-a
voogd (de)	후견인	hu-gyeon-in
adopteren (een jongen te ~)	입양하다	i-byang-ha-da
adopteren (een meisje te ~)	입양하다	i-byang-ha-da

56. Vrienden. Collega's

vriend (de)	친구	chin-gu
vriendin (de)	친구	chin-gu
vriendschap (de)	우정	u-jeong
bevriend zijn (ww)	사귀다	sa-gwi-da

makker (de)	벗	beot
vriendin (de)	벗	beot
partner (de)	파트너	pa-teu-neo

chef (de)	상사	sang-sa
baas (de)	윗사람	wit-sa-ram
ondergeschikte (de)	부하	bu-ha
collega (de)	동료	dong-nyo
kennis (de)	아는 사람	a-neun sa-ram
medereiziger (de)	동행자	dong-haeng-ja

klasgenoot (de)	동급생	dong-geup-saeng
buurman (de)	이웃	i-ut
buurvrouw (de)	이웃	i-ut
buren (mv.)	이웃들	i-ut-deul

57. Man. Vrouw

vrouw (de)	여자	yeo-ja
meisje (het)	소녀, 아가씨	so-nyeo, a-ga-ssi
bruid (de)	신부	sin-bu

mooi(e) (vrouw, meisje)	아름다운	a-reum-da-un
groot, grote (vrouw, meisje)	키가 큰	ki-ga keun
slank(e) (vrouw, meisje)	날씬한	nal-ssin-han
korte, kleine (vrouw, meisje)	키가 작은	ki-ga ja-geun

| blondine (de) | 블론드 여자 | beul-lon-deu yeo-ja |
| brunette (de) | 갈색머리 여성 | gal-saeng-meo-ri yeo-seong |

dames- (abn)	여성의	yeo-seong-ui
maagd (de)	처녀	cheo-nyeo
zwanger (bn)	임신한	im-sin-han

man (de)	남자	nam-ja
blonde man (de)	블론드 남자	beul-lon-deu nam-ja
bruinharige man (de)	갈색머리 남자	gal-saeng-meo-ri nam-ja
groot (bn)	키가 큰	ki-ga keun
klein (bn)	키가 작은	ki-ga ja-geun

onbeleefd (bn)	무례한	mu-rye-han
gedrongen (bn)	땅딸막한	ttang-ttal-mak-an
robuust (bn)	강건한	gang-han
sterk (bn)	강한	gang-han
sterkte (de)	힘	him

mollig (bn)	뚱뚱한	ttung-ttung-han
getaand (bn)	거무스레한	geo-mu-seu-re-han
slank (bn)	날씬한	nal-ssin-han
elegant (bn)	우아한	u-a-han

58. Leeftijd

leeftijd (de)	나이	na-i
jeugd (de)	청년시절	cheong-nyeon-si-jeol
jong (bn)	젊은	jeol-meun

| jonger (bn) | 더 젊은 | deo jeol-meun |
| ouder (bn) | 더 나이 든 | deo na-i deun |

jongen (de)	젊은 분	jeol-meun bun
tiener, adolescent (de)	청소년	cheong-so-nyeon
kerel (de)	사내	sa-nae

| oude man (de) | 노인 | no-in |
| oude vrouw (de) | 노인 | no-in |

volwassen (bn)	어른	eo-reun
van middelbare leeftijd (bn)	중년의	jung-nyeo-nui
bejaard (bn)	나이 든	na-i deun
oud (bn)	늙은	neul-geun

pensioen (het)	은퇴	eun-toe
met pensioen gaan	은퇴하다	eun-toe-ha-da
gepensioneerde (de)	은퇴자	eun-toe-ja

59. Kinderen

kind (het)	아이, 아동	a-i, a-dong
kinderen (mv.)	아이들	a-i-deul
tweeling (de)	쌍둥이	ssang-dung-i

wieg (de)	요람	yo-ram
rammelaar (de)	딸랑이	ttal-lang-i
luier (de)	기저귀	gi-jeo-gwi

speen (de)	젖꼭지	jeot-kkok-ji
kinderwagen (de)	유모차	yu-mo-cha
kleuterschool (de)	유치원	yu-chi-won
babysitter (de)	애기보는 사람	ae-gi-bo-neun sa-ram

kindertijd (de)	유년	yu-nyeon
pop (de)	인형	in-hyeong
speelgoed (het)	장난감	jang-nan-gam
bouwspeelgoed (het)	블록 장난감	beul-lok jang-nan-gam

welopgevoed (bn)	잘 교육받은	jal gyo-yuk-ba-deun
onopgevoed (bn)	잘못 키운	jal-mot ki-un
verwend (bn)	버릇없는	beo-reus-eom-neun

stout zijn (ww)	짓궂다	jit-gut-da
stout (bn)	장난기 있는	jang-nan-gi in-neun
stoutheid (de)	장난기	jang-nan-gi
stouterd (de)	장난꾸러기	jang-nan-kku-reo-gi

| gehoorzaam (bn) | 말 잘 듣는 | mal jal deun-neun |
| ongehoorzaam (bn) | 반항적인 | ban-hang-jeo-gin |

braaf (bn)	유순한	yu-sun-han
slim (verstandig)	영리한	yeong-ni-han
wonderkind (het)	신동	sin-dong

60. Gehuwde paren. Gezinsleven

| kussen (een kus geven) | 키스하다 | ki-seu-ha-da |
| elkaar kussen (ww) | 입을 맞추다 | i-boul mat-chu-da |

gezin (het)	가족	ga-jok
gezins- (abn)	가족의	ga-jo-gui
paar (het)	부부	bu-bu
huwelijk (het)	결혼	gyeol-hon
thuis (het)	따뜻한 가정	tta-tteu-tan ga-jeong
dynastie (de)	혈통	hyeol-tong

date (de)	데이트	de-i-teu
zoen (de)	키스	ki-seu

liefde (de)	사랑	sa-rang
liefhebben (ww)	사랑하다	sa-rang-ha-da
geliefde (bn)	사랑받는	sa-rang-ban-neun

tederheid (de)	상냥함	sang-nyang-ham
teder (bn)	자상한	ja-sang-han
trouw (de)	성실	seong-sil
trouw (bn)	성실한	seong-sil-han
zorg (bijv. bejaarden~)	배려	bae-ryeo
zorgzaam (bn)	배려하는	bae-ryeo-ha-neun

jonggehuwden (mv.)	신혼 부부	sin-hon bu-bu
wittebroodsweken (mv.)	허니문	heo-ni-mun
trouwen (vrouw)	결혼하다	gyeol-hon-ha-da
trouwen (man)	결혼하다	gyeol-hon-ha-da

bruiloft (de)	결혼식	gyeol-hon-sik
verjaardag (de)	기념일	gi-nyeom-il

minnaar (de)	애인	ae-in
minnares (de)	정부	jeong-bu

overspel (het)	불륜	bul-lyun
overspel plegen (ww)	바람을 피우다	ba-ra-meul pi-u-da
jaloers (bn)	질투하는	jil-tu-ha-neun
jaloers zijn (echtgenoot, enz.)	질투하다	jil-tu-ha-da
echtscheiding (de)	이혼	i-hon
scheiden (ww)	이혼하다	i-hon-ha-da

ruzie hebben (ww)	다투다	da-tu-da
vrede sluiten (ww)	화해하다	hwa-hae-ha-da
samen (bw)	같이	ga-chi
seks (de)	섹스	sek-seu

geluk (het)	행복	haeng-bok
gelukkig (bn)	행복한	haeng-bok-an
ongeluk (het)	불행	bul-haeng
ongelukkig (bn)	불행한	bul-haeng-han

Karakter. Gevoelens. Emoties

61. Gevoelens. Emoties

gevoel (het)	감정	gam-jeong
gevoelens (mv.)	감정	gam-jeong
voelen (ww)	느끼다	neu-kki-da
honger (de)	배고픔	bae-go-peum
honger hebben (ww)	배가 고프다	bae-ga go-peu-da
dorst (de)	목마름	mong-ma-reum
dorst hebben	목마르다	mong-ma-reu-da
slaperigheid (de)	졸음	jo-reum
willen slapen	졸리다	jol-li-da
moeheid (de)	피로	pi-ro
moe (bn)	피곤한	pi-gon-han
vermoeid raken (ww)	피곤하다	pi-gon-ha-da
stemming (de)	기분	gi-bun
verveling (de)	지루함	ji-ru-ham
zich vervelen (ww)	심심하다	sim-sim-ha-da
afzondering (de)	은둔 생활	eun-dun saeng-hwal
zich afzonderen (ww)	고적하게 살다	go-jeok-a-ge sal-da
bezorgd maken (ww)	걱정하게 만들다	geok-jeong-ha-ge man-deul-da
zich bezorgd maken	걱정하다	geok-jeong-ha-da
zorg (bijv. geld~en)	걱정	geok-jeong
ongerustheid (de)	심려	sim-nyeo
ongerust (bn)	사로잡힌	sa-ro-ja-pin
zenuwachtig zijn (ww)	긴장하다	gin-jang-ha-da
in paniek raken	공황 상태에 빠지다	gong-hwang sang-tae-e ppa-ji-da
hoop (de)	희망	hui-mang
hopen (ww)	희망하다	hui-mang-ha-da
zekerheid (de)	확실	hwak-sil
zeker (bn)	확실한	hwak-sil-han
onzekerheid (de)	불확실성	bul-hwak-sil-seong
onzeker (bn)	불확실한	bul-hwak-sil-han
dronken (bn)	취한	chwi-han
nuchter (bn)	술 취하지 않은	sul chwi-ha-ji a-neun
zwak (bn)	약한	yak-an
gelukkig (bn)	행복한	haeng-bok-an
doen schrikken (ww)	겁주다	geop-ju-da
toorn (de)	격분	gyeok-bun
woede (de)	격노	gyeong-no

depressie (de)	우울함	u-ul-ham
ongemak (het)	불편함	bul-pyeon-ham
gemak, comfort (het)	안락	al-lak
spijt hebben (ww)	후회하다	hu-hoe-ha-da
spijt (de)	후회	hu-hoe
pech (de)	불운	bu-run
bedroefdheid (de)	슬픔	seul-peum
schaamte (de)	부끄러움	bu-kkeu-reo-um
pret (de), plezier (het)	기쁨, 반가움	gi-ppeum, ban-ga-um
enthousiasme (het)	열광, 열성	yeol-gwang, yeol-seong
enthousiasteling (de)	열광자	yeol-gwang-ja
enthousiasme vertonen	열의를 보이다	yeo-rui-reul bo-i-da

62. Karakter. Persoonlijkheid

karakter (het)	성격	seong-gyeok
karakterfout (de)	성격결함	seong-gyeok-gyeol-ham
verstand (het)	마음	ma-eum
rede (de)	이성	i-seong
geweten (het)	양심	yang-sim
gewoonte (de)	습관	seup-gwan
bekwaamheid (de)	능력	neung-nyeok
kunnen (bijv., ~ zwemmen)	할 수 있다	hal su it-da
geduldig (bn)	참을성 있는	cha-meul-seong in-neun
ongeduldig (bn)	참을성 없는	cha-meul-seong eom-neun
nieuwsgierig (bn)	호기심이 많은	ho-gi-sim-i ma-neun
nieuwsgierigheid (de)	호기심	ho-gi-sim
bescheidenheid (de)	겸손	gyeom-son
bescheiden (bn)	겸손한	gyeom-son-han
onbescheiden (bn)	자만하는	ja-man-ha-neun
lui (bn)	게으른	ge-eu-reun
luiwammes (de)	게으름뱅이	ge-eu-reum-baeng-i
sluwheid (de)	교활	gyo-hwal
sluw (bn)	교활한	gyo-hwal-han
wantrouwen (het)	불신	bul-sin
wantrouwig (bn)	불신하는	bul-sin-ha-neun
gulheid (de)	관대함	gwan-dae-ham
gul (bn)	관대한	gwan-dae-han
talentrijk (bn)	재능이 있는	jae-neung-i in-neun
talent (het)	재능	jae-neung
moedig (bn)	용감한	yong-gam-han
moed (de)	용기	yong-gi
eerlijk (bn)	정직한	jeong-jik-an
eerlijkheid (de)	정직	jeong-jik
voorzichtig (bn)	주의깊은	ju-ui-gi-peun
manhaftig (bn)	용감한	yong-gam-han

| ernstig (bn) | 진지한 | jin-ji-han |
| streng (bn) | 엄한 | eom-han |

resoluut (bn)	과단성 있는	gwa-dan-seong in-neun
onzeker, irresoluut (bn)	과단성 없는	gwa-dan-seong eom-neun
schuchter (bn)	소심한	so-sim-han
schuchterheid (de)	소심	so-sim

vertrouwen (het)	신뢰	sil-loe
vertrouwen (ww)	신뢰하다	sil-loe-ha-da
goedgelovig (bn)	잘 믿는	jal min-neun

oprecht (bw)	성실하게	seong-sil-ha-ge
oprecht (bn)	성실한	seong-sil-han
oprechtheid (de)	성실	seong-sil
open (bn)	열린	yeol-lin

rustig (bn)	차분한	cha-bun-han
openhartig (bn)	솔직한	sol-jik-an
naïef (bn)	순진한	sun-jin-han
verstrooid (bn)	건망증이 심한	geon-mang-jeung-i sim-han
leuk, grappig (bn)	웃긴	ut-gin

gierigheid (de)	욕심	yok-sim
gierig (bn)	욕심 많은	yok-sim ma-neun
inhalig (bn)	인색한	in-saek-an
kwaad (bn)	사악한	sa-a-kan
koppig (bn)	고집이 센	go-ji-bi sen
onaangenaam (bn)	불쾌한	bul-kwae-han

egoïst (de)	이기주의자	i-gi-ju-ui-ja
egoïstisch (bn)	이기적인	i-gi-jeo-gin
lafaard (de)	비겁한 자, 겁쟁이	bi-geo-pan ja, geop-jaeng-i
laf (bn)	비겁한	bi-geo-pan

63. Slaap. Dromen

slapen (ww)	잠을 자다	ja-meul ja-da
slaap (in ~ vallen)	잠	jam
droom (de)	꿈	kkum
dromen (in de slaap)	꿈을 꾸다	kku-meul kku-da
slaperig (bn)	졸린	jol-lin

bed (het)	침대	chim-dae
matras (de)	매트리스	mae-teu-ri-seu
deken (de)	이불	i-bul
kussen (het)	베개	be-gae
laken (het)	시트	si-teu

slapeloosheid (de)	불면증	bul-myeon-jeung
slapeloos (bn)	불면의	bul-myeon-ui
slaapmiddel (het)	수면제	su-myeon-je
slaapmiddel innemen	수면제를 먹다	su-myeon-je-reul meok-da
willen slapen	졸리다	jol-li-da

geeuwen (ww)	하품하다	ha-pum-ha-da
gaan slapen	잠자리에 들다	jam-ja-ri-e deul-da
het bed opmaken	침대를 정리하다	chim-dae-reul jeong-ni-ha-da
inslapen (ww)	잠들다	jam-deul-da
nachtmerrie (de)	악몽	ang-mong
gesnurk (het)	코골기	ko-gol-gi
snurken (ww)	코를 골다	ko-reul gol-da
wekker (de)	알람 시계	al-lam si-gye
wekken (ww)	깨우다	kkae-u-da
wakker worden (ww)	깨다	kkae-da
opstaan (ww)	일어나다	i-reo-na-da
zich wassen (ww)	세수하다	se-su-ha-da

64. Humor. Gelach. Blijdschap

humor (de)	유머	yu-meo
gevoel (het) voor humor	유머 감각	yu-meo gam-gak
plezier hebben (ww)	즐기다	jeul-gi-da
vrolijk (bn)	명랑한	myeong-nang-han
pret (de), plezier (het)	즐거움	jeul-geo-um
glimlach (de)	미소	mi-so
glimlachen (ww)	미소를 짓다	mi-so-reul jit-da
beginnen te lachen (ww)	웃기 시작하다	ut-gi si-jak-a-da
lachen (ww)	웃다	ut-da
lach (de)	웃음	us-eum
mop (de)	일화	il-hwa
grappig (een ~ verhaal)	웃긴	ut-gin
grappig (~e clown)	웃긴	ut-gin
grappen maken (ww)	농담하다	nong-dam-ha-da
grap (de)	농담	nong-dam
blijheid (de)	기쁜, 즐거움	gi-ppeun, jeul-geo-um
blij zijn (ww)	기뻐하다	gi-ppeo-ha-da
blij (bn)	기쁜	gi-ppeun

65. Discussie, conversatie. Deel 1

communicatie (de)	의사소통	ui-sa-so-tong
communiceren (ww)	연락을 주고받다	yeol-la-geul ju-go-bat-da
conversatie (de)	대화	dae-hwa
dialoog (de)	대화	dae-hwa
discussie (de)	논의	non-ui
debat (het)	언쟁	eon-jaeng
debatteren, twisten (ww)	언쟁하다	eon-jaeng-ha-da
gesprekspartner (de)	대화 상대	dae-hwa sang-dae
thema (het)	주제	ju-je

standpunt (het)	관점	gwan-jeom
mening (de)	의견	ui-gyeon
toespraak (de)	연설	yeon-seol

bespreking (de)	의논	ui-non
bespreken (spreken over)	의논하다	ui-non-ha-da
gesprek (het)	대화	dae-hwa
spreken (converseren)	대화하다	i-ya-gi-ha-da
ontmoeting (de)	회의	hoe-ui
ontmoeten (ww)	만나다	man-na-da

spreekwoord (het)	속담	sok-dam
gezegde (het)	속담	sok-dam
raadsel (het)	수수께끼	su-su-kke-kki
een raadsel opgeven	수수께끼를 내다	su-su-kke-kki-reul lae-da
wachtwoord (het)	비밀번호	bi-mil-beon-ho
geheim (het)	비밀	bi-mil

eed (de)	맹세	maeng-se
zweren (een eed doen)	맹세하다	maeng-se-ha-da
belofte (de)	약속	yak-sok
beloven (ww)	약속하다	yak-sok-a-da

advies (het)	조언	jo-eon
adviseren (ww)	조언하다	jo-eon-ha-da
luisteren (gehoorzamen)	··· 를 따르다	... reul tta-reu-da

nieuws (het)	소식	so-sik
sensatie (de)	센세이션	sen-se-i-syeon
informatie (de)	정보	jeong-bo
conclusie (de)	결론	gyeol-lon
stem (de)	목소리	mok-so-ri
compliment (het)	칭찬	ching-chan
vriendelijk (bn)	친절한	chin-jeol-han

woord (het)	단어	dan-eo
zin (de), zinsdeel (het)	어구	eo-gu
antwoord (het)	대답	dae-dap

waarheid (de)	진리	jil-li
leugen (de)	거짓말	geo-jin-mal

gedachte (de)	생각	saeng-gak
idee (de/het)	관념	gwan-nyeom
fantasie (de)	판타지	pan-ta-ji

66. Discussie, conversatie. Deel 2

gerespecteerd (bn)	존경받는	jon-gyeong-ban-neun
respecteren (ww)	존경하다	jon-gyeong-ha-da
respect (het)	존경	jon-gyeong
Geachte ... (brief)	친애하는 ···	chin-ae-ha-neun ...
voorstellen (Mag ik jullie ~)	소개하다	so-gae-ha-da
intentie (de)	의도	ui-do

intentie hebben (ww)	의도하다	ui-do-ha-da
wens (de)	바람	ba-ram
wensen (ww)	바라다	ba-ra-da
verbazing (de)	놀라움	nol-la-um
verbazen (verwonderen)	놀라게 하다	nol-la-ge ha-da
verbaasd zijn (ww)	놀라다	nol-la-da
geven (ww)	주다	ju-da
nemen (ww)	잡다	jap-da
teruggeven (ww)	돌려주다	dol-lyeo-ju-da
retourneren (ww)	돌려주다	dol-lyeo-ju-da
zich verontschuldigen	사과하다	sa-gwa-ha-da
verontschuldiging (de)	사과	sa-gwa
vergeven (ww)	용서하다	yong-seo-ha-da
spreken (ww)	말하다	mal-ha-da
luisteren (ww)	듣다	deut-da
aanhoren (ww)	끝까지 듣다	kkeut-kka-ji deut-da
begrijpen (ww)	이해하다	i-hae-ha-da
tonen (ww)	보여주다	bo-yeo-ju-da
kijken naar ...	··· 를 보다	... reul bo-da
roepen (vragen te komen)	부르다	bu-reu-da
storen (lastigvallen)	방해하다	bang-hae-ha-da
doorgeven (ww)	건네주다	geon-ne-ju-da
verzoek (het)	요청	yo-cheong
verzoeken (ww)	부탁하다	bu-tak-a-da
eis (de)	요구	yo-gu
eisen (met klem vragen)	요구하다	yo-gu-ha-da
beledigen	놀리다	nol-li-da
(beledigende namen geven)		
uitlachen (ww)	조롱하다	jo-rong-ha-da
spot (de)	조롱, 조소	jo-rong, jo-so
bijnaam (de)	별명	byeol-myeong
zinspeling (de)	암시	am-si
zinspelen (ww)	암시하다	am-si-ha-da
impliceren (duiden op)	의미하다	ui-mi-ha-da
beschrijving (de)	서술	seo-sul
beschrijven (ww)	서술하다	seo-sul-ha-da
lof (de)	칭찬	ching-chan
loven (ww)	칭찬하다	ching-chan-ha-da
teleurstelling (de)	실망	sil-mang
teleurstellen (ww)	실망시키다	sil-mang-si-ki-da
teleurgesteld zijn (ww)	실망하다	sil-mang-ha-da
veronderstelling (de)	추측	chu-cheuk
veronderstellen (ww)	추측하다	chu-cheuk-a-da
waarschuwing (de)	경고	gyeong-go
waarschuwen (ww)	경고하다	gyeong-go-ha-da

67. Discussie, conversatie. Deel 3

aanpraten (ww)	설득하다	seol-deu-ka-da
kalmeren (kalm maken)	진정시키다	jin-jeong-si-ki-da
stilte (de)	침묵	chim-muk
zwijgen (ww)	침묵을 지키다	chim-mu-geul ji-ki-da
fluisteren (ww)	속삭이다	sok-sa-gi-da
gefluister (het)	속삭임	sok-sa-gim
open, eerlijk (bw)	솔직하게	sol-jik-a-ge
volgens mij ...	내 생각에 …	nae saeng-ga-ge ...
detail (het)	세부	se-bu
gedetailleerd (bn)	자세한	ja-se-han
gedetailleerd (bw)	자세하게	ja-se-ha-ge
hint (de)	단서	dan-seo
een hint geven	힌트를 주다	hin-teu-reul ju-da
blik (de)	흘깃 봄	heul-kkit bom
een kijkje nemen	보다	bo-da
strak (een ~ke blik)	고정된	go-jeong-doen
knipperen (ww)	눈을 깜빡이다	nu-neul kkam-ppa-gi-da
knipogen (ww)	눈짓하다	nun-ji-ta-da
knikken (ww)	끄덕이다	kkeu-deo-gi-da
zucht (de)	한숨	han-sum
zuchten (ww)	한숨을 쉬다	han-su-meul swi-da
huiveren (ww)	몸을 떨다	mo-meul tteol-da
gebaar (het)	손짓	son-jit
aanraken (ww)	만지다	man-ji-da
grijpen (ww)	잡다	jap-da
een schouderklopje geven	톡 치다	tuk chi-da
Kijk uit!	조심!	jo-sim!
Echt?	정말?	jeong-mal?
Bent je er zeker van?	확실해요?	hwak-sil-hae-yo?
Succes!	행운을 빕니다!	haeng-u-neul bim-ni-da!
Juist, ja!	알겠어요!	al-ge-seo-yo!
Wat jammer!	유감이에요!	yu-ga-mi-e-yo!

68. Overeenstemming. Weigering

instemming (het)	동의	dong-ui
instemmen (akkoord gaan)	동의하다	dong-ui-ha-da
goedkeuring (de)	찬성	chan-seong
goedkeuren (ww)	찬성하다	chan-seong-ha-da
weigering (de)	거절	geo-jeol
weigeren (ww)	거절하다	geo-jeol-ha-da
Geweldig!	좋아요!	jo-a-yo!
Goed!	좋아요!	jo-a-yo!

Akkoord!	그래요!	geu-rae-yo!
verboden (bn)	금지된	geum-ji-doen
het is verboden	금지되어 있다	geum-ji-doe-eo it-da
het is onmogelijk	불가능하다	bul-ga-neung-ha-da
onjuist (bn)	틀린	teul-lin

afwijzen (ww)	거부하다	geo-bu-ha-da
steunen	지지하다	ji-ji-ha-da
(een goed doel, enz.)		
aanvaarden (excuses ~)	받아들이다	ba-da-deu-ri-da

| bevestigen (ww) | 확인해 주다 | hwa-gin-hae ju-da |
| bevestiging (de) | 확인 | hwa-gin |

toestemming (de)	허락	heo-rak
toestaan (ww)	허가하다	heo-ga-ha-da
beslissing (de)	결정	gyeol-jeong
z'n mond houden (ww)	아무 말도 않다	a-mu mal-do an-ta

voorwaarde (de)	조건	jo-geon
smoes (de)	핑계	ping-gye
lof (de)	칭찬	ching-chan
loven (ww)	칭찬하다	ching-chan-ha-da

69. Succes. Veel geluk. Mislukking

succes (het)	성공	seong-gong
succesvol (bw)	성공적으로	seong-gong-jeo-geu-ro
succesvol (bn)	성공적인	seong-gong-jeo-gin

| geluk (het) | 운 | un |
| Succes! | 행운을 빕니다! | haeng-u-neul bim-ni-da! |

| geluks- (bn) | 운이 좋은 | un-i jo-eun |
| gelukkig (fortuinlijk) | 운이 좋은 | un-i jo-eun |

mislukking (de)	실패	sil-pae
tegenslag (de)	불운	bu-run
pech (de)	불운	bu-run

| zonder succes (bn) | 성공적이지 못한 | seong-gong-jeo-gi-ji mo-tan |
| catastrofe (de) | 재난 | jae-nan |

fierheid (de)	자존심	ja-jon-sim
fier (bn)	자존심 강한	ja-jon-sim gang-han
fier zijn (ww)	득의만면이다	deu-gui-man-myeon-i-da

| winnaar (de) | 승리자 | seung-ni-ja |
| winnen (ww) | 이기다 | i-gi-da |

verliezen (ww)	지다	ji-da
poging (de)	사실, 시도	sa-sil, si-do
pogen, proberen (ww)	해보다	hae-bo-da
kans (de)	기회	gi-hoe

70. Ruzies. Negatieve emoties

schreeuw (de)	고함	go-ham
schreeuwen (ww)	소리치다	so-ri-chi-da
ruzie (de)	싸움	ssa-um
ruzie hebben (ww)	다투다	da-tu-da
schandaal (het)	싸움	ssa-um
schandaal maken (ww)	싸움을 하다	ssa-u-meul ha-da
conflict (het)	갈등	gal-deung
misverstand (het)	오해	o-hae
belediging (de)	모욕	mo-yok
beledigen	모욕하다	mo-yok-a-da
(met scheldwoorden)		
beledigd (bn)	모욕 당한	mo-yok dang-han
krenking (de)	분노	bun-no
krenken (beledigen)	모욕하다	mo-yok-a-da
gekwetst worden (ww)	약오르다	ya-go-reu-da
verontwaardiging (de)	분개	bun-gae
verontwaardigd zijn (ww)	분개하다	bun-gae-ha-da
klacht (de)	불평	bul-pyeong
klagen (ww)	불평하다	bul-pyeong-ha-da
verontschuldiging (de)	사과	sa-gwa
zich verontschuldigen	사과하다	sa-gwa-ha-da
excuus vragen	용서를 빌다	yong-seo-reul bil-da
kritiek (de)	비판	bi-pan
bekritiseren (ww)	비판하다	bi-pan-ha-da
beschuldiging (de)	비난	bi-nan
beschuldigen (ww)	비난하다	bi-nan-ha-da
wraak (de)	복수	bok-su
wreken (ww)	복수하다	bok-su-ha-da
wraak nemen (ww)	갚아주다	ga-pa-ju-da
minachting (de)	경멸	gyeong-myeol
minachten (ww)	경멸하나	gyeong-myeol-ha-da
haat (de)	증오	jeung-o
haten (ww)	증오하다	jeung-o-ha-da
zenuwachtig (bn)	긴장한	gin-jang-han
zenuwachtig zijn (ww)	긴장하다	gin-jang-ha-da
boos (bn)	화가 난	hwa-ga nan
boos maken (ww)	화나게 하다	hwa-na-ge ha-da
vernedering (de)	굴욕	gu-ryok
vernederen (ww)	굴욕감을 주다	gu-ryok-ga-meul ju-da
zich vernederen (ww)	창피를 당하다	chang-pi-reul dang-ha-da
schok (de)	충격	chung-gyeok
schokken (ww)	충격을 주다	chung-gyeo-geul ju-da
onaangenaamheid (de)	문제	mun-je

onaangenaam (bn)	불쾌한	bul-kwae-han
vrees (de)	두려움	du-ryeo-um
vreselijk (bijv. ~ onweer)	끔찍한	kkeum-jjik-an
eng (bn)	무서운	mu-seo-un
gruwel (de)	공포	gong-po
vreselijk (~ nieuws)	지독한	ji-dok-an
huilen (wenen)	울다	ul-da
beginnen te huilen (wenen)	울기 시작하다	ul-gi si-jak-a-da
traan (de)	눈물	nun-mul
schuld (~ geven aan)	잘못	jal-mot
schuldgevoel (het)	죄책감	joe-chaek-gam
schande (de)	불명예	bul-myeong-ye
protest (het)	항의	hang-ui
stress (de)	스트레스	seu-teu-re-seu
storen (lastigvallen)	방해하다	bang-hae-ha-da
kwaad zijn (ww)	화내다	hwa-nae-da
kwaad (bn)	화가 난	hwa-ga nan
beëindigen (een relatie ~)	끝내다	kkeun-nae-da
vloeken (ww)	욕하다	yok-a-da
schrikken (schrik krijgen)	무서워하다	mu-seo-wo-ha-da
slaan (iemand ~)	치다	chi-da
vechten (ww)	싸우다	ssa-u-da
regelen (conflict)	해결하다	hae-gyeol-ha-da
ontevreden (bn)	불만족한	bul-kwae-han
woedend (bn)	맹렬한	maeng-nyeol-han
Dat is niet goed!	그건 좋지 않아요!	geu-geon jo-chi a-na-yo!
Dat is slecht!	그건 나빠요!	geu-geon na-ppa-yo!

Geneeskunde

71. Ziekten

ziekte (de)	병	byeong
ziek zijn (ww)	눕다	nup-da
gezondheid (de)	건강	geon-gang
snotneus (de)	비염	bi-yeom
angina (de)	편도염	pyeon-do-yeom
verkoudheid (de)	감기	gam-gi
verkouden raken (ww)	감기에 걸리다	gam-gi-e geol-li-da
bronchitis (de)	기관지염	gi-gwan-ji-yeom
longontsteking (de)	폐렴	pye-ryeom
griep (de)	독감	dok-gam
bijziend (bn)	근시의	geun-si-ui
verziend (bn)	원시의	won-si-ui
scheelheid (de)	사시	sa-si
scheel (bn)	사시인	sa-si-in
grauwe staar (de)	백내장	baeng-nae-jang
glaucoom (het)	녹내장	nong-nae-jang
beroerte (de)	뇌졸중	noe-jol-jung
hartinfarct (het)	심장마비	sim-jang-ma-bi
myocardiaal infarct (het)	심근경색증	sim-geun-gyeong-saek-jeung
verlamming (de)	마비	ma-bi
verlammen (ww)	마비되다	ma-bi-doe-da
allergie (de)	알레르기	al-le-reu-gi
astma (de/het)	천식	cheon-sik
diabetes (de)	당뇨병	dang-nyo-byeong
tandpijn (de)	치통, 이앓이	chi-tong, i-a-ri
tandbederf (het)	충치	chung-chi
diarree (de)	설사	seol-sa
constipatie (de)	변비증	byeon-bi-jeung
maagstoornis (de)	배탈	bae-tal
voedselvergiftiging (de)	식중독	sik-jung-dok
voedselvergiftiging oplopen	식중독에 걸리다	sik-jung-do-ge geol-li-da
artritis (de)	관절염	gwan-jeo-ryeom
rachitis (de)	구루병	gu-ru-byeong
reuma (het)	류머티즘	ryu-meo-ti-jeum
gastritis (de)	위염	wi-yeom
blindedarmontsteking (de)	맹장염	maeng-jang-yeom
galblaasontsteking (de)	담낭염	dam-nang-yeom

zweer (de)	궤양	gwe-yang
mazelen (mv.)	홍역	hong-yeok
rodehond (de)	풍진	pung-jin
geelzucht (de)	황달	hwang-dal
leverontsteking (de)	간염	gan-nyeom
schizofrenie (de)	정신 분열증	jeong-sin bu-nyeol-jeung
dolheid (de)	광견병	gwang-gyeon-byeong
neurose (de)	신경증	sin-gyeong-jeung
hersenschudding (de)	뇌진탕	noe-jin-tang
kanker (de)	암	am
sclerose (de)	경화증	gyeong-hwa-jeung
multiple sclerose (de)	다발성 경화증	da-bal-seong gyeong-hwa-jeung
alcoholisme (het)	알코올 중독	al-ko-ol jung-dok
alcoholicus (de)	알코올 중독자	al-ko-ol jung-dok-ja
syfilis (de)	매독	mae-dok
AIDS (de)	에이즈	e-i-jeu
tumor (de)	종양	jong-yang
kwaadaardig (bn)	악성의	ak-seong-ui
goedaardig (bn)	양성의	yang-seong-ui
koorts (de)	열병	yeol-byeong
malaria (de)	말라리아	mal-la-ri-a
gangreen (het)	괴저	goe-jeo
zeeziekte (de)	뱃멀미	baen-meol-mi
epilepsie (de)	간질	gan-jil
epidemie (de)	유행병	yu-haeng-byeong
tyfus (de)	발진티푸스	bal-jin-ti-pu-seu
tuberculose (de)	결핵	gyeol-haek
cholera (de)	콜레라	kol-le-ra
pest (de)	페스트	pe-seu-teu

72. Symptomen. Behandelingen. Deel 1

symptoom (het)	증상	jeung-sang
temperatuur (de)	체온	che-on
verhoogde temperatuur (de)	열	yeol
polsslag (de)	맥박	maek-bak
duizeling (de)	현기증	hyeon-gi-jeung
heet (erg warm)	뜨거운	tteu-geo-un
koude rillingen (mv.)	전율	jeo-nyul
bleek (bn)	창백한	chang-baek-an
hoest (de)	기침	gi-chim
hoesten (ww)	기침을 하다	gi-chi-meul ha-da
niezen (ww)	재채기하다	jae-chae-gi-ha-da
flauwte (de)	실신	sil-sin
flauwvallen (ww)	실신하다	sil-sin-ha-da

blauwe plek (de)	멍	meong
buil (de)	혹	hok
zich stoten (ww)	부딪치다	bu-dit-chi-da
kneuzing (de)	타박상	ta-bak-sang
kneuzen (gekneusd zijn)	타박상을 입다	ta-bak-sang-eul rip-da
hinken (ww)	절다	jeol-da
verstuiking (de)	탈구	tal-gu
verstuiken (enkel, enz.)	탈구하다	tal-gu-ha-da
breuk (de)	골절	gol-jeol
een breuk oplopen	골절하다	gol-jeol-ha-da
snijwond (de)	베인	be-in
zich snijden (ww)	베다	jeol-chang-eul rip-da
bloeding (de)	출혈	chul-hyeol
brandwond (de)	화상	hwa-sang
zich branden (ww)	데다	de-da
prikken (ww)	찌르다	jji-reu-da
zich prikken (ww)	쩔리다	jjil-li-da
blesseren (ww)	다치다	da-chi-da
blessure (letsel)	부상	bu-sang
wond (de)	부상	bu-sang
trauma (het)	정신적 외상	jeong-sin-jeok goe-sang
IJlen (ww)	망상을 겨다	mang-sang-eul gyeok-da
stotteren (ww)	말을 더듬다	ma-reul deo-deum-da
zonnesteek (de)	일사병	il-sa-byeong

73. Symptomen. Behandelingen. Deel 2

pijn (de)	통증	tong-jeung
splinter (de)	가시	ga-si
zweet (het)	땀	ttam
zweten (ww)	땀이 나다	ttam-i na-da
braking (de)	구토	gu-to
stuiptrekkingen (mv.)	경련	gyeong-nyeon
zwanger (bn)	임신한	im-sin-han
geboren worden (ww)	태어나다	tae-eo-na-da
geboorte (de)	출산	chul-san
baren (ww)	낳다	na-ta
abortus (de)	낙태	nak-tae
ademhaling (de)	호흡	ho-heup
inademing (de)	들숨	deul-sum
uitademing (de)	날숨	nal-sum
uitademen (ww)	내쉬다	nae-swi-da
inademen (ww)	들이쉬다	deu-ri-swi-da
invalide (de)	장애인	jang-ae-in
gehandicapte (de)	병신	byeong-sin

drugsverslaafde (de)	마약 중독자	ma-yak jung-dok-ja
doof (bn)	귀가 먼	gwi-ga meon
stom (bn)	벙어리인	beong-eo-ri-in
doofstom (bn)	농아인	nong-a-in

krankzinnig (bn)	미친	mi-chin
krankzinnige (man)	광인	gwang-in
krankzinnige (vrouw)	광인	gwang-in
krankzinnig worden	미치다	mi-chi-da

gen (het)	유전자	yu-jeon-ja
immuniteit (de)	면역성	myeo-nyeok-seong
erfelijk (bn)	유전의	yu-jeon-ui
aangeboren (bn)	선천적인	seon-cheon-jeo-gin

virus (het)	바이러스	ba-i-reo-seu
microbe (de)	미생물	mi-saeng-mul
bacterie (de)	세균	se-gyun
infectie (de)	감염	gam-nyeom

74. Symptomen. Behandelingen. Deel 3

ziekenhuis (het)	병원	byeong-won
patiënt (de)	환자	hwan-ja

diagnose (de)	진단	jin-dan
genezing (de)	치료	chi-ryo
onder behandeling zijn	치료를 받다	chi-ryo-reul bat-da
behandelen (ww)	치료하다	chi-ryo-ha-da
zorgen (zieken ~)	간호하다	gan-ho-ha-da
ziekenzorg (de)	간호	gan-ho

operatie (de)	수술	su-sul
verbinden (een arm ~)	붕대를 감다	bung-dae-reul gam-da
verband (het)	붕대	bung-dae

vaccin (het)	예방주사	ye-bang-ju-sa
inenten (vaccineren)	접종하다	jeop-jong-ha-da
injectie (de)	주사	ju-sa
een injectie geven	주사하다	ju-sa-ha-da

amputatie (de)	절단	jeol-dan
amputeren (ww)	절단하다	jeol-dan-ha-da
coma (het)	혼수 상태	hon-su sang-tae
in coma liggen	혼수 상태에 있다	hon-su sang-tae-e it-da
intensieve zorg, ICU (de)	집중 치료	jip-jung chi-ryo

zich herstellen (ww)	회복하다	hoe-bok-a-da
toestand (de)	상태	sang-tae
bewustzijn (het)	의식	ui-sik
geheugen (het)	기억	gi-eok

trekken (een kies ~)	빼다	ppae-da
vulling (de)	충전물	chung-jeon-mul

vullen (ww)	때우다	ttae-u-da
hypnose (de)	최면	choe-myeon
hypnotiseren (ww)	최면을 걸다	choe-myeo-neul geol-da

75. Artsen

dokter, arts (de)	의사	ui-sa
ziekenzuster (de)	간호사	gan-ho-sa
lijfarts (de)	개인 의사	gae-in ui-sa
tandarts (de)	치과 의사	chi-gwa ui-sa
oogarts (de)	안과 의사	an-gwa ui-sa
therapeut (de)	내과 의사	nae-gwa ui-sa
chirurg (de)	외과 의사	oe-gwa ui-sa
psychiater (de)	정신과 의사	jeong-sin-gwa ui-sa
pediater (de)	소아과 의사	so-a-gwa ui-sa
psycholoog (de)	심리학자	sim-ni-hak-ja
gynaecoloog (de)	부인과 의사	bu-in-gwa ui-sa
cardioloog (de)	심장병 전문의	sim-jang-byeong jeon-mun-ui

76. Geneeskunde. Medicijnen. Accessoires

geneesmiddel (het)	약	yak
middel (het)	약제	yak-je
recept (het)	처방	cheo-bang
tablet (de/het)	정제	jeong-je
zalf (de)	연고	yeon-go
ampul (de)	앰풀	aem-pul
drank (de)	혼합물	hon-ham-mul
siroop (de)	물약	mul-lyak
pil (de)	알약	a-ryak
poeder (de/het)	가루약	ga-ru-yak
verband (het)	거즈 붕대	geo-jeu bung-dae
watten (mv.)	솜	som
jodium (het)	요오드	yo-o-deu
pleister (de)	반창고	ban-chang-go
pipet (de)	점안기	jeom-an-gi
thermometer (de)	체온계	che-on-gye
spuit (de)	주사기	ju-sa-gi
rolstoel (de)	휠체어	hwil-che-eo
krukken (mv.)	목발	mok-bal
pijnstiller (de)	진통제	jin-tong-je
laxeermiddel (het)	완하제	wan-ha-je
spiritus (de)	알코올	al-ko-ol
medicinale kruiden (mv.)	약초	yak-cho
kruiden- (abn)	약초의	yak-cho-ui

77. Roken. Tabaksproducten

tabak (de)	담배	dam-bae
sigaret (de)	담배	dam-bae
sigaar (de)	시가	si-ga
pijp (de)	담뱃대	dam-baet-dae
pakje (~ sigaretten)	갑	gap
lucifers (mv.)	성냥	seong-nyang
luciferdoosje (het)	성냥 갑	seong-nyang gap
aansteker (de)	라이터	ra-i-teo
asbak (de)	재떨이	jae-tteo-ri
sigarettendoosje (het)	담배 케이스	dam-bae ke-i-seu
sigarettenpijpje (het)	물부리	mul-bu-ri
filter (de/het)	필터	pil-teo
roken (ww)	피우다	pi-u-da
een sigaret opsteken	담배에 불을 붙이다	dam-bae-e bu-reul bu-chi-da
roken (het)	흡연	heu-byeon
roker (de)	흡연자	heu-byeon-ja
peuk (de)	꽁초	kkong-cho
rook (de)	연기	yeon-gi
as (de)	재	jae

HET MENSELIJKE LEEFGEBIED

Stad

78. Stad. Het leven in de stad

stad (de)	도시	do-si
hoofdstad (de)	수도	su-do
dorp (het)	마을	ma-eul
plattegrond (de)	도시 지도	do-si ji-do
centrum (ov. een stad)	시내	si-nae
voorstad (de)	근교	geun-gyo
voorstads- (abn)	근교의	geun-gyo-ui
omgeving (de)	주변	ju-byeon
blok (huizenblok)	한 구획	han gu-hoek
woonwijk (de)	동	dong
verkeer (het)	교통	gyo-tong
verkeerslicht (het)	신호등	sin-ho-deung
openbaar vervoer (het)	대중교통	dae-jung-gyo-tong
kruispunt (het)	교차로	gyo-cha-ro
zebrapad (oversteekplaats)	횡단 보도	hoeng-dan bo-do
onderdoorgang (de)	지하 보도	ji-ha bo-do
oversteken (de straat ~)	건너가다	geon-neo-ga-da
voetganger (de)	보행자	bo-haeng-ja
trottoir (het)	인도	in-do
brug (de)	다리	da-ri
dijk (de)	강변로	gang-byeon-no
allee (de)	길	gil
park (het)	공원	gong-won
boulevard (de)	대로	dae-ro
plein (het)	광장	gwang-jang
laan (de)	가로	ga-ro
straat (de)	거리	geo-ri
zijstraat (de)	골목	gol-mok
doodlopende straat (de)	막다른길	mak-da-reun-gil
huis (het)	집	jip
gebouw (het)	빌딩	bil-ding
wolkenkrabber (de)	고층 건물	go-cheung geon-mul
gevel (de)	전면	jeon-myeon
dak (het)	지붕	ji-bung
venster (het)	창문	chang-mun

boog (de)	아치	a-chi
pilaar (de)	기둥	gi-dung
hoek (ov. een gebouw)	모퉁이	mo-tung-i

vitrine (de)	쇼윈도우	syo-win-do-u
gevelreclame (de)	간판	gan-pan
affiche (de/het)	포스터	po-seu-teo
reclameposter (de)	광고 포스터	gwang-go po-seu-teo
aanplakbord (het)	광고판	gwang-go-pan

vuilnis (de/het)	쓰레기	sseu-re-gi
vuilnisbak (de)	쓰레기통	sseu-re-gi-tong
stortplaats (de)	쓰레기장	sseu-re-gi-jang

telefooncel (de)	공중 전화	gong-jung jeon-hwa
straatlicht (het)	가로등	ga-ro-deung
bank (de)	벤치	ben-chi

politieagent (de)	경찰관	gyeong-chal-gwan
politie (de)	경찰	gyeong-chal
zwerver (de)	거지	geo-ji
dakloze (de)	노숙자	no-suk-ja

79. Stedelijke instellingen

winkel (de)	가게, 상점	ga-ge, sang-jeom
apotheek (de)	약국	yak-guk
optiek (de)	안경 가게	an-gyeong ga-ge
winkelcentrum (het)	쇼핑몰	syo-ping-mol
supermarkt (de)	슈퍼마켓	syu-peo-ma-ket

bakkerij (de)	빵집	ppang-jip
bakker (de)	제빵사	je-ppang-sa
banketbakkerij (de)	제과점	je-gwa-jeom
kruidenier (de)	식료품점	sing-nyo-pum-jeom
slagerij (de)	정육점	jeong-yuk-jeom

groentewinkel (de)	야채 가게	ya-chae ga-ge
markt (de)	시장	si-jang

koffiehuis (het)	커피숍	keo-pi-syop
restaurant (het)	레스토랑	re-seu-to-rang
bar (de)	바	ba
pizzeria (de)	피자 가게	pi-ja ga-ge

kapperssalon (de/het)	미장원	mi-jang-won
postkantoor (het)	우체국	u-che-guk
stomerij (de)	드라이 클리닝	deu-ra-i keul-li-ning
fotostudio (de)	사진관	sa-jin-gwan

schoenwinkel (de)	신발 가게	sin-bal ga-ge
boekhandel (de)	서점	seo-jeom
sportwinkel (de)	스포츠용품 매장	seu-po-cheu-yong-pum mae-jang

kledingreparatie (de)	옷 수선 가게	ot su-seon ga-ge
kledingverhuur (de)	의류 임대	ui-ryu im-dae
videotheek (de)	비디오 대여	bi-di-o dae-yeo

circus (de/het)	서커스	seo-keo-seu
dierentuin (de)	동물원	dong-mu-rwon
bioscoop (de)	영화관	yeong-hwa-gwan
museum (het)	박물관	bang-mul-gwan
bibliotheek (de)	도서관	do-seo-gwan

theater (het)	극장	geuk-jang
opera (de)	오페라극장	o-pe-ra-geuk-jang
nachtclub (de)	나이트 클럽	na-i-teu keul-leop
casino (het)	카지노	ka-ji-no

moskee (de)	모스크	mo-seu-keu
synagoge (de)	유대교 회당	yu-dae-gyo hoe-dang
kathedraal (de)	대성당	dae-seong-dang
tempel (de)	사원, 신전	sa-won, sin-jeon
kerk (de)	교회	gyo-hoe

instituut (het)	단과대학	dan-gwa-dae-hak
universiteit (de)	대학교	dae-hak-gyo
school (de)	학교	hak-gyo

gemeentehuis (het)	도, 현	do, hyeon
stadhuis (het)	시청	si-cheong
hotel (het)	호텔	ho-tel
bank (de)	은행	eun-haeng

ambassade (de)	대사관	dae-sa-gwan
reisbureau (het)	여행사	yeo-haeng-sa
informatieloket (het)	안내소	an-nae-so
wisselkantoor (het)	환전소	hwan-jeon-so

| metro (de) | 지하철 | ji-ha-cheol |
| ziekenhuis (het) | 병원 | byeong-won |

| benzinestation (het) | 주유소 | ju-yu-so |
| parking (de) | 주차장 | ju-cha-jang |

80. Borden

gevelreclame (de)	간판	gan-pan
opschrift (het)	안내문	an-nae-mun
poster (de)	포스터	po-seu-teo
wegwijzer (de)	방향표시	bang-hyang-pyo-si
pijl (de)	화살표	hwa-sal-pyo

waarschuwing (verwittiging)	경고	gyeong-go
waarschuwingsbord (het)	경고판	gyeong-go-pan
waarschuwen (ww)	경고하다	gyeong-go-ha-da
vrije dag (de)	휴일	hyu-il
dienstregeling (de)	시간표	si-gan-pyo

openingsuren (mv.)	영업 시간	yeong-eop si-gan
WELKOM!	어서 오세요!	eo-seo o-se-yo!
INGANG	입구	ip-gu
UITGANG	출구	chul-gu
DUWEN	미세요	mi-se-yo
TREKKEN	당기세요	dang-gi-se-yo
OPEN	열림	yeol-lim
GESLOTEN	닫힘	da-chim
DAMES	여성전용	yeo-seong-jeo-nyong
HEREN	남성	nam-seong-jeo-nyong
KORTING	할인	ha-rin
UITVERKOOP	세일	se-il
NIEUW!	신상품	sin-sang-pum
GRATIS	공짜	gong-jja
PAS OP!	주의!	ju-ui!
VOLGEBOEKT	빈 방 없음	bin bang eop-seum
GERESERVEERD	예약석	ye-yak-seok
ADMINISTRATIE	관리부	gwal-li-bu
ALLEEN VOOR PERSONEEL	직원 전용	ji-gwon jeo-nyong
GEVAARLIJKE HOND	개조심	gae-jo-sim
VERBODEN TE ROKEN!	금연	geu-myeon
NIET AANRAKEN!	손 대지 마시오!	son dae-ji ma-si-o!
GEVAARLIJK	위험	wi-heom
GEVAAR	위험	wi-heom
HOOGSPANNING	고전압	go-jeon-ap
VERBODEN TE ZWEMMEN	수영 금지	su-yeong geum-ji
BUITEN GEBRUIK	수리중	su-ri-jung
ONTVLAMBAAR	가연성 물자	ga-yeon-seong mul-ja
VERBODEN	금지	geum-ji
DOORGANG VERBODEN	출입 금지	chu-rip geum-ji
OPGELET PAS GEVERFD	칠 주의	chil ju-ui

81. Stedelijk vervoer

bus, autobus (de)	버스	beo-seu
tram (de)	전차	jeon-cha
trolleybus (de)	트롤리 버스	teu-rol-li beo-seu
route (de)	노선	no-seon
nummer (busnummer, enz.)	번호	beon-ho
rijden met ...	··· 타고 가다	... ta-go ga-da
stappen (in de bus ~)	타다	ta-da
afstappen (ww)	··· 에서 내리다	... e-seo nae-ri-da
halte (de)	정류장	jeong-nyu-jang
volgende halte (de)	다음 정류장	da-eum jeong-nyu-jang

eindpunt (het)	종점	jong-jeom
dienstregeling (de)	시간표	si-gan-pyo
wachten (ww)	기다리다	gi-da-ri-da
kaartje (het)	표	pyo
reiskosten (de)	요금	yo-geum
kassier (de)	계산원	gye-san-won
kaartcontrole (de)	검표	geom-pyo
controleur (de)	검표원	geom-pyo-won
te laat zijn (ww)	··· 시간에 늦다	... si-gan-e neut-da
missen (de bus ~)	놓치다	no-chi-da
zich haasten (ww)	서두르다	seo-du-reu-da
taxi (de)	택시	taek-si
taxichauffeur (de)	택시 운전 기사	taek-si un-jeon gi-sa
met de taxi (bw)	택시로	taek-si-ro
taxistandplaats (de)	택시 정류장	taek-si jeong-nyu-jang
een taxi bestellen	택시를 부르다	taek-si-reul bu-reu-da
een taxi nemen	택시를 타다	taek-si-reul ta-da
verkeer (het)	교통	gyo-tong
file (de)	교통 체증	gyo-tong che-jeung
spitsuur (het)	러시 아워	reo-si a-wo
parkeren (on.ww.)	주차하다	ju-cha-ha-da
parkeren (ov.ww.)	주차하다	ju-cha-ha-da
parking (de)	주차장	ju-cha-jang
metro (de)	지하철	ji-ha-cheol
halte (bijv. kleine treinhalte)	역	yeok
de metro nemen	지하철을 타다	ji-ha-cheo-reul ta-da
trein (de)	기차	gi-cha
station (treinstation)	기차역	gi-cha-yeok

82. Bezienswaardigheden

monument (het)	기념비	gi-nyeom-bi
vesting (de)	요새	yo-sae
paleis (het)	궁전	gung-jeon
kasteel (het)	성	seong
toren (de)	탑	tap
mausoleum (het)	영묘	yeong-myo
architectuur (de)	건축	geon-chuk
middeleeuws (bn)	중세의	jung-se-ui
oud (bn)	고대의	go-dae-ui
nationaal (bn)	국가의	guk-ga-ui
bekend (bn)	유명한	yu-myeong-han
toerist (de)	관광객	gwan-gwang-gaek
gids (de)	가이드	ga-i-deu
rondleiding (de)	견학, 관광	gyeon-hak, gwan-gwang
tonen (ww)	보여주다	bo-yeo-ju-da

vertellen (ww)	이야기하다	i-ya-gi-ha-da
vinden (ww)	찾다	chat-da
verdwalen (de weg kwijt zijn)	길을 잃다	gi-reul ril-ta
plattegrond (~ van de metro)	노선도	no-seon-do
plattegrond (~ van de stad)	지도	ji-do
souvenir (het)	기념품	gi-nyeom-pum
souvenirwinkel (de)	기념품 가게	gi-nyeom-pum ga-ge
een foto maken (ww)	사진을 찍다	sa-ji-neul jjik-da
zich laten fotograferen	사진을 찍다	sa-ji-neul jjik-da

83. Winkelen

kopen (ww)	사다	sa-da
aankoop (de)	구매	gu-mae
winkelen (ww)	쇼핑하다	syo-ping-ha-da
winkelen (het)	쇼핑	syo-ping
open zijn (ov. een winkel, enz.)	열리다	yeol-li-da
gesloten zijn (ww)	닫다	dat-da
schoeisel (het)	신발	sin-bal
kleren (mv.)	옷	ot
cosmetica (de)	화장품	hwa-jang-pum
voedingswaren (mv.)	식품	sik-pum
geschenk (het)	선물	seon-mul
verkoper (de)	판매원	pan-mae-won
verkoopster (de)	여판매원	yeo-pan-mae-won
kassa (de)	계산대	gye-san-dae
spiegel (de)	거울	geo-ul
toonbank (de)	계산대	gye-san-dae
paskamer (de)	탈의실	ta-rui-sil
aanpassen (ww)	입어보다	i-beo-bo-da
passen (ov. kleren)	어울리다	eo-ul-li-da
bevallen (prettig vinden)	좋아하다	jo-a-ha-da
prijs (de)	가격	ga-gyeok
prijskaartje (het)	가격표	ga-gyeok-pyo
kosten (ww)	값이 … 이다	gap-si … i-da
Hoeveel?	얼마?	eol-ma?
korting (de)	할인	ha-rin
niet duur (bn)	비싸지 않은	bi-ssa-ji a-neun
goedkoop (bn)	싼	ssan
duur (bn)	비싼	bi-ssan
Dat is duur.	비쌉니다	bi-ssam-ni-da
verhuur (de)	임대	im-dae
huren (smoking, enz.)	빌리다	bil-li-da
krediet (het)	신용	si-nyong
op krediet (bw)	신용으로	si-nyong-eu-ro

84. Geld

geld (het)	돈	don
ruil (de)	환전	hwan-jeon
koers (de)	환율	hwa-nyul
geldautomaat (de)	현금 자동 지급기	hyeon-geum ja-dong ji-geup-gi
muntstuk (de)	동전	dong-jeon
dollar (de)	달러	dal-leo
euro (de)	유로	yu-ro
lire (de)	리라	ri-ra
Duitse mark (de)	마르크	ma-reu-keu
frank (de)	프랑	peu-rang
pond sterling (het)	파운드	pa-un-deu
yen (de)	엔	en
schuld (geldbedrag)	빚	bit
schuldenaar (de)	채무자	chae-mu-ja
uitlenen (ww)	빌려주다	bil-lyeo-ju-da
lenen (geld ~)	빌리다	bil-li-da
bank (de)	은행	eun-haeng
bankrekening (de)	계좌	gye-jwa
op rekening storten	계좌에 입금하다	ip-geum-ha-da
opnemen (ww)	출금하다	chul-geum-ha-da
kredietkaart (de)	신용 카드	si-nyong ka-deu
baar geld (het)	현금	hyeon-geum
cheque (de)	수표	su-pyo
een cheque uitschrijven	수표를 끊다	su-pyo-reul kkeun-ta
chequeboekje (het)	수표책	su-pyo-chaek
portefeuille (de)	지갑	ji-gap
geldbeugel (de)	동전지갑	dong-jeon-ji-gap
safe (de)	금고	geum-go
erfgenaam (de)	상속인	sang-so-gin
erfenis (de)	유산	yu-san
fortuin (het)	재산, 큰돈	jae-san, keun-don
huur (de)	임대	im-dae
huurprijs (de)	집세	jip-se
huren (huis, kamer)	임대하다	im-dae-ha-da
prijs (de)	가격	ga-gyeok
kostprijs (de)	비용	bi-yong
som (de)	액수	aek-su
uitgeven (geld besteden)	쓰다	sseu-da
kosten (mv.)	출비를	chul-bi-reul
bezuinigen (ww)	절약하다	jeo-ryak-a-da
zuinig (bn)	경제적인	gyeong-je-jeo-gin
betalen (ww)	지불하다	ji-bul-ha-da

betaling (de)	지불	ji-bul
wisselgeld (het)	거스름돈	geo-seu-reum-don
belasting (de)	세금	se-geum
boete (de)	벌금	beol-geum
beboeten (bekeuren)	벌금을 부과하다	beol-geu-meul bu-gwa-ha-da

85. Post. Postkantoor

postkantoor (het)	우체국	u-che-guk
post (de)	우편물	u-pyeon-mul
postbode (de)	우체부	u-che-bu
openingsuren (mv.)	영업 시간	yeong-eop si-gan
brief (de)	편지	pyeon-ji
aangetekende brief (de)	등기 우편	deung-gi u-pyeon
briefkaart (de)	엽서	yeop-seo
telegram (het)	전보	jeon-bo
postpakket (het)	소포	so-po
overschrijving (de)	송금	song-geum
ontvangen (ww)	받다	bat-da
sturen (zenden)	보내다	bo-nae-da
verzending (de)	발송	bal-song
adres (het)	주소	ju-so
postcode (de)	우편 번호	u-pyeon beon-ho
verzender (de)	발송인	bal-song-in
ontvanger (de)	수신인	su-sin-in
naam (de)	이름	i-reum
achternaam (de)	성	seong
tarief (het)	요금	yo-geum
standaard (bn)	일반의	il-ba-nui
zuinig (bn)	경제적인	gyeong-je-jeo-gin
gewicht (het)	무게	mu-ge
afwegen (op de weegschaal)	무게를 달다	mu-ge-reul dal-da
envelop (de)	봉투	bong-tu
postzegel (de)	우표	u-pyo

Woning. Huis. Thuis

86. Huis. Woning

huis (het)	집	jip
thuis (bw)	집에	ji-be
cour (de)	마당	ma-dang
omheining (de)	울타리	ul-ta-ri
baksteen (de)	벽돌	byeok-dol
van bakstenen	벽돌의	byeok-do-rui
steen (de)	돌	dol
stenen (bn)	돌의	do-rui
beton (het)	콘크리트	kon-keu-ri-teu
van beton	콘크리트의	kon-keu-ri-teu-ui
nieuw (bn)	새로운	sae-ro-un
oud (bn)	오래된	o-rae-doen
vervallen (bn)	쓰러질듯한	sseu-reo-jil-deu-tan
modern (bn)	근대의	geun-dae-ui
met veel verdiepingen	다층의	da-cheung-ui
hoog (bn)	높은	no-peun
verdieping (de)	층	cheung
met een verdieping	단층의	dan-cheung-ui
laagste verdieping (de)	일층	il-cheung
bovenverdieping (de)	꼭대기층	kkok-dae-gi-cheung
dak (het)	지붕	ji-bung
schoorsteen (de)	굴뚝	gul-ttuk
dakpan (de)	기와	gi-wa
pannen- (abn)	기와를 얹은	gi-wa-reul reon-jeun
zolder (de)	다락	da-rak
venster (het)	창문	chang-mun
glas (het)	유리	yu-ri
vensterbank (de)	창가	chang-ga
luiken (mv.)	덧문	deon-mun
muur (de)	벽	byeok
balkon (het)	발코니	bal-ko-ni
regenpijp (de)	선홈통	seon-hom-tong
boven (bw)	위층으로	wi-cheung-eu-ro
naar boven gaan (ww)	위층에 올라가다	wi-cheung-e ol-la-ga-da
afdalen (on.ww.)	내려오다	nae-ryeo-o-da
verhuizen (ww)	이사가다	i-sa-ga-da

87. Huis. Ingang. Lift

ingang (de)	입구	ip-gu
trap (de)	계단	gye-dan
treden (mv.)	단	dan
trapleuning (de)	난간	nan-gan
hal (de)	로비	ro-bi
postbus (de)	우편함	u-pyeon-ham
vuilnisbak (de)	쓰레기통	sseu-re-gi-tong
vuilniskoker (de)	쓰레기 활송 장치	sseu-re-gi hwal-song jang-chi
lift (de)	엘리베이터	el-li-be-i-teo
goederenlift (de)	화물 엘리베이터	hwa-mul rel-li-be-i-teo
liftcabine (de)	엘리베이터 카	el-li-be-i-teo ka
de lift nemen	엘리베이터를 타다	el-li-be-i-teo-reul ta-da
appartement (het)	아파트	a-pa-teu
bewoners (mv.)	주민	ju-min
buurman (de)	이웃	i-ut
buurvrouw (de)	이웃	i-ut
buren (mv.)	이웃들	i-ut-deul

88. Huis. Elektriciteit

elektriciteit (de)	전기	jeon-gi
lamp (de)	전구	jeon-gu
schakelaar (de)	스위치	seu-wi-chi
zekering (de)	퓨즈	pyu-jeu
draad (de)	전선	jeon-seon
bedrading (de)	배선	bae-seon
elektriciteitsmeter (de)	전기 계량기	jeon-gi gye-ryang-gi
gegevens (mv.)	판독값	pan-dok-gap

89. Huis. Deuren. Sloten

deur (de)	문	mun
toegangspoort (de)	대문	dae-mun
deurkruk (de)	손잡이	son-ja-bi
ontsluiten (ontgrendelen)	빗장을 벗기다	bit-jang-eul beot-gi-da
openen (ww)	열다	yeol-da
sluiten (ww)	닫다	dat-da
sleutel (de)	열쇠	yeol-soe
sleutelbos (de)	열쇠 꾸러미	yeol-soe kku-reo-mi
knarsen (bijv. scharnier)	삐걱거리다	ppi-geok-geo-ri-da
knarsgeluid (het)	삐걱거리는 소리	ppi-geok-geo-ri-neun so-ri
scharnier (het)	경첩	gyeong-cheop
deurmat (de)	문 매트	mun mae-teu
slot (het)	자물쇠	ja-mul-soe

sleutelgat (het)	열쇠 구멍	yeol-soe gu-meong
grendel (de)	빗장	bit-jang
schuif (de)	빗장걸이	bit-jang-geo-ri
hangslot (het)	맹꽁이 자물쇠	maeng-kkong-i ja-mul-soe
aanbellen (ww)	울리다	ul-li-da
bel (geluid)	벨소리	bel-so-ri
deurbel (de)	벨	bel
belknop (de)	초인종	cho-in-jong
geklop (het)	노크	no-keu
kloppen (ww)	두드리다	du-deu-ri-da
code (de)	코드	ko-deu
cijferslot (het)	숫자 배합 자물쇠	sut-ja bae-hap ja-mul-soe
parlofoon (de)	인터콤	in-teo-kom
nummer (het)	번호	beon-ho
naambordje (het)	문패	mun-pae
deurspion (de)	문구멍	mun-gu-meong

90. Huis op het platteland

dorp (het)	마을	ma-eul
moestuin (de)	채소밭	chae-so-bat
hek (het)	울타리	ul-ta-ri
houten hekwerk (het)	말뚝 울타리	mal-ttuk gul-ta-ri
tuinpoortje (het)	쪽문	jjong-mun
graanschuur (de)	곡창	gok-chang
wortelkelder (de)	지하 저장실	ji-ha jeo-jang-sil
schuur (de)	헛간	heot-gan
waterput (de)	우물	u-mul
kachel (de)	화덕	hwa-deok
de kachel stoken	불을 지피다	bu-reul ji-pi-da
brandhout (het)	장작	jang-jak
houtblok (het)	통나무	tong-na-mu
veranda (de)	베란다	be-ran-da
terras (het)	테라스	te-ra-seu
bordes (het)	현관	hyeon-gwan
schommel (de)	그네	geu-ne

91. Villa. Herenhuis

landhuisje (het)	시외 주택	si-oe ju-taek
villa (de)	별장	byeol-jang
vleugel (de)	동	dong
tuin (de)	정원	jeong-won
park (het)	공원	gong-won
oranjerie (de)	열대온실	yeol-dae-on-sil
onderhouden (tuin, enz.)	⋯ 을 말다	... eul mat-da

zwembad (het)	수영장	su-yeong-jang
gym (het)	헬스장	hel-seu-jang
tennisveld (het)	테니스장	te-ni-seu-jang
bioscoopkamer (de)	홈씨어터	hom-ssi-eo-teo
garage (de)	차고	cha-go
privé-eigendom (het)	개인 소유물	gae-in so-yu-mul
eigen terrein (het)	사유 토지	sa-yu to-ji
waarschuwing (de)	경고	gyeong-go
waarschuwingsbord (het)	경고판	gyeong-go-pan
bewaking (de)	보안	bo-an
bewaker (de)	보안요원	bo-a-nyo-won
inbraakalarm (het)	도난 경보기	do-nan gyeong-bo-gi

92. Kasteel. Paleis

kasteel (het)	성	seong
paleis (het)	궁전	gung-jeon
vesting (de)	요새	yo-sae
ringmuur (de)	성벽	seong-byeok
toren (de)	탑	tap
donjon (de)	내성	nae-seong
valhek (het)	내리닫이 쇠창살문	nae-ri-da-ji soe-chang-sal-mun
onderaardse gang (de)	지하 통로	ji-ha tong-no
slotgracht (de)	해자	hae-ja
ketting (de)	쇠사슬	soe-sa-seul
schietgat (het)	총안	chong-an
prachtig (bn)	장대한	jang-dae-han
majestueus (bn)	장엄한	jang-eom-han
onneembaar (bn)	난공불락의	nan-gong-bul-la-gui
middeleeuws (bn)	중세의	jung-se-ui

93. Appartement

appartement (het)	아파트	a-pa-teu
kamer (de)	방	bang
slaapkamer (de)	침실	chim-sil
eetkamer (de)	식당	sik-dang
salon (de)	거실	geo-sil
studeerkamer (de)	서재	seo-jae
gang (de)	곁방	gyeot-bang
badkamer (de)	욕실	yok-sil
toilet (het)	화장실	hwa-jang-sil
plafond (het)	천장	cheon-jang
vloer (de)	마루	ma-ru
hoek (de)	구석	gu-seok

94. Appartement. Schoonmaken

schoonmaken (ww)	청소하다	cheong-so-ha-da
opbergen (in de kast, enz.)	치우다	chi-u-da
stof (het)	먼지	meon-ji
stoffig (bn)	먼지 투성이의	meon-ji tu-seong-i-ui
stoffen (ww)	먼지를 떨다	meon-ji-reul tteol-da
stofzuiger (de)	진공 청소기	jin-gong cheong-so-gi
stofzuigen (ww)	진공 청소기로 청소하다	jin-gong cheong-so-gi-ro cheong-so-ha-da
vegen (de vloer ~)	쓸다	sseul-da
veegsel (het)	쓸기	sseul-gi
orde (de)	정돈	jeong-don
wanorde (de)	뒤죽박죽	dwi-juk-bak-juk
zwabber (de)	대걸레	dae-geol-le
poetsdoek (de)	행주	haeng-ju
veger (de)	빗자루	bit-ja-ru
stofblik (het)	쓰레받기	sseu-re-bat-gi

95. Meubels. Interieur

meubels (mv.)	가구	ga-gu
tafel (de)	식탁, 테이블	sik-tak, te-i-beul
stoel (de)	의자	ui-ja
bed (het)	침대	chim-dae
bankstel (het)	소파	so-pa
fauteuil (de)	안락 의자	al-lak gui-ja
boekenkast (de)	책장	chaek-jang
boekenrek (het)	책꽂이	chaek-kko-ji
kledingkast (de)	옷장	ot-jang
kapstok (de)	옷걸이	ot-geo-ri
staande kapstok (de)	스탠드옷걸이	seu-taen-deu-ot-geo-ri
commode (de)	서랍장	seo-rap-jang
salontafeltje (het)	커피 테이블	keo-pi te-i-beul
spiegel (de)	거울	geo-ul
tapijt (het)	양탄자	yang-tan-ja
tapijtje (het)	러그	reo-geu
haard (de)	벽난로	byeong-nan-no
kaars (de)	초	cho
kandelaar (de)	촛대	chot-dae
gordijnen (mv.)	커튼	keo-teun
behang (het)	벽지	byeok-ji
jaloezie (de)	블라인드	beul-la-in-deu
bureaulamp (de)	테이블 램프	deung
wandlamp (de)	벽등	byeok-deung

| staande lamp (de) | 플로어 스탠드 | peul-lo-eo seu-taen-deu |
| luchter (de) | 샹들리에 | syang-deul-li-e |

poot (ov. een tafel, enz.)	다리	da-ri
armleuning (de)	팔걸이	pal-geo-ri
rugleuning (de)	등받이	deung-ba-ji
la (de)	서랍	seo-rap

96. Beddengoed

beddengoed (het)	침구	chim-gu
kussen (het)	베개	be-gae
kussenovertrek (de)	베갯잇	be-gaen-nit
deken (de)	이불	i-bul
laken (het)	시트	si-teu
sprei (de)	침대보	chim-dae-bo

97. Keuken

keuken (de)	부엌	bu-eok
gas (het)	가스	ga-seu
gasfornuis (het)	가스 레인지	ga-seu re-in-ji
elektrisch fornuis (het)	전기 레인지	jeon-gi re-in-ji
oven (de)	오븐	o-beun
magnetronoven (de)	전자 레인지	jeon-ja re-in-ji

koelkast (de)	냉장고	naeng-jang-go
diepvriezer (de)	냉동고	naeng-dong-go
vaatwasmachine (de)	식기 세척기	sik-gi se-cheok-gi

vleesmolen (de)	고기 분쇄기	go-gi bun-swae-gi
vruchtenpers (de)	과즙기	gwa-jeup-gi
toaster (de)	토스터	to-seu-teo
mixer (de)	믹서기	mik-seo-gi

koffiemachine (de)	커피 메이커	keo-pi me-i-keo
koffiepot (de)	커피 주전자	keo-pi ju-jeon-ja
koffiemolen (de)	커피 그라인더	keo-pi geu-ra-in-deo

fluitketel (de)	주전자	ju-jeon-ja
theepot (de)	티팟	ti-pat
deksel (de/het)	뚜껑	ttu-kkeong
theezeefje (het)	차거름망	cha-geo-reum-mang

lepel (de)	숟가락	sut-ga-rak
theelepeltje (het)	티스푼	ti-seu-pun
eetlepel (de)	숟가락	sut-ga-rak
vork (de)	포크	po-keu
mes (het)	칼	kal

| vaatwerk (het) | 식기 | sik-gi |
| bord (het) | 접시 | jeop-si |

T&P Books. Thematische woordenschat Nederlands-Koreaans - 9000 woorden

schoteltje (het)	받침 접시	bat-chim jeop-si
likeurglas (het)	소주잔	so-ju-jan
glas (het)	유리잔	yu-ri-jan
kopje (het)	컵	keop
suikerpot (de)	설탕그릇	seol-tang-geu-reut
zoutvat (het)	소금통	so-geum-tong
pepervat (het)	후추통	hu-chu-tong
boterschaaltje (het)	버터 접시	beo-teo jeop-si
steelpan (de)	냄비	naem-bi
bakpan (de)	프라이팬	peu-ra-i-paen
pollepel (de)	국자	guk-ja
vergiet (de/het)	체	che
dienblad (het)	쟁반	jaeng-ban
fles (de)	병	byeong
glazen pot (de)	유리병	yu-ri-byeong
blik (conserven~)	캔, 깡통	kaen, kkang-tong
flesopener (de)	병따개	byeong-tta-gae
blikopener (de)	깡통 따개	kkang-tong tta-gae
kurkentrekker (de)	코르크 마개 뽑이	ko-reu-keu ma-gae ppo-bi
filter (de/het)	필터	pil-teo
filteren (ww)	여과하다	yeo-gwa-ha-da
huisvuil (het)	쓰레기	sseu-re-gi
vuilnisemmer (de)	쓰레기통	sseu-re-gi-tong

98. Badkamer

badkamer (de)	욕실	yok-sil
water (het)	물	mul
kraan (de)	수도꼭지	su-do-kkok-ji
warm water (het)	온수	on-su
koud water (het)	냉수	naeng-su
tandpasta (de)	치약	chi-yak
tanden poetsen (ww)	이를 닦다	i-reul dak-da
zich scheren (ww)	깎다	kkak-da
scheercrème (de)	면도 크림	myeon-do keu-rim
scheermes (het)	면도기	myeon-do-gi
wassen (ww)	씻다	ssit-da
een bad nemen	목욕하다	mo-gyok-a-da
douche (de)	샤워	sya-wo
een douche nemen	샤워하다	sya-wo-ha-da
bad (het)	욕조	yok-jo
toiletpot (de)	변기	byeon-gi
wastafel (de)	세면대	se-myeon-dae
zeep (de)	비누	bi-nu
zeepbakje (het)	비누 그릇	bi-nu geu-reut

spons (de)	스펀지	seu-peon-ji
shampoo (de)	샴푸	syam-pu
handdoek (de)	수건	su-geon
badjas (de)	목욕가운	mo-gyok-ga-un

was (bijv. handwas)	빨래	ppal-lae
wasmachine (de)	세탁기	se-tak-gi
de was doen	빨래하다	ppal-lae-ha-da
waspoeder (de)	가루세제	ga-ru-se-je

99. Huishoudelijke apparaten

televisie (de)	텔레비전	tel-le-bi-jeon
cassettespeler (de)	카세트 플레이어	ka-se-teu peul-le-i-eo
videorecorder (de)	비디오테이프 녹화기	bi-di-o-te-i-peu nok-wa-gi
radio (de)	라디오	ra-di-o
speler (de)	플레이어	peul-le-i-eo

videoprojector (de)	프로젝터	peu-ro-jek-teo
home theater systeem (het)	홈씨어터	hom-ssi-eo-teo
DVD-speler (de)	디비디 플레이어	di-bi-di peul-le-i-eo
versterker (de)	앰프	aem-peu
spelconsole (de)	게임기	ge-im-gi

videocamera (de)	캠코더	kaem-ko-deo
fotocamera (de)	카메라	ka-me-ra
digitale camera (de)	디지털 카메라	di-ji-teol ka-me-ra

stofzuiger (de)	진공 청소기	jin-gong cheong-so-gi
strijkijzer (het)	다리미	da-ri-mi
strijkplank (de)	다림질 판	da-rim-jil pan

telefoon (de)	전화	jeon-hwa
mobieltje (het)	휴대폰	hyu-dae-pon
schrijfmachine (de)	타자기	ta-ja-gi
naaimachine (de)	재봉틀	jae-bong-teul

microfoon (de)	마이크	ma-i-keu
koptelefoon (de)	헤드폰	he-deu-pon
afstandsbediening (de)	원격 조종	won-gyeok jo-jong

CD (de)	씨디	ssi-di
cassette (de)	테이프	te-i-peu
vinylplaat (de)	레코드 판	re-ko-deu pan

100. Reparaties. Renovatie

renovatie (de)	수리를	su-ri-reul
renoveren (ww)	수리를 하다	su-ri-reul ha-da
repareren (ww)	보수하다	bo-su-ha-da
op orde brengen	정리하다	jeong-ni-ha-da
overdoen (ww)	다시 하다	da-si ha-da

verf (de)	페인트	pe-in-teu
verven (muur ~)	페인트를 칠하다	pe-in-teu-reul chil-ha-da
schilder (de)	페인트공	pe-in-teu-gong
kwast (de)	붓	but

| kalk (de) | 백색 도료 | baek-saek do-ryo |
| kalken (ww) | 백색 도료를 칠하다 | baek-saek do-ryo-reul chil-ha-da |

behang (het)	벽지	byeok-ji
behangen (ww)	벽지를 붙이다	byeok-ji-reul bu-chi-da
lak (de/het)	니스	ni-seu
lakken (ww)	니스를 칠하다	ni-seu-reul chil-ha-da

101. Loodgieterswerk

water (het)	물	mul
warm water (het)	온수	on-su
koud water (het)	냉수	naeng-su
kraan (de)	수도꼭지	su-do-kkok-ji

druppel (de)	물방울	mul-bang-ul
druppelen (ww)	방울져 떨어지다	bang-ul-jyeo tteo-reo-ji-da
lekken (een lek hebben)	새다	sae-da
lekkage (de)	누출	nu-chul
plasje (het)	웅덩이	ung-deong-i

buis, leiding (de)	관, 파이프	gwan, pa-i-peu
stopkraan (de)	밸브	bael-beu
verstopt raken (ww)	막히다	mak-i-da

gereedschap (het)	공구	gong-gu
Engelse sleutel (de)	멍키렌치	meong-ki-ren-chi
losschroeven (ww)	열리다	yeol-li-da
aanschroeven (ww)	돌려서 조이다	dol-lyeo-seo jo-i-da

ontstoppen (riool, enz.)	··· 를 뚫다	... reul ttul-ta
loodgieter (de)	배관공	bae-gwan-gong
kelder (de)	지하실	ji-ha-sil
riolering (de)	하수도	ha-su-do

102. Brand. Vuurzee

vuur (het)	불	bul
vlam (de)	화염	hwa-yeom
vonk (de)	불똥	bul-ttong
rook (de)	연기	yeon-gi
fakkel (de)	횃불	hwaet-bul
kampvuur (het)	모닥불	mo-dak-bul

| benzine (de) | 휘발유, 가솔린 | hwi-ba-ryu, ga-sol-lin |
| kerosine (de) | 등유 | deung-yu |

brandbaar (bn)	가연성의	ga-yeon-seong-ui
ontplofbaar (bn)	폭발성의	pok-bal-seong-ui
VERBODEN TE ROKEN!	금연	geu-myeon

veiligheid (de)	안전	an-jeon
gevaar (het)	위험	wi-heom
gevaarlijk (bn)	위험한	wi-heom-han

in brand vliegen (ww)	불이 붙다	bu-ri but-da
explosie (de)	폭발	pok-bal
in brand steken (ww)	방화하다	bang-hwa-ha-da
brandstichter (de)	방화범	bang-hwa-beom
brandstichting (de)	방화	bang-hwa

vlammen (ww)	활활 타다	hwal-hwal ta-da
branden (ww)	타다	ta-da
afbranden (ww)	불에 타다	bu-re ta-da

brandweerman (de)	소방관	so-bang-gwan
brandweerwagen (de)	소방차	so-bang-cha
brandweer (de)	소방대	so-bang-dae

brandslang (de)	소방 호스	so-bang ho-seu
brandblusser (de)	소화기	so-hwa-gi
helm (de)	헬멧	hel-met
sirene (de)	사이렌	sa-i-ren

roepen (ww)	소리치다	so-ri-chi-da
hulp roepen	도와 달라고 외치다	do-wa dal-la-go oe-chi-da
redder (de)	구조자	gu-jo-ja
redden (ww)	구조하다	gu-jo-ha-da

aankomen (per auto, enz.)	도착하다	do-chak-a-da
blussen (ww)	끄다	kkeu-da
water (het)	물	mul
zand (het)	모래	mo-rae

ruïnes (mv.)	폐허	pye-heo
instorten (gebouw, enz.)	붕괴되다	bung-goe-doe-da
ineenstorten (ww)	무너지다	mu-neo-ji-da
inzakken (ww)	무너지다	mu-neo-ji-da

brokstuk (het)	파편	pa-pyeon
as (de)	재	jae

verstikken (ww)	질식하다	jil-sik-a-da
omkomen (ww)	사망하다	sa-mang-ha-da

MENSELIJKE ACTIVITEITEN

Baan. Business. Deel 1

103. Kantoor. Op kantoor werken

kantoor (het)	사무실	sa-mu-sil
kamer (de)	사무실	sa-mu-sil
receptie (de)	접수처	jeop-su-cheo
secretaris (de)	비서	bi-seo
directeur (de)	사장	sa-jang
manager (de)	매니저	mae-ni-jeo
boekhouder (de)	회계사	hoe-gye-sa
werknemer (de)	직원	ji-gwon
meubilair (het)	가구	ga-gu
tafel (de)	책상	chaek-sang
bureaustoel (de)	책상 의자	chaek-sang ui-ja
kapstok (de)	스탠드옷걸이	seu-taen-deu-ot-geo-ri
computer (de)	컴퓨터	keom-pyu-teo
printer (de)	프린터	peu-rin-teo
fax (de)	팩스기	paek-seu-gi
kopieerapparaat (het)	복사기	bok-sa-gi
papier (het)	종이	jong-i
kantoorartikelen (mv.)	사무용품	sa-mu-yong-pum
muismat (de)	마우스 패드	ma-u-seu pae-deu
blad (het)	한 장	han jang
ordner (de)	바인더	ba-in-deo
catalogus (de)	카탈로그	ka-tal-lo-geu
telefoongids (de)	전화번호부	jeon-hwa-beon-ho-bu
documentatie (de)	문서	mun-seo
brochure (de)	브로셔	beu-ro-syeo
flyer (de)	전단	jeon-dan
monster (het), staal (de)	샘플	saem-peul
training (de)	수련회를	su-ryeon-hoe-reul
vergadering (de)	회의	hoe-ui
lunchpauze (de)	점심시간	jeom-sim-si-gan
een kopie maken	사본을 만들다	sa-bo-neul man-deul-da
de kopieën maken	복사하다	bok-sa-ha-da
een fax ontvangen	팩스를 받다	paek-seu-reul bat-da
een fax versturen	팩스를 보내다	paek-seu-reul bo-nae-da
opbellen (ww)	전화하다	jeon-hwa-ha-da
antwoorden (ww)	대답하다	dae-da-pa-da

doorverbinden (ww)	연결해 주다	yeon-gyeol-hae ju-da
afspreken (ww)	마련하다	ma-ryeon-ha-da
demonstreren (ww)	전시하다	jeon-si-ha-da
absent zijn (ww)	결석하다	gyeol-seok-a-da
afwezigheid (de)	결근	gyeol-geun

104. Bedrijfsprocessen. Deel 1

zaak (de), beroep (het)	직업	ji-geop
firma (de)	회사	hoe-sa
bedrijf (maatschap)	회사	hoe-sa
corporatie (de)	사단 법인	sa-dan beo-bin
onderneming (de)	업체	eop-che
agentschap (het)	에이전시	e-i-jeon-si

overeenkomst (de)	약정	yak-jeong
contract (het)	계약	gye-yak
transactie (de)	거래	geo-rae
bestelling (de)	주문	ju-mun
voorwaarde (de)	조건	jo-geon

in het groot (bw)	도매로	do-mae-ro
groothandels- (abn)	도매의	do-mae-ui
groothandel (de)	도매	do-mae
kleinhandels- (abn)	소매의	so-mae-ui
kleinhandel (de)	소매	so-mae

concurrent (de)	경쟁자	gyeong-jaeng-ja
concurrentie (de)	경쟁	gyeong-jaeng
concurreren (ww)	경쟁하다	gyeong-jaeng-ha-da

| partner (de) | 파트너 | pa-teu-neo |
| partnerschap (het) | 파트너십 | pa-teu-neo-sip |

crisis (de)	위기	wi-gi
bankroet (het)	파산	pa-san
bankroet gaan (ww)	파산하다	pa-san-ha-da
moeilijkheid (de)	어려움	eo-ryeo-um
probleem (het)	문제	mun-je
catastrofe (de)	재난	jae-nan

economie (de)	경기, 경제	gyeong-gi, gyeong-je
economisch (bn)	경제의	gyeong-je-ui
economische recessie (de)	경기침체	gyeong-gi-chim-che

| doel (het) | 목표 | mok-pyo |
| taak (de) | 임무 | im-mu |

handelen (handel drijven)	거래하다	geo-rae-ha-da
netwerk (het)	네트워크	ne-teu-wo-keu
voorraad (de)	재고	jae-go
assortiment (het)	세트	se-teu
leider (de)	리더	ri-deo
groot (bn)	규모가 큰	gyu-mo-ga keun

monopolie (het)	독점	dok-jeom
theorie (de)	이론	i-ron
praktijk (de)	실천	sil-cheon
ervaring (de)	경험	gyeong-heom
tendentie (de)	경향	gyeong-hyang
ontwikkeling (de)	개발	gae-bal

105. Bedrijfsprocessen. Deel 2

voordeel (het)	수익, 이익	su-ik, i-ik
voordelig (bn)	수익성이 있는	su-ik-seong-i in-neun
delegatie (de)	대표단	dae-pyo-dan
salaris (het)	급여, 월급	geu-byeo, wol-geup
corrigeren (fouten ~)	고치다	go-chi-da
zakenreis (de)	출장	chul-jang
commissie (de)	수수료	su-su-ryo
controleren (ww)	제어하다	je-eo-ha-da
conferentie (de)	회의	hoe-ui
licentie (de)	면허증	myeon-heo-jeung
betrouwbaar (partner, enz.)	믿을 만한	mi-deul man-han
aanzet (de)	시작	si-jak
norm (bijv. ~ stellen)	표준	pyo-jun
omstandigheid (de)	상황	sang-hwang
taak, plicht (de)	의무	ui-mu
organisatie (bedrijf, zaak)	조직	jo-jik
organisatie (proces)	준비	jun-bi
georganiseerd (bn)	조직된	jo-jik-doen
afzegging (de)	취소	chwi-so
afzeggen (ww)	취소하다	chwi-so-ha-da
verslag (het)	보고서	bo-go-seo
patent (het)	특허	teuk-eo
patenteren (ww)	특허를 받다	teuk-eo-reul bat-da
plannen (ww)	계획하다	gye-hoek-a-da
premie (de)	보너스	bo-neo-seu
professioneel (bn)	전문가의	jeon-mun-ga-ui
procedure (de)	절차	jeol-cha
onderzoeken (contract, enz.)	조사하다	jo-sa-ha-da
berekening (de)	계산	gye-san
reputatie (de)	평판	pyeong-pan
risico (het)	위험	wi-heom
beheren (managen)	운영하다	u-nyeong-ha-da
informatie (de)	정보	jeong-bo
eigendom (bezit)	소유	so-yu
unie (de)	연합	yeon-hap
levensverzekering (de)	생명 보험	saeng-myeong bo-heom
verzekeren (ww)	보험에 들다	bo-heom-e deul-da

verzekering (de)	보험	bo-heom
veiling (de)	경매	gyeong-mae
verwittigen (ww)	통지하다	tong-ji-ha-da
beheer (het)	주관	ju-gwan
dienst (de)	서비스	seo-bi-seu
forum (het)	포럼	po-reom
functioneren (ww)	기능하다	gi-neung-ha-da
stap, etappe (de)	단계	dan-gye
juridisch (bn)	법률상의	beom-nyul-sang-ui
jurist (de)	법률고문	beom-nyul-go-mun

106. Productie. Werken

industriële installatie (fabriek)	공장	gong-jang
fabriek (de)	공장	gong-jang
werkplaatsruimte (de)	작업장	ja-geop-jang
productielocatie (de)	현장	hyeon-jang
industrie (de)	산업, 공업	san-eop, gong-eop
industrieel (bn)	산업의	san-eo-bui
zware industrie (de)	중공업	jung-gong-eop
lichte industrie (de)	경공업	gyeong-gong-eop
productie (de)	제품	je-pum
produceren (ww)	제조하다	je-jo-ha-da
grondstof (de)	원재료	won-jae-ryo
voorman, ploegbaas (de)	작업반장	ja-geop-ban-jang
ploeg (de)	작업반	ja-geop-ban
arbeider (de)	노동자	no-dong-ja
werkdag (de)	근무일	geun-mu-il
pauze (de)	휴식	hyu-sik
samenkomst (de)	회의	hoe-ui
bespreken (spreken over)	의논하다	ui-non-ha-da
plan (het)	계획	gye-hoek
het plan uitvoeren	계획을 수행하다	gye-hoe-geul su-haeng-ha-da
productienorm (de)	생산량	saeng-sal-lyang
kwaliteit (de)	품질	pum-jil
controle (de)	관리	gwal-li
kwaliteitscontrole (de)	품질 관리	pum-jil gwal-li
arbeidsveiligheid (de)	산업안전	sa-neo-ban-jeon
discipline (de)	규율	gyu-yul
overtreding (de)	위반	wi-ban
overtreden (ww)	위반하다	wi-ban-ha-da
staking (de)	파업	pa-eop
staker (de)	파업자	pa-eop-ja
staken (ww)	파업하다	pa-eo-pa-da
vakbond (de)	노동조합	no-dong-jo-hap
uitvinden (machine, enz.)	발명하다	bal-myeong-ha-da

uitvinding (de)	발명	bal-myeong
onderzoek (het)	연구	yeon-gu
verbeteren (beter maken)	개선하다	gae-seon-ha-da
technologie (de)	기술	gi-sul
technische tekening (de)	건축 도면	geon-chuk do-myeon
vracht (de)	화물	hwa-mul
lader (de)	하역부	ha-yeok-bu
laden (vrachtwagen)	싣다	sit-da
laden (het)	적재	jeok-jae
lossen (ww)	짐을 부리다	ji-meul bu-ri-da
lossen (het)	짐부리기	jim-bu-ri-gi
transport (het)	운송	un-song
transportbedrijf (de)	운송 회사	un-song hoe-sa
transporteren (ww)	운송하다	un-song-ha-da
goederenwagon (de)	화차	hwa-cha
tank (bijv. ketelwagen)	탱크	taeng-keu
vrachtwagen (de)	트럭	teu-reok
machine (de)	공작 기계	gong-jak gi-gye
mechanisme (het)	기계 장치	gi-gye jang-chi
industrieel afval (het)	산업폐기물	san-eop-pye-gi-mul
verpakking (de)	포장	po-jang
verpakken (ww)	포장하다	po-jang-ha-da

107. Contract. Overeenstemming

contract (het)	계약	gye-yak
overeenkomst (de)	약정	yak-jeong
bijlage (de)	별첨	byeol-cheom
een contract sluiten	계약에 서명하다	gye-ya-ge seo-myeong-ha-da
handtekening (de)	서명	seo-myeong
ondertekenen (ww)	서명하다	seo-myeong-ha-da
stempel (de)	도장	do-jang
voorwerp (het) van de overeenkomst	계약 내용	gye-yak nae-yong
clausule (de)	항	hang
partijen (mv.)	양측	yang-cheuk
vestigingsadres (het)	법인 주소	beo-bin ju-so
het contract verbreken (overtreden)	계약을 위반하다	gye-ya-geul rwi-ban-ha-da
verplichting (de)	의무	ui-mu
verantwoordelijkheid (de)	책임	chae-gim
overmacht (de)	불가항력	bul-ga-hang-nyeok
geschil (het)	분쟁	bun-jaeng
sancties (mv.)	제재	je-jae

108. Import & Export

import (de)	수입	su-ip
importeur (de)	수입업자	su-i-beop-ja
importeren (ww)	수입하다	su-i-pa-da
import- (abn)	수입의	su-i-bui
exporteur (de)	수출업자	su-chu-reop-ja
exporteren (ww)	수출하다	su-chul-ha-da
goederen (mv.)	상품	sang-pum
partij (de)	탁송물	tak-song-mul
gewicht (het)	무게	mu-ge
volume (het)	부피	bu-pi
kubieke meter (de)	입방 미터	ip-bang mi-teo
producent (de)	생산자	saeng-san-ja
transportbedrijf (de)	운송 회사	un-song hoe-sa
container (de)	컨테이너	keon-te-i-neo
grens (de)	국경	guk-gyeong
douane (de)	세관	se-gwan
douanerecht (het)	관세	gwan-se
douanier (de)	세관원	se-gwan-won
smokkelen (het)	밀수입	mil-su-ip
smokkelwaar (de)	밀수품	mil-su-pum

109. Financiën

aandeel (het)	주식	ju-sik
obligatie (de)	채권	chae-gwon
wissel (de)	어음	eo-eum
beurs (de)	증권거래소	jeung-gwon-geo-rae-so
aandelenkoers (de)	주가	ju-ga
dalen (ww)	내리다	nae-ri-da
stijgen (ww)	오르다	o-reu-da
meerderheidsbelang (het)	지배 지분	ji-bae ji-bun
investeringen (mv.)	투자	tu-ja
investeren (ww)	투자하다	tu-ja-ha-da
procent (het)	퍼센트	peo-sen-teu
rente (de)	이자	i-ja
winst (de)	수익, 이익	su-ik, i-ik
winstgevend (bn)	수익성이 있는	su-ik-seong-i in-neun
belasting (de)	세금	se-geum
valuta (vreemde ~)	통화	tong-hwa
nationaal (bn)	국가의	guk-ga-ui
ruil (de)	환전	hwan-jeon

boekhouder (de)	회계사	hoe-gye-sa
boekhouding (de)	회계	hoe-gye
bankroet (het)	파산	pa-san
ondergang (de)	붕괴	bung-goe
faillissement (het)	파산	pa-san
geruïneerd zijn (ww)	파산하다	pa-san-ha-da
inflatie (de)	인플레이션	in-peul-le-i-syeon
devaluatie (de)	평가절하	pyeong-ga-jeol-ha
kapitaal (het)	자본	ja-bon
inkomen (het)	소득	so-deuk
omzet (de)	총매출액	chong-mae-chu-raek
middelen (mv.)	재원을	jae-wo-neul
financiële middelen (mv.)	재정 자원을	jae-jeong ja-wo-neul
reduceren (kosten ~)	줄이다	ju-ri-da

110. Marketing

marketing (de)	마케팅	ma-ke-ting
markt (de)	시장	si-jang
marktsegment (het)	시장 분야	si-jang bu-nya
product (het)	제품	je-pum
goederen (mv.)	상품	sang-pum
handelsmerk (het)	트레이드마크	teu-re-i-deu-ma-keu
beeldmerk (het)	로고	ro-go
logo (het)	로고	ro-go
vraag (de)	수요	su-yo
aanbod (het)	공급	gong-geup
behoefte (de)	필요	pi-ryo
consument (de)	소비자	so-bi-ja
analyse (de)	분석	bun-seok
analyseren (ww)	분석하다	bun-seok-a-da
positionering (de)	포지셔닝	po-ji-syeo-ning
positioneren (ww)	포지셔닝하다	po-ji-syeo-ning-ha-da
prijs (de)	가격	ga-gyeok
prijspolitiek (de)	가격 정책	ga-gyeok jeong-chaek
prijsvorming (de)	가격 형성	ga-gyeok yeong-seong

111. Reclame

reclame (de)	광고	gwang-go
adverteren (ww)	광고하다	gwang-go-ha-da
budget (het)	예산	ye-san
advertentie, reclame (de)	광고	gwang-go
TV-reclame (de)	텔레비전 광고	tel-le-bi-jeon gwang-go
radioreclame (de)	라디오 광고	ra-di-o gwang-go

buitenreclame (de)	옥외 광고	o-goe gwang-go
massamedia (de)	매체	mae-che
periodiek (de)	정기 간행물	jeong-gi gan-haeng-mul
imago (het)	이미지	i-mi-ji

| slagzin (de) | 슬로건 | seul-lo-geon |
| motto (het) | 표어 | pyo-eo |

campagne (de)	캠페인	kaem-pe-in
reclamecampagne (de)	광고 캠페인	gwang-go kaem-pe-in
doelpubliek (het)	공략 대상	gong-nyak dae-sang

visitekaartje (het)	명함	myeong-ham
flyer (de)	전단	jeon-dan
brochure (de)	브로셔	beu-ro-syeo
folder (de)	팜플렛	pam-peul-let
nieuwsbrief (de)	회보	hoe-bo

gevelreclame (de)	간판	gan-pan
poster (de)	포스터	po-seu-teo
aanplakbord (het)	광고판	gwang-go-pan

112. Bankieren

| bank (de) | 은행 | eun-haeng |
| bankfiliaal (het) | 지점 | ji-jeom |

| bankbediende (de) | 행원 | haeng-won |
| manager (de) | 지배인 | ji-bae-in |

bankrekening (de)	은행계좌	eun-haeng-gye-jwa
rekeningnummer (het)	계좌 번호	gye-jwa beon-ho
lopende rekening (de)	당좌	dang-jwa
spaarrekening (de)	보통 예금	bo-tong ye-geum

een rekening openen	계좌를 열다	gye-jwa-reul ryeol-da
de rekening sluiten	계좌를 해지하다	gye-jwa-reul hae-ji-ha-da
op rekening storten	계좌에 입금하다	ip-geum-ha-da
opnemen (ww)	출금하다	chul-geum-ha-da

storting (de)	저금	jeo-geum
een storting maken	입금하다	ip-geum-ha-da
overschrijving (de)	송금	song-geum
een overschrijving maken	송금하다	song-geum-ha-da

| som (de) | 액수 | aek-su |
| Hoeveel? | 얼마? | eol-ma? |

| handtekening (de) | 서명 | seo-myeong |
| ondertekenen (ww) | 서명하다 | seo-myeong-ha-da |

kredietkaart (de)	신용 카드	si-nyong ka-deu
code (de)	비밀번호	bi-mil-beon-ho
kredietkaartnummer (het)	신용 카드 번호	si-nyong ka-deu beon-ho

geldautomaat (de)	현금 자동 지급기	hyeon-geum ja-dong ji-geup-gi
cheque (de)	수표	su-pyo
een cheque uitschrijven	수표를 끊다	su-pyo-reul kkeun-ta
chequeboekje (het)	수표책	su-pyo-chaek
lening, krediet (de)	대출	dae-chul
een lening aanvragen	대출 신청하다	dae-chul sin-cheong-ha-da
een lening nemen	대출을 받다	dae-chu-reul bat-da
een lening verlenen	대출하다	dae-chul-ha-da
garantie (de)	담보	dam-bo

113. Telefoon. Telefoongesprek

telefoon (de)	전화	jeon-hwa
mobieltje (het)	휴대폰	hyu-dae-pon
antwoordapparaat (het)	자동 응답기	ja-dong eung-dap-gi
bellen (ww)	전화하다	jeon-hwa-ha-da
belletje (telefoontje)	통화	tong-hwa
een nummer draaien	번호로 걸다	beon-ho-ro geol-da
Hallo!	여보세요!	yeo-bo-se-yo!
vragen (ww)	묻다	mut-da
antwoorden (ww)	전화를 받다	jeon-hwa-reul bat-da
horen (ww)	듣다	deut-da
goed (bw)	잘	jal
slecht (bw)	좋지 않은	jo-chi a-neun
storingen (mv.)	잡음	ja-beum
hoorn (de)	수화기	su-hwa-gi
opnemen (ww)	전화를 받다	jeon-hwa-reul bat-da
ophangen (ww)	전화를 끊다	jeon-hwa-reul kkeun-ta
bezet (bn)	통화 중인	tong-hwa jung-in
overgaan (ww)	울리다	ul-li-da
telefoonboek (het)	전화 번호부	jeon-hwa beon-ho-bu
lokaal (bn)	시내의	si-nae-ui
interlokaal (bn)	장거리의	jang-geo-ri-ui
buitenlands (bn)	국제적인	guk-je-jeo-gin

114. Mobiele telefoon

mobieltje (het)	휴대폰	hyu-dae-pon
scherm (het)	화면	hwa-myeon
toets, knop (de)	버튼	beo-teun
simkaart (de)	SIM 카드	SIM ka-deu
batterij (de)	건전지	geon-jeon-ji
leeg zijn (ww)	나가다	na-ga-da

acculader (de)	충전기	chung-jeon-gi
menu (het)	메뉴	me-nyu
instellingen (mv.)	설정	seol-jeong
melodie (beltoon)	벨소리	bel-so-ri
selecteren (ww)	선택하다	seon-taek-a-da

rekenmachine (de)	계산기	gye-san-gi
voicemail (de)	자동 응답기	ja-dong eung-dap-gi
wekker (de)	알람 시계	al-lam si-gye
contacten (mv.)	연락처	yeol-lak-cheo

SMS-bericht (het)	문자 메시지	mun-ja me-si-ji
abonnee (de)	가입자	ga-ip-ja

115. Schrijfbehoeften

balpen (de)	볼펜	bol-pen
vulpen (de)	만년필	man-nyeon-pil

potlood (het)	연필	yeon-pil
marker (de)	형광펜	hyeong-gwang-pen
viltstift (de)	사인펜	sa-in-pen

notitieboekje (het)	공책	gong-chaek
agenda (boekje)	수첩	su-cheop

liniaal (de/het)	자	ja
rekenmachine (de)	계산기	gye-san-gi
gom (de)	지우개	ji-u-gae
punaise (de)	압정	ap-jeong
paperclip (de)	클립	keul-lip

lijm (de)	접착제	jeop-chak-je
nietmachine (de)	호치키스	ho-chi-ki-seu
perforator (de)	펀치	peon-chi
potloodslijper (de)	연필깎이	yeon-pil-kka-kki

116. Verschillende soorten documenten

verslag (het)	보고	bo-go
overeenkomst (de)	약정	yak-jeong
aanvraagformulier (het)	신청서	sin-cheong-seo
origineel, authentiek (bn)	진본의	jin-bo-nui
badge, kaart (de)	명찰	myeong-chal
visitekaartje (het)	명함	myeong-ham

certificaat (het)	인증서	in-jeung-seo
cheque (de)	수표	su-pyo
rekening (in restaurant)	계산서	gye-san-seo
grondwet (de)	헌법	heon-beop
contract (het)	계약	gye-yak
kopie (de)	사본	sa-bon

exemplaar (het)	사본	sa-bon
douaneaangifte (de)	세관신고서	se-gwan-sin-go-seo
document (het)	서류	seo-ryu
rijbewijs (het)	운전 면허증	un-jeon myeon-heo-jeung
bijlage (de)	별첨	byeol-cheom
formulier (het)	서식	seo-sik
identiteitskaart (de)	신분증	sin-bun-jeung
aanvraag (de)	문의서	mun-ui-seo
uitnodigingskaart (de)	초대장	cho-dae-jang
factuur (de)	송장	song-jang
wet (de)	법	beop
brief (de)	편지	pyeon-ji
briefhoofd (het)	용지	yong-ji
lijst (de)	목록	mong-nok
manuscript (het)	원고	won-go
nieuwsbrief (de)	회보	hoe-bo
briefje (het)	쪽지	jjok-ji
pasje (voor personeel, enz.)	출입증	chu-rip-jeung
paspoort (het)	여권	yeo-gwon
vergunning (de)	허가증	heo-ga-jeung
CV, curriculum vitae (het)	이력서	
schuldbekentenis (de)	차용증서	cha-yong-jeung-seo
kwitantie (de)	영수증	yeong-su-jeung
bon (kassabon)	영수증	yeong-su-jeung
rapport (het)	보고	bo-go
tonen (paspoort, enz.)	보여주다	bo-yeo-ju-da
ondertekenen (ww)	서명하다	seo-myeong-ha-da
handtekening (de)	서명	seo-myeong
stempel (de)	도장	do-jang
tekst (de)	문서	mun-seo
biljet (het)	표	pyo
doorhalen (doorstrepen)	그어 지우다	geu-eo ji-u-da
invullen (een formulier ~)	작성하다	jak-seong-ha-da
vrachtbrief (de)	선적 송장	seon-jeok song-jang
testament (het)	유언	yu-eon

117. Soorten bedrijven

uitzendbureau (het)	직업 소개소	ji-geop so-gae-so
bewakingsfirma (de)	보안 회사	bo-an hoe-sa
persbureau (het)	통신사	tong-sin-sa
reclamebureau (het)	광고 회사	gwang-go hoe-sa
antiek (het)	골동품	gol-dong-pum
verzekering (de)	보험	bo-heom
naaiatelier (het)	양복점	yang-bok-jeom
banken (mv.)	금융업계	geu-myung-eop-gye
bar (de)	바	ba

bouwbedrijven (mv.)	건설	geon-seol
juwelen (mv.)	보석	bo-seok
juwelier (de)	보석 상인	bo-seok sang-in

wasserette (de)	세탁소	se-tak-so
alcoholische dranken (mv.)	주류	ju-ryu
nachtclub (de)	나이트 클럽	na-i-teu keul-leop
handelsbeurs (de)	증권거래소	jeung-gwon-geo-rae-so
bierbrouwerij (de)	맥주 양조장	maek-ju yang-jo-jang
uitvaartcentrum (het)	장례식장	jang-nye-sik-jang

casino (het)	카지노	ka-ji-no
zakencentrum (het)	비즈니스 센터	bi-jeu-ni-seu sen-teo
bioscoop (de)	영화관	yeong-hwa-gwan
airconditioning (de)	에어컨	e-eo-keon

handel (de)	거래	geo-rae
luchtvaartmaatschappij (de)	항공사	hang-gong-sa
adviesbureau (het)	컨설팅	keon-seol-ting
koerierdienst (de)	문서 송달 회사	mun-seo song-dal hoe-sa

tandheelkunde (de)	치과 병원	chi-gwa byeong-won
design (het)	디자인	di-ja-in
business school (de)	비즈니스 스쿨	bi-jeu-ni-seu seu-kul
magazijn (het)	창고	chang-go
kunstgalerie (de)	미술관	mi-sul-gwan
IJsje (het)	아이스크림	a-i-seu-keu-rim
hotel (het)	호텔	ho-tel

vastgoed (het)	부동산	bu-dong-san
drukkerij (de)	인쇄산업	in-swae-san-eop
industrie (de)	산업, 공업	san-eop, gong-eop
Internet (het)	인터넷	in-teo-net
investeringen (mv.)	투자	tu-ja

krant (de)	신문	sin-mun
boekhandel (de)	서점	seo-jeom
lichte industrie (de)	경공업	gyeong-gong-eop

winkel (de)	가게, 상점	ga-ge, sang-jeom
uitgeverij (de)	출판사	chul-pan-sa
medicijnen (mv.)	의학	ui-hak
meubilair (het)	가구	ga-gu
museum (het)	박물관	bang-mul-gwan

olie (aardolie)	석유	seo-gyu
apotheek (de)	약국	yak-guk
geneesmiddelen (mv.)	의약	ui-yak
zwembad (het)	수영장	su-yeong-jang
stomerij (de)	드라이 클리닝	deu-ra-i keul-li-ning
voedingswaren (mv.)	식품	sik-pum
reclame (de)	광고	gwang-go

radio (de)	라디오	ra-di-o
afvalinzameling (de)	쓰레기 수거	sseu-re-gi su-geo
restaurant (het)	레스토랑	re-seu-to-rang

tijdschrift (het)	잡지	jap-ji
schoonheidssalon (de/het)	미장원	mi-jang-won
financiële diensten (mv.)	재무 서비스	jae-mu seo-bi-seu
juridische diensten (mv.)	법률컨설팅	beom-nyul-keon-seol-ting
boekhouddiensten (mv.)	회계 서비스	hoe-gye seo-bi-seu
audit diensten (mv.)	회계 감사	hoe-gye gam-sa
sport (de)	스포츠	seu-po-cheu
supermarkt (de)	슈퍼마켓	syu-peo-ma-ket

televisie (de)	텔레비전	tel-le-bi-jeon
theater (het)	극장	geuk-jang
toerisme (het)	관광산업	gwan-gwang-sa-neop
transport (het)	운송	un-song

| kleding (de) | 옷 | ot |
| dierenarts (de) | 수의사 | su-ui-sa |

Baan. Business. Deel 2

118. Show. Tentoonstelling

beurs (de)	전시회	jeon-si-hoe
vakbeurs, handelsbeurs (de)	상품 전시회	sang-pum jeon-si-hoe
deelneming (de)	참가	cham-ga
deelnemen (ww)	참가하다	cham-ga-ha-da
deelnemer (de)	참가자	cham-ga-ja
directeur (de)	대표이사	dae-pyo-i-sa
organisatiecomité (het)	조직위원회	jo-ji-gwi-won-hoe
organisator (de)	조직위원회	jo-ji-gwi-won-hoe
organiseren (ww)	조직하다	jo-jik-a-da
deelnemingsaanvraag (de)	참가 신청서	cham-ga sin-cheong-seo
invullen (een formulier ~)	작성하다	jak-seong-ha-da
details (mv.)	상세	sang-se
informatie (de)	정보	jeong-bo
prijs (de)	가격	ga-gyeok
inclusief (bijv. ~ BTW)	포함하여	po-ham-ha-yeo
inbegrepen (alles ~)	포함하다	po-ham-ha-da
betalen (ww)	지불하다	ji-bul-ha-da
registratietarief (het)	등록비	deung-nok-bi
ingang (de)	입구	ip-gu
paviljoen (het), hal (de)	전시실	jeon-si-sil
registreren (ww)	등록하다	deung-nok-a-da
badge, kaart (de)	명찰	myeong-chal
beursstand (de)	부스	bu-seu
reserveren (een stand ~)	예약하다	ye-yak-a-da
vitrine (de)	진열장	ji-nyeol-jang
licht (het)	스포트라이트	seu-po-teu-ra-i-teu
design (het)	디자인	di-ja-in
plaatsen (ww)	배치하다	bae-chi-ha-da
distributeur (de)	배급업자	bae-geu-beop-ja
leverancier (de)	공급자	gong-geup-ja
land (het)	나라	na-ra
buitenlands (bn)	외국의	oe-gu-gui
product (het)	제품	je-pum
associatie (de)	협회	hyeo-poe
conferentiezaal (de)	회의장	hoe-ui-jang
congres (het)	회의	hoe-ui

wedstrijd (de)	컨테스트	keon-te-seu-teu
bezoeker (de)	방문객	bang-mun-gaek
bezoeken (ww)	방문하다	bang-mun-ha-da
afnemer (de)	고객	go-gaek

119. Massamedia

krant (de)	신문	sin-mun
tijdschrift (het)	잡지	jap-ji
pers (gedrukte media)	언론	eon-non
radio (de)	라디오	ra-di-o
radiostation (het)	라디오 방송국	ra-di-o bang-song-guk
televisie (de)	텔레비전	tel-le-bi-jeon

presentator (de)	진행자	jin-haeng-ja
nieuwslezer (de)	아나운서	a-na-un-seo
commentator (de)	해설가	hae-seol-ga

journalist (de)	저널리스트	jeo-neol-li-seu-teu
correspondent (de)	특파원	teuk-pa-won
fotocorrespondent (de)	사진 기자	sa-jin gi-ja
reporter (de)	리포터	ri-po-teo

redacteur (de)	편집자	pyeon-jip-ja
chef-redacteur (de)	편집장	pyeon-jip-jang
zich abonneren op	… 를 구독하다	… reul gu-dok-a-da
abonnement (het)	구독	gu-dok
abonnee (de)	구독자	gu-dok-ja
lezen (ww)	읽다	ik-da
lezer (de)	독자	dok-ja

oplage (de)	발행 부수	bal-haeng bu-su
maand-, maandelijks (bn)	월간의	wol-ga-nui
wekelijks (bn)	주간의	ju-ga-nui
nummer (het)	호	ho
vers (~ van de pers)	최신의	choe-si-nui

kop (de)	헤드라인	he-deu-ra-in
korte artlkel (het)	짧은 기사	jjal-beun gi-sa
rubriek (de)	칼럼	kal-leom
artikel (het)	기사	gi-sa
pagina (de)	페이지	pe-i-ji

reportage (de)	보도	bo-do
gebeurtenis (de)	사건	sa-geon
sensatie (de)	센세이션	sen-se-i-syeon
schandaal (het)	스캔들	seu-kaen-deul
schandalig (bn)	스캔들의	seu-kaen-deu-rui
groot (~ schandaal, enz.)	엄청난	eom-cheong-nan

programma (het)	쇼	syo
interview (het)	인터뷰	in-teo-byu
live uitzending (de)	라이브 방송	ra-i-beu bang-song
kanaal (het)	채널	chae-neol

120. Landbouw

landbouw (de)	농업	nong-eop
boer (de)	소작농	so-jang-nong
boerin (de)	소작농	so-jang-nong
landbouwer (de)	농부	nong-bu
tractor (de)	트랙터	teu-raek-teo
maaidorser (de)	콤바인	kom-ba-in
ploeg (de)	쟁기	jaeng-gi
ploegen (ww)	땅을 갈다	ttang-eul gal-da
akkerland (het)	한 쟁기의 땅	han jaeng-gi-ui ttang
voor (de)	고랑	go-rang
zaaien (ww)	뿌리다	ppu-ri-da
zaaimachine (de)	파종기	pa-jong-gi
zaaien (het)	씨뿌리기	pa-jong
zeis (de)	긴 낫	gin nat
maaien (ww)	낫질하다	nat-jil-ha-da
schop (de)	삽	sap
spitten (ww)	갈다	gal-da
schoffel (de)	호미	ho-mi
wieden (ww)	풀을 뽑다	pu-reul ppop-da
onkruid (het)	잡초	jap-cho
gieter (de)	물뿌리개	mul-ppu-ri-gae
begieten (water geven)	물을 주다	mu-reul ju-da
bewatering (de)	살수	sal-su
riek, hooivork (de)	쇠스랑	soe-seu-rang
hark (de)	갈퀴	gal-kwi
meststof (de)	비료	bi-ryo
bemesten (ww)	비료를 주다	bi-ryo-reul ju-da
mest (de)	거름	geo-reum
veld (het)	밭	bat
wei (de)	풀밭	pul-bat
moestuin (de)	채소밭	chae-so-bat
boomgaard (de)	과수원	gwa-su-won
weiden (ww)	방목하다	bang-mo-ka-da
herder (de)	목동	mok-dong
weiland (de)	목초지	mok-cho-ji
veehouderij (de)	목축	mok-chuk
schapenteelt (de)	목양	mo-gyang
plantage (de)	농원	nong-won
rijtje (het)	이랑	i-rang
broeikas (de)	온실	on-sil

| droogte (de) | 가뭄 | ga-mum |
| droog (bn) | 건조한 | geon-jo-han |

| graangewassen (mv.) | 곡류 | gong-nyu |
| oogsten (ww) | 수확하다 | su-hwak-a-da |

molenaar (de)	제분업자	je-bun-eop-ja
molen (de)	제분소	je-bun-so
malen (graan ~)	제분하다	je-bun-ha-da
bloem (bijv. tarwebloem)	밀가루	mil-ga-ru
stro (het)	짚	jip

121. Gebouw. Bouwproces

bouwplaats (de)	공사장	gong-sa-jang
bouwen (ww)	건설하다	geon-seol-ha-da
bouwvakker (de)	공사장 인부	gong-sa-jang in-bu

project (het)	프로젝트	peu-ro-jek-teu
architect (de)	건축가	geon-chuk-ga
arbeider (de)	노동자	no-dong-ja

fundering (de)	기초	gi-cho
dak (het)	지붕	ji-bung
heipaal (de)	기초 말뚝	gi-cho mal-ttuk
muur (de)	벽	byeok

| betonstaal (het) | 철근 | cheol-geun |
| steigers (mv.) | 비계 | bi-gye |

| beton (het) | 콘크리트 | kon-keu-ri-teu |
| graniet (het) | 화강암 | hwa-gang-am |

| steen (de) | 돌 | dol |
| baksteen (de) | 벽돌 | byeok-dol |

zand (het)	모래	mo-rae
cement (de/het)	시멘트	si-men-teu
pleister (het)	회반죽	hoe-ban-juk
pleisteren (ww)	회반죽을 칠하다	hoe-ban-ju-geul chil-ha-da
verf (de)	페인트	pe-in-teu

| verven (muur ~) | 페인트를 칠하다 | pe-in-teu-reul chil-ha-da |
| ton (de) | 통 | tong |

kraan (de)	크레인	keu-re-in
heffen, hijsen (ww)	올리다	ol-li-da
neerlaten (ww)	내리다	nae-ri-da

bulldozer (de)	불도저	bul-do-jeo
graafmachine (de)	굴착기	gul-chak-gi
graafbak (de)	굴삭기 버킷	beo-kit
graven (tunnel, enz.)	파다	pa-da
holm (de)	안전모	an-jeon-mo

122. Wetenschap. Onderzoek. Wetenschappers

wetenschap (de)	과학	gwa-hak
wetenschappelijk (bn)	과학의	gwa-ha-gui
wetenschapper (de)	과학자	gwa-hak-ja
theorie (de)	이론	i-ron
axioma (het)	공리	gong-ni
analyse (de)	분석	bun-seok
analyseren (ww)	분석하다	bun-seok-a-da
argument (het)	주장	ju-jang
substantie (de)	물질	mul-jil
hypothese (de)	가설	ga-seol
dilemma (het)	딜레마	dil-le-ma
dissertatie (de)	학위 논문	ha-gwi non-mun
dogma (het)	도그마	do-geu-ma
doctrine (de)	학설	hak-seol
onderzoek (het)	연구	yeon-gu
onderzoeken (ww)	연구하다	yeon-gu-ha-da
toetsing (de)	실험	sil-heom
laboratorium (het)	연구실	yeon-gu-sil
methode (de)	방법	bang-beop
molecule (de/het)	분자	bun-ja
monitoring (de)	감시	gam-si
ontdekking (de)	발견	bal-gyeon
postulaat (het)	공준	gong-jun
principe (het)	원칙	won-chik
voorspelling (de)	예상	ye-sang
een prognose maken	예상하다	ye-sang-ha-da
synthese (de)	종합	jong-hap
tendentie (de)	경향	gyeong-hyang
theorema (het)	정리	jeong-ni
leerstellingen (mv.)	가르침	ga-reu-chim
feit (het)	사실	sa-sil
expeditie (de)	탐험	tam-heom
experiment (het)	실험	sil-heom
academicus (de)	아카데미 회원	a-ka-de-mi hoe-won
bachelor (bijv. BA, LLB)	학사	hak-sa
doctor (de)	박사	bak-sa
universitair docent (de)	부교수	bu-gyo-su
master, magister (de)	석사	seok-sa
professor (de)	교수	gyo-su

Beroepen en ambachten

123. Zoeken naar werk. Ontslag

| baan (de) | 직업 | ji-geop |
| personeel (het) | 직원 | ji-gwon |

carrière (de)	경력	gyeong-nyeok
vooruitzichten (mv.)	전망	jeon-mang
meesterschap (het)	숙달	suk-dal

keuze (de)	선발	seon-bal
uitzendbureau (het)	직업 소개소	ji-geop so-gae-so
CV, curriculum vitae (het)	이력서	
sollicitatiegesprek (het)	면접	myeon-jeop
vacature (de)	결원	gyeo-rwon

salaris (het)	급여, 월급	geu-byeo, wol-geup
vaste salaris (het)	고정급	go-jeong-geup
loon (het)	급료	geum-nyo

betrekking (de)	직위	ji-gwi
taak, plicht (de)	의무	ui-mu
takenpakket (het)	업무범위	eom-mu-beom-wi
bezig (~ zijn)	바쁜	ba-ppeun

| ontslagen (ww) | 해고하다 | hae-go-ha-da |
| ontslag (het) | 해고 | hae-go |

werkloosheid (de)	실업	si-reop
werkloze (de)	실업자	si-reop-ja
pensioen (het)	은퇴	eun-toe
met pensioen gaan	은퇴하다	eun-toe-ha-da

124. Zakenmensen

directeur (de)	사장	sa-jang
beheerder (de)	지배인	ji-bae-in
hoofd (het)	상사	sang-sa

baas (de)	상사	sang-sa
superieuren (mv.)	상사	sang-sa
president (de)	회장	hoe-jang
voorzitter (de)	의장	ui-jang

adjunct (de)	부 ···	bu ...
assistent (de)	조수	jo-su
secretaris (de)	비서	bi-seo

persoonlijke assistent (de)	개인 비서	gae-in bi-seo
zakenman (de)	사업가	sa-eop-ga
ondernemer (de)	사업가	sa-eop-ga
oprichter (de)	설립자	seol-lip-ja
oprichten	설립하다	seol-li-pa-da
(een nieuw bedrijf ~)		
stichter (de)	설립자	seol-lip-ja
partner (de)	파트너	pa-teu-neo
aandeelhouder (de)	주주	ju-ju
miljonair (de)	백만장자	baeng-man-jang-ja
miljardair (de)	억만장자	eong-man-jang-ja
eigenaar (de)	소유자	so-yu-ja
landeigenaar (de)	토지 소유자	to-ji so-yu-ja
klant (de)	고객	go-gaek
vaste klant (de)	단골	dan-gol
koper (de)	구매자	gu-mae-ja
bezoeker (de)	방문객	bang-mun-gaek
professioneel (de)	전문가	jeon-mun-ga
expert (de)	전문가	jeon-mun-ga
specialist (de)	전문가	jeon-mun-ga
bankier (de)	은행가	eun-haeng-ga
makelaar (de)	브로커	beu-ro-keo
kassier (de)	계산원	gye-san-won
boekhouder (de)	회계사	hoe-gye-sa
bewaker (de)	보안요원	bo-a-nyo-won
investeerder (de)	투자가	tu-ja-ga
schuldenaar (de)	채무자	chae-mu-ja
crediteur (de)	빚쟁이	bit-jaeng-i
lener (de)	차용인	cha-yong-in
importeur (de)	수입업자	su-i-beop-ja
exporteur (de)	수출업자	su-chu-reop-ja
producent (de)	생산자	saeng-san-ja
distributeur (de)	배급업자	bae-geu-beop-ja
bemiddelaar (de)	중간상인	jung-gan-sang-in
adviseur, consulent (de)	컨설턴트	keon-seol-teon-teu
vertegenwoordiger (de)	판매 대리인	pan-mae dae-ri-in
agent (de)	중개인	jung-gae-in
verzekeringsagent (de)	보험설계사	bo-heom-seol-gye-sa

125. Dienstverlenende beroepen

kok (de)	요리사	yo-ri-sa
chef-kok (de)	주방장	ju-bang-jang
bakker (de)	제빵사	je-ppang-sa

barman (de)	바텐더	ba-ten-deo
kelner, ober (de)	웨이터	we-i-teo
serveerster (de)	웨이트리스	we-i-teu-ri-seu
advocaat (de)	변호사	byeon-ho-sa
jurist (de)	법률고문	beom-nyul-go-mun
notaris (de)	공증인	gong-jeung-in
elektricien (de)	전기 기사	jeon-gi gi-sa
loodgieter (de)	배관공	bae-gwan-gong
timmerman (de)	목수	mok-su
masseur (de)	안마사	an-ma-sa
masseuse (de)	안마사	an-ma-sa
dokter, arts (de)	의사	ui-sa
taxichauffeur (de)	택시 운전 기사	taek-si un-jeon gi-sa
chauffeur (de)	운전 기사	un-jeon gi-sa
koerier (de)	배달원	bae-da-rwon
kamermeisje (het)	객실 청소부	gaek-sil cheong-so-bu
bewaker (de)	보안요원	bo-a-nyo-won
stewardess (de)	승무원	seung-mu-won
meester (de)	선생님	seon-saeng-nim
bibliothecaris (de)	사서	sa-seo
vertaler (de)	번역가	beo-nyeok-ga
tolk (de)	통역가	tong-yeok-ga
gids (de)	가이드	ga-i-deu
kapper (de)	미용사	mi-yong-sa
postbode (de)	우체부	u-che-bu
verkoper (de)	점원	jeom-won
tuinman (de)	정원사	jeong-won-sa
huisbediende (de)	하인	ha-in
dienstmeisje (het)	하녀	ha-nyeo
schoonmaakster (de)	청소부	cheong-so-bu

126. Militaire beroepen en rangen

soldaat (rang)	일병	il-byeong
sergeant (de)	병장	byeong-jang
luitenant (de)	중위	jung-wi
kapitein (de)	대위	dae-wi
majoor (de)	소령	so-ryeong
kolonel (de)	대령	dae-ryeong
generaal (de)	장군	jang-gun
maarschalk (de)	원수	won-su
admiraal (de)	제독	je-dok
militair (de)	군인	gun-in
soldaat (de)	군인	gun-in

officier (de)	장교	jang-gyo
commandant (de)	사령관	sa-ryeong-gwan
grenswachter (de)	국경 수비대원	guk-gyeong su-bi-dae-won
marconist (de)	무선 기사	mu-seon gi-sa
verkenner (de)	정찰병	jeong-chal-byeong
sappeur (de)	공병대원	gong-byeong-dae-won
schutter (de)	사수	sa-su
stuurman (de)	항법사	hang-beop-sa

127. Ambtenaren. Priesters

koning (de)	왕	wang
koningin (de)	여왕	yeo-wang
prins (de)	왕자	wang-ja
prinses (de)	공주	gong-ju
tsaar (de)	차르	cha-reu
tsarina (de)	여황제	yeo-hwang-je
president (de)	대통령	dae-tong-nyeong
minister (de)	장관	jang-gwan
eerste minister (de)	총리	chong-ni
senator (de)	상원의원	sang-won-ui-won
diplomaat (de)	외교관	oe-gyo-gwan
consul (de)	영사	yeong-sa
ambassadeur (de)	대사	dae-sa
adviseur (de)	고문관	go-mun-gwan
ambtenaar (de)	공무원	gong-mu-won
prefect (de)	도지사, 현감	do-ji-sa, hyeon-gam
burgemeester (de)	시장	si-jang
rechter (de)	판사	pan-sa
aanklager (de)	검사	geom-sa
missionaris (de)	선교사	seon-gyo-sa
monnik (de)	수도사	su-do-sa
abt (de)	수도원장	su-do-won-jang
rabbi, rabbijn (de)	랍비	rap-bi
vizier (de)	고관	go-gwan
sjah (de)	샤	sya
sjeik (de)	셰이크	sye-i-keu

128. Agrarische beroepen

imker (de)	양봉가	yang-bong-ga
herder (de)	목동	mok-dong
landbouwkundige (de)	농학자	nong-hak-ja

veehouder (de)	목축업자	mok-chu-geop-ja
dierenarts (de)	수의사	su-ui-sa

landbouwer (de)	농부	nong-bu
wijnmaker (de)	포도주 제조자	po-do-ju je-jo-ja
zoöloog (de)	동물학자	dong-mul-hak-ja
cowboy (de)	카우보이	ka-u-bo-i

129. Kunst beroepen

acteur (de)	배우	bae-u
actrice (de)	여배우	yeo-bae-u

zanger (de)	가수	ga-su
zangeres (de)	여가수	yeo-ga-su

danser (de)	무용가	mu-yong-ga
danseres (de)	여성 무용가	yeo-seong mu-yong-ga

artiest (mann.)	공연자	gong-yeon-ja
artiest (vrouw.)	여성 공연자	yeo-seong gong-yeon-ja

muzikant (de)	음악가	eum-ak-ga
pianist (de)	피아니스트	pi-a-ni-seu-teu
gitarist (de)	기타 연주자	gi-ta yeon-ju-ja

orkestdirigent (de)	지휘자	ji-hwi-ja
componist (de)	작곡가	jak-gok-ga
impresario (de)	기획자	gi-hoek-ja

filmregisseur (de)	영화감독	yeong-hwa-gam-dok
filmproducent (de)	제작자	je-jak-ja
scenarioschrijver (de)	시나리오 작가	si-na-ri-o jak-ga
criticus (de)	미술 비평가	mi-sul bi-pyeong-ga

schrijver (de)	작가	jak-ga
dichter (de)	시인	si-in
beeldhouwer (de)	조각가	jo-gak-ga
kunstenaar (de)	화가	hwa-ga

jongleur (de)	저글러	jeo-geul-leo
clown (de)	어릿광대	eo-rit-gwang-dae
acrobaat (de)	곡예사	go-gye-sa
goochelaar (de)	마술사	ma-sul-sa

130. Verschillende beroepen

dokter, arts (de)	의사	ui-sa
ziekenzuster (de)	간호사	gan-ho-sa
psychiater (de)	정신과 의사	jeong-sin-gwa ui-sa
tandarts (de)	치과 의사	chi-gwa ui-sa
chirurg (de)	외과 의사	oe-gwa ui-sa

astronaut (de)	우주비행사	u-ju-bi-haeng-sa
astronoom (de)	천문학자	cheon-mun-hak-ja
chauffeur (de)	운전 기사	un-jeon gi-sa
machinist (de)	기관사	gi-gwan-sa
mecanicien (de)	정비공	jeong-bi-gong
mijnwerker (de)	광부	gwang-bu
arbeider (de)	노동자	no-dong-ja
bankwerker (de)	자물쇠공	ja-mul-soe-gong
houtbewerker (de)	목수	mok-su
draaier (de)	선반공	seon-ban-gong
bouwvakker (de)	공사장 인부	gong-sa-jang in-bu
lasser (de)	용접공	yong-jeop-gong
professor (de)	교수	gyo-su
architect (de)	건축가	geon-chuk-ga
historicus (de)	역사학자	yeok-sa-hak-ja
wetenschapper (de)	과학자	gwa-hak-ja
fysicus (de)	물리학자	mul-li-hak-ja
scheikundige (de)	화학자	hwa-hak-ja
archeoloog (de)	고고학자	go-go-hak-ja
geoloog (de)	지질학자	ji-jil-hak-ja
onderzoeker (de)	연구원	yeon-gu-won
babysitter (de)	애기보는 사람	ae-gi-bo-neun sa-ram
leraar, pedagoog (de)	교사	gyo-sa
redacteur (de)	편집자	pyeon-jip-ja
chef-redacteur (de)	편집장	pyeon-jip-jang
correspondent (de)	통신원	tong-sin-won
typiste (de)	타이피스트	ta-i-pi-seu-teu
designer (de)	디자이너	di-ja-i-neo
computerexpert (de)	컴퓨터 전문가	keom-pyu-teo jeon-mun-ga
programmeur (de)	프로그래머	peu-ro-geu-rae-meo
ingenieur (de)	엔지니어	en-ji-ni-eo
matroos (de)	선원	seon-won
zeeman (de)	수부	su-bu
redder (de)	구조자	gu-jo-ja
brandweerman (de)	소방관	so-bang-gwan
politieagent (de)	경찰관	gyeong-chal-gwan
nachtwaker (de)	경비원	gyeong-bi-won
detective (de)	형사	hyeong-sa
douanier (de)	세관원	se-gwan-won
lijfwacht (de)	경호원	gyeong-ho-won
gevangenisbewaker (de)	간수	gan-su
inspecteur (de)	감독관	gam-dok-gwan
sportman (de)	스포츠맨	seu-po-cheu-maen
trainer (de)	코치	ko-chi
slager, beenhouwer (de)	정육점 주인	jeong-yuk-jeom ju-in

schoenlapper (de)	구둣방	gu-dut-bang
handelaar (de)	상인	sang-in
lader (de)	하역부	ha-yeok-bu
kledingstilist (de)	패션 디자이너	pae-syeon di-ja-i-neo
model (het)	모델	mo-del

131. Beroepen. Sociale status

scholier (de)	남학생	nam-hak-saeng
student (de)	대학생	dae-hak-saeng
filosoof (de)	철학자	cheol-hak-ja
econoom (de)	경제 학자	gyeong-je hak-ja
uitvinder (de)	발명가	bal-myeong-ga
werkloze (de)	실업자	si-reop-ja
gepensioneerde (de)	은퇴자	eun-toe-ja
spion (de)	비밀요원	bi-mi-ryo-won
gedetineerde (de)	죄수	joe-su
staker (de)	파업자	pa-eop-ja
bureaucraat (de)	관료	gwal-lyo
reiziger (de)	여행자	yeo-haeng-ja
homoseksueel (de)	동성애자	dong-seong-ae-ja
hacker (computerkraker)	해커	hae-keo
bandiet (de)	산적	san-jeok
huurmoordenaar (de)	살인 청부업자	sa-rin cheong-bu-eop-ja
drugsverslaafde (de)	마약 중독자	ma-yak jung-dok-ja
drugshandelaar (de)	마약 밀매자	ma-yak mil-mae-ja
prostituee (de)	매춘부	mae-chun-bu
pooier (de)	포주	po-ju
tovenaar (de)	마법사	ma-beop-sa
tovenares (de)	여자 마법사	yeo-ja ma-beop-sa
piraat (de)	해적	hae-jeok
slaaf (de)	노예	no yo
samoerai (de)	사무라이	sa-mu-ra-i
wilde (de)	야만인	ya-man-in

Sport

132. Soorten sporten. Sporters

sportman (de)	스포츠맨	seu-po-cheu-maen
soort sport (de/het)	스포츠 종류	seu-po-cheu jong-nyu
basketbal (het)	농구	nong-gu
basketbalspeler (de)	농구 선수	nong-gu seon-su
baseball (het)	야구	ya-gu
baseballspeler (de)	야구 선수	ya-gu seon-su
voetbal (het)	축구	chuk-gu
voetballer (de)	축구 선수	chuk-gu seon-su
doelman (de)	골키퍼	gol-ki-peo
hockey (het)	하키	ha-ki
hockeyspeler (de)	하키 선수	ha-ki seon-su
volleybal (het)	배구	bae-gu
volleybalspeler (de)	배구 선수	bae-gu seon-su
boksen (het)	권투	gwon-tu
bokser (de)	권투 선수	gwon-tu seon-su
worstelen (het)	레슬링	re-seul-ling
worstelaar (de)	레슬링 선수	re-seul-ling seon-su
karate (de)	가라테	ga-ra-te
karateka (de)	가라테 선수	ga-ra-te seon-su
judo (de)	유도	yu-do
judoka (de)	유도 선수	yu-do seon-su
tennis (het)	테니스	te-ni-seu
tennisspeler (de)	테니스 선수	te-ni-seu seon-su
zwemmen (het)	수영	su-yeong
zwemmer (de)	수영 선수	su-yeong seon-su
schermen (het)	펜싱	pen-sing
schermer (de)	펜싱 선수	pen-sing seon-su
schaak (het)	체스	che-seu
schaker (de)	체스 선수	che-seu seon-su
alpinisme (het)	등산	deung-san
alpinist (de)	등산가	deung-san-ga
hardlopen (het)	달리기	dal-li-gi

renner (de)	달리기 선수	dal-li-gi seon-su
atletiek (de)	육상 경기	yuk-sang gyeong-gi
atleet (de)	선수	seon-su

| paardensport (de) | 승마 | seung-ma |
| ruiter (de) | 승마 선수 | seung-ma seon-su |

kunstschaatsen (het)	피겨 스케이팅	pi-gyeo seu-ke-i-ting
kunstschaatser (de)	피겨 스케이팅 선수	pi-gyeo seu-ke-i-ting seon-su
kunstschaatsster (de)	피겨 스케이팅 선수	pi-gyeo seu-ke-i-ting seon-su

| gewichtheffen (het) | 역도 | yeok-do |
| gewichtheffer (de) | 역도 선수 | yeok-do seon-su |

| autoraces (mv.) | 자동차 경주 | ja-dong-cha gyeong-ju |
| coureur (de) | 카레이서 | ka-re-i-seo |

| wielersport (de) | 자전거경기 | ja-jeon-geo-gyeong-gi |
| wielrenner (de) | 자전거 선수 | ja-jeon-geo seon-su |

verspringen (het)	멀리뛰기	meol-li-ttwi-gi
polsstokspringen (het)	장대 높이뛰기	jang-dae no-pi-ttwi-gi
verspringer (de)	뛰기선수	ttwi-gi-seon-su

133. Soorten sporten. Diversen

Amerikaans voetbal (het)	미식 축구	mi-sik chuk-gu
badminton (het)	배드민턴	bae-deu-min-teon
biatlon (de)	바이애슬론	ba-i-ae-seul-lon
biljart (het)	당구	dang-gu

bobsleeën (het)	봅슬레이	bop-seul-le-i
bodybuilding (de)	보디빌딩	bo-di-bil-ding
waterpolo (het)	수구	su-gu
handbal (de)	핸드볼	haen-deu-bol
golf (het)	골프	gol-peu

roeisport (de)	조정	jo-jeong
duiken (het)	스루비다이빙	seu-ku-beo-da-i-bing
langlaufen (het)	크로스컨트리 스키	keu-ro-seu-keon-teu-rı seu-kı
tafeltennis (het)	탁구	tak-gu

zeilen (het)	요트타기	yo-teu-ta-gi
rally (de)	랠리	rael-li
rugby (het)	럭비	reok-bi
snowboarden (het)	스노보드	seu-no-bo-deu
boogschieten (het)	양궁	yang-gung

134. Fitnessruimte

| lange halter (de) | 역기 | yeok-gi |
| halters (mv.) | 아령 | a-ryeong |

training machine (de)	운동 기구	un-dong gi-gu
hometrainer (de)	헬스자전거	hel-seu-ja-jeon-geo
loopband (de)	러닝 머신	reo-ning meo-sin
rekstok (de)	철봉	cheol-bong
brug (de) gelijke leggers	평행봉	pyeong-haeng-bong
paardsprong (de)	안마	an-ma
mat (de)	매트	mae-teu
aerobics (de)	에어로빅	e-eo-ro-bik
yoga (de)	요가	yo-ga

135. Hockey

hockey (het)	하키	ha-ki
hockeyspeler (de)	하키 선수	ha-ki seon-su
hockey spelen	하키를 하다	ha-ki-reul ha-da
IJs (het)	얼음	eo-reum
puck (de)	하키 퍽	ha-ki peok
hockeystick (de)	하키 스틱	ha-ki seu-tik
schaatsen (mv.)	스케이트	seu-ke-i-teu
boarding (de)	사이드보드	sa-i-deu-bo-deu
schot (het)	슛	syut
doelman (de)	골키퍼	gol-ki-peo
goal (de)	득점	deuk-jeom
een goal scoren	골을 넣다	go-reul leo-ta
periode (de)	피리어드	pi-ri-eo-deu
reservebank (de)	후보 선수 대기석	hu-bo seon-su dae-gi-seok

136. Voetbal

voetbal (het)	축구	chuk-gu
voetballer (de)	축구 선수	chuk-gu seon-su
voetbal spelen	축구를 하다	chuk-gu-reul ha-da
eredivisie (de)	메이저 리그	me-i-jeo ri-geu
voetbalclub (de)	축구클럽	chuk-gu-keul-leop
trainer (de)	코치	ko-chi
eigenaar (de)	구단주	gu-dan-ju
team (het)	팀	tim
aanvoerder (de)	주장	ju-jang
speler (de)	선수	seon-su
reservespeler (de)	후보 선수	hu-bo seon-su
aanvaller (de)	포워드	po-wo-deu
centrale aanvaller (de)	센터 포워드	sen-teo po-wo-deu
doelpuntmaker (de)	득점자	deuk-jeom-ja

verdediger (de)	수비수	su-bi-su
middenvelder (de)	미드필더	mi-deu-pil-deo
match, wedstrijd (de)	경기	gyeong-gi
elkaar ontmoeten (ww)	만나다	man-na-da
finale (de)	결승전	gyeol-seung-jeon
halve finale (de)	준결승전	jun-gyeol-seung-jeon
kampioenschap (het)	선수권	seon-su-gwon
helft (de)	경기 시간	gyeong-gi si-gan
eerste helft (de)	전반전	jeon-ban-jeon
pauze (de)	하프 타임	ha-peu ta-im
doel (het)	골	gol
doelman (de)	골키퍼	gol-ki-peo
doelpaal (de)	골대	gol-dae
lat (de)	크로스바	keu-ro-seu-ba
doelnet (het)	골망	gol-mang
een goal incasseren	골을 내주다	go-reul lae-ju-da
bal (de)	공	gong
pass (de)	패스	pae-seu
schot (het), schop (de)	슛	syut
schieten (de bal ~)	슛을 하다	syus-eul ha-da
vrije schop (directe ~)	프리킥	peu-ri-kik
hoekschop, corner (de)	코너킥	ko-neo-kik
aanval (de)	공격	gong-gyeok
tegenaanval (de)	반격	ban-gyeok
combinatie (de)	조합	jo-hap
scheidsrechter (de)	주심, 심판	ju-sim, sim-pan
fluiten (ww)	휘슬을 불다	hwi-seu-reul bul-da
fluitsignaal (het)	휘슬, 호각	hwi-seul
overtreding (de)	반칙	ban-chik
een overtreding maken	반칙을 하다	ban-chi-geul ha-da
uit het veld te sturen	퇴장시키다	toe-jang-si-ki-da
gele kaart (de)	옐로카드	yel-lo-ka-deu
rode kaart (de)	레드카드	re-deu-ka-deu
diskwalificatie (de)	실격	sil-gyeok
diskwalificeren (ww)	실격시키다	sil-gyeok-si-ki-da
strafschop, penalty (de)	페널티킥	pe-neol-ti-kik
muur (de)	수비벽	su-bi-byeok
scoren (ww)	득점하다	deuk-jeom-ha-da
goal (de), doelpunt (het)	득점	deuk-jeom
een goal scoren	득점하다	deuk-jeom-ha-da
vervanging (de)	선수교체	seon-su-gyo-che
vervangen (ov.ww.)	교체하다	gyo-che-ha-da
regels (mv.)	규칙	gyu-chik
tactiek (de)	전술	jeon-sul
stadion (het)	경기장	gyeong-gi-jang
tribune (de)	관람석	gwal-lam-seok

| fan, supporter (de) | 서포터 | seo-po-teo |
| schreeuwen (ww) | 소리 치다 | so-ri chi-da |

| scorebord (het) | 스코어보드 | ho-gak |
| stand (~ is 3-1) | 점수 | jeom-su |

nederlaag (de)	패배	pae-bae
verliezen (ww)	지다	ji-da
gelijkspel (het)	무승부	mu-seung-bu
in gelijk spel eindigen	무승부로 끝나다	mu-seung-bu-ro kkeun-na-da

overwinning (de)	승리	seung-ni
overwinnen (ww)	이기다	i-gi-da
kampioen (de)	챔피언	chaem-pi-eon
best (bn)	최고의	choe-go-ui
feliciteren (ww)	축하하다	chuk-a-ha-da

| commentator (de) | 해설가 | hae-seol-ga |
| becommentariëren (ww) | 실황 방송을 하다 | sil-hwang bang-song-eul ha-da |

| uitzending (de) | 방송 | bang-song |

137. Alpine skiën

ski's (mv.)	스키	seu-ki
skiën (ww)	스키를 타다	seu-ki-reul ta-da
skigebied (het)	스키 리조트	seu-ki ri-jo-teu
skilift (de)	리프트	ri-peu-teu

skistokken (mv.)	스키 폴	seu-ki pol
helling (de)	슬로프	seul-lo-peu
slalom (de)	슬랄롬	seul-lal-lom

138. Tennis. Golf

golf (het)	골프	gol-peu
golfclub (de)	골프채	gol-peu-chae
golfer (de)	골퍼	gol-peo

hole (de)	홀	hol
golfclub (de)	골프채	gol-peu-chae
trolley (de)	골프백카트	gol-peu-baek-ka-teu

| tennis (het) | 테니스 | te-ni-seu |
| tennisveld (het) | 테니스장 | te-ni-seu-jang |

| opslag (de) | 서브 | seo-beu |
| serveren, opslaan (ww) | 서브하다 | seo-beu-ha-da |

racket (het)	라켓	ra-ket
net (het)	네트	ne-teu
bal (de)	공	gong

139. Schaken

schaak (het)	체스	che-seu
schaakstukken (mv.)	체스의 말	che-seu-ui mal
schaker (de)	체스 선수	che-seu seon-su
schaakbord (het)	체스판	che-seu-pan
schaakstuk (het)	체스의 말	che-seu-ui mal
witte stukken (mv.)	백	baek
zwarte stukken (mv.)	흑	heuk
pion (de)	폰	pon
loper (de)	비숍	bi-syop
paard (het)	나이트	na-i-teu
toren (de)	룩	ruk
koningin (de)	퀸	kwin
koning (de)	킹	king
zet (de)	두기	du-gi
zetten (ww)	말을 옮기다	ma-reul rom-gi-da
opofferen (ww)	희생시키다	hui-saeng-si-ki-da
rokade (de)	캐슬링	kae-seul-ling
schaak (het)	체크	che-keu
schaakmat (het)	체크메이트	che-keu-me-i-teu
schaakwedstrijd (de)	체스 토너먼트	che-seu to-neo-meon-teu
grootmeester (de)	그랜드 마스터	geu-raen-deu ma-seu-teo
combinatie (de)	조합	jo-hap
partij (de)	판	pan
dammen (de)	체커	che-keo

140. Boksen

boksen (het)	권투	gwon-tu
boksgevecht (het)	회전	hoe-jeon
ronde (de)	라운드	ra-un-deu
ring (de)	링	ring
gong (de)	공	gong
stoot (de)	펀치	peon-chi
knock-down (de)	녹다운	nok-da-un
knock-out (de)	녹아웃	no-ga-ut
knock-out slaan (ww)	녹아웃 시키다	no-ga-ut si-ki-da
bokshandschoen (de)	권투 글러브	gwon-tu geul-leo-beu
referee (de)	부심	bu-sim
lichtgewicht (het)	라이트급	ra-i-teu-geup
middengewicht (het)	미들급	mi-deul-geup
zwaargewicht (het)	헤비급	he-bi-geup

141. Sporten. Diversen

Olympische Spelen (mv.)	올림픽	ol-lim-pik
winnaar (de)	승리자	seung-ni-ja
overwinnen (ww)	이기고 있다	i-gi-go it-da
winnen (ww)	이기다	i-gi-da
leider (de)	선두	seon-du
leiden (ww)	선두를 달리다	seon-du-reul dal-li-da
eerste plaats (de)	일등	il-deung
tweede plaats (de)	준우승	seu-ko-eo-bo-deu
derde plaats (de)	3위	sam-wi
medaille (de)	메달	me-dal
trofee (de)	트로피	teu-ro-pi
beker (de)	우승컵	u-seung-keop
prijs (de)	상	sang
hoofdprijs (de)	최고 상품	choe-go sang-pum
record (het)	기록	gi-rok
een record breken	기록을 세우다	gi-ro-geul se-u-da
finale (de)	결승전	gyeol-seung-jeon
finale (bn)	마지막의	ma-ji-ma-gui
kampioen (de)	챔피언	chaem-pi-eon
kampioenschap (het)	선수권	seon-su-gwon
stadion (het)	경기장	gyeong-gi-jang
tribune (de)	관람석	gwal-lam-seok
fan, supporter (de)	서포터	seo-po-teo
tegenstander (de)	상대	sang-dae
start (de)	출발점	chul-bal-jeom
finish (de)	결승점	gyeol-seung-jeom
nederlaag (de)	패배	pae-bae
verliezen (ww)	지다	ji-da
rechter (de)	심판	sim-pan
jury (de)	배심원단	bae-si-mwon-dan
stand (~ is 3-1)	점수	jeom-su
gelijkspel (het)	무승부	mu-seung-bu
in gelijk spel eindigen	무승부로 끝나다	mu-seung-bu-ro kkeun-na-da
punt (het)	점수	jeom-su .
uitslag (de)	결과	gyeol-gwa
pauze (de)	하프 타임	ha-peu ta-im
doping (de)	도핑	do-ping
straffen (ww)	처벌하다	cheo-beol-ha-da
diskwalificeren (ww)	실격시키다	sil-gyeok-si-ki-da
toestel (het)	기구	gi-gu
speer (de)	투창	tu-chang

| kogel (de) | 포환 | po-hwan |
| bal (de) | 공 | gong |

doel (het)	목표	mok-pyo
schietkaart (de)	과녁	gwa-nyeok
schieten (ww)	쏘다	sso-da
precies (bijv. precieze schot)	정확한	jeong-hwak-an

trainer, coach (de)	코치	ko-chi
trainen (ww)	훈련하다	hul-lyeon-ha-da
zich trainen (ww)	훈련하다	hul-lyeon-ha-da
training (de)	훈련	hul-lyeon

gymnastiekzaal (de)	헬스장	hel-seu-jang
oefening (de)	운동, 연습	un-dong, yeon-seup
opwarming (de)	워밍업	wo-ming-eop

Onderwijs

142. School

school (de)	학교	hak-gyo
schooldirecteur (de)	교장	gyo-jang
leerling (de)	남학생	nam-hak-saeng
leerlinge (de)	여학생	yeo-hak-saeng
scholier (de)	남학생	nam-hak-saeng
scholiere (de)	여학생	yeo-hak-saeng
leren (lesgeven)	가르치다	ga-reu-chi-da
studeren (bijv. een taal ~)	배우다	bae-u-da
van buiten leren	암기하다	am-gi-ha-da
leren (bijv. ~ tellen)	배우다	bae-u-da
in school zijn	재학 중이다	jae-hak jung-i-da
(schooljongen zijn)		
naar school gaan	학교에 가다	hak-gyo-e ga-da
alfabet (het)	알파벳	al-pa-bet
vak (schoolvak)	과목	gwa-mok
klaslokaal (het)	교실	gyo-sil
les (de)	수업	su-eop
pauze (de)	쉬는 시간	swi-neun si-gan
bel (de)	수업종	su-eop-jong
schooltafel (de)	학교 책상	hak-gyo chaek-sang
schoolbord (het)	칠판	chil-pan
cijfer (het)	성적	seong-jeok
goed cijfer (het)	좋은 성적	jo-eun seong-jeok
slecht cijfer (het)	나쁜 성적	na-ppeun seong-jeok
een cijfer geven	성적을 매기다	seong-jeo-geul mae-gi-da
fout (de)	실수	sil-su
fouten maken	실수하다	sil-su-ha-da
corrigeren (fouten ~)	고치다	go-chi-da
spiekbriefje (het)	커닝 페이퍼	keo-ning pe-i-peo
huiswerk (het)	숙제	suk-je
oefening (de)	연습 문제	yeon-seup mun-je
aanwezig zijn (ww)	출석하다	chul-seok-a-da
absent zijn (ww)	결석하다	gyeol-seok-a-da
bestraffen (een stout kind ~)	처벌하다	cheo-beol-ha-da
bestraffing (de)	벌	beol
gedrag (het)	처신	cheo-sin

cijferlijst (de)	성적표	seong-jeok-pyo
potlood (het)	연필	yeon-pil
gom (de)	지우개	ji-u-gae
krijt (het)	분필	bun-pil
pennendoos (de)	필통	pil-tong

boekentas (de)	책가방	chaek-ga-bang
pen (de)	펜	pen
schrift (de)	노트	no-teu
leerboek (het)	교과서	gyo-gwa-seo
passer (de)	컴퍼스	keom-peo-seu

| technisch tekenen (ww) | 제도하다 | je-do-ha-da |
| technische tekening (de) | 건축 도면 | geon-chuk do-myeon |

gedicht (het)	시	si
van buiten (bw)	외워서	oe-wo-seo
van buiten leren	암기하다	am-gi-ha-da

| vakantie (de) | 학교 방학 | bang-hak |
| met vakantie zijn | 방학 중이다 | bang-hak jung-i-da |

toets (schriftelijke ~)	필기 시험	pil-gi si-heom
opstel (het)	논술	non-sul
dictee (het)	받아쓰기 시험	ba-da-sseu-gi si-heom

examen (het)	시험	si-heom
examen afleggen	시험을 보다	si-heo-meul bo-da
experiment (het)	실험	sil-heom

143. Hogeschool. Universiteit

academie (de)	아카데미	a-ka-de-mi
universiteit (de)	대학교	dae-hak-gyo
faculteit (de)	교수진	gyo-su-jin

student (de)	대학생	dae-hak-saeng
studente (de)	여대생	yeo-dae-saeng
leraar (de)	강사	gang-sa

| collegezaal (de) | 교실 | gyo-sil |
| afgestudeerde (de) | 졸업생 | jo-reop-saeng |

| diploma (het) | 졸업승 | jo-reop-jeung |
| dissertatie (de) | 학위 논문 | ha-gwi non-mun |

| onderzoek (het) | 연구 | yeon-gu |
| laboratorium (het) | 연구실 | yeon-gu-sil |

| college (het) | 강의 | gang-ui |
| medestudent (de) | 대학 동급생 | dae-hak dong-geup-saeng |

| studiebeurs (de) | 장학금 | jang-hak-geum |
| academische graad (de) | 학위 | ha-gwi |

144. Wetenschappen. Disciplines

wiskunde (de)	수학	su-hak
algebra (de)	대수학	dae-su-hak
meetkunde (de)	기하학	gi-ha-hak
astronomie (de)	천문학	cheon-mun-hak
biologie (de)	생물학	saeng-mul-hak
geografie (de)	지리학	ji-ri-hak
geologie (de)	지질학	ji-jil-hak
geschiedenis (de)	역사학	yeok-sa-hak
geneeskunde (de)	의학	ui-hak
pedagogiek (de)	교육학	gyo-yuk-ak
rechten (mv.)	법학	beo-pak
fysica, natuurkunde (de)	물리학	mul-li-hak
scheikunde (de)	화학	hwa-hak
filosofie (de)	철학	cheol-hak
psychologie (de)	심리학	sim-ni-hak

145. Schrift. Spelling

grammatica (de)	문법	mun-beop
vocabulaire (het)	어휘	eo-hwi
fonetiek (de)	음성학	eum-seong-hak
zelfstandig naamwoord (het)	명사	myeong-sa
bijvoeglijk naamwoord (het)	형용사	hyeong-yong-sa
werkwoord (het)	동사	dong-sa
bijwoord (het)	부사	bu-sa
voornaamwoord (het)	대명사	dae-myeong-sa
tussenwerpsel (het)	감탄사	gam-tan-sa
voorzetsel (het)	전치사	jeon-chi-sa
stam (de)	어근	eo-geun
achtervoegsel (het)	어미	eo-mi
voorvoegsel (het)	접두사	jeop-du-sa
lettergreep (de)	음절	eum-jeol
achtervoegsel (het)	접미사	jeom-mi-sa
nadruk (de)	강세	gang-se
afkappingsteken (het)	아포스트로피	a-po-seu-teu-ro-pi
punt (de)	마침표	ma-chim-pyo
komma (de/het)	쉼표	swim-pyo
puntkomma (de)	세미콜론	se-mi-kol-lon
dubbelpunt (de)	콜론	kol-lon
beletselteken (het)	말줄임표	mal-ju-rim-pyo
vraagteken (het)	물음표	mu-reum-pyo
uitroepteken (het)	느낌표	neu-kkim-pyo

aanhalingstekens (mv.)	따옴표	tta-om-pyo
tussen aanhalingstekens (bw)	따옴표 안에	tta-om-pyo a-ne
haakjes (mv.)	괄호	gwal-ho
tussen haakjes (bw)	괄호 속에	gwal-ho so-ge
streepje (het)	하이픈	ha-i-peun
gedachtestreepje (het)	대시	jul-pyo
spatie	공백 문자	gong-baek mun-ja
(~ tussen twee woorden)		
letter (de)	글자	geul-ja
hoofdletter (de)	대문자	dae-mun-ja
klinker (de)	모음	mo-eum
medeklinker (de)	자음	ja-eum
zin (de)	문장	mun-jang
onderwerp (het)	주어	ju-eo
gezegde (het)	서술어	seo-su-reo
regel (in een tekst)	줄	jul
op een nieuwe regel (bw)	줄을 바꾸어	ju-reul ba-kku-eo
alinea (de)	단락	dal-lak
woord (het)	단어	dan-eo
woordgroep (de)	문구	mun-gu
uitdrukking (de)	표현	pyo-hyeon
synoniem (het)	동의어	dong-ui-eo
antoniem (het)	반의어	ban-ui-eo
regel (de)	규칙	gyu-chik
uitzondering (de)	예외	ye-oe
correct (bijv. ~e spelling)	맞는	man-neun
vervoeging, conjugatie (de)	활용	hwa-ryong
verbuiging, declinatie (de)	어형 변화	eo-hyeong byeon-hwa
naamval (de)	격	gyeok
vraag (de)	질문	jil-mun
onderstrepen (ww)	밑줄을 긋다	mit-ju-reul geut-da
stippellijn (de)	점선	jeom-seon

146. Vreemde talen

taal (de)	언어	eon-eo
vreemde taal (de)	외국어	oe-gu-geo
leren (bijv. van buiten ~)	공부하다	gong-bu-ha-da
studeren (Nederlands ~)	배우다	bae-u-da
lezen (ww)	읽다	ik-da
spreken (ww)	말하다	mal-ha-da
begrijpen (ww)	이해하다	i-hae-ha-da
schrijven (ww)	쓰다	sseu-da
snel (bw)	빨리	ppal-li
langzaam (bw)	천천히	cheon-cheon-hi

vloeiend (bw)	유창하게	yu-chang-ha-ge
regels (mv.)	규칙	gyu-chik
grammatica (de)	문법	mun-beop
vocabulaire (het)	어휘	eo-hwi
fonetiek (de)	음성학	eum-seong-hak

leerboek (het)	교과서	gyo-gwa-seo
woordenboek (het)	사전	sa-jeon
leerboek (het) voor zelfstudie	자습서	ja-seup-seo
taalgids (de)	회화집	hoe-hwa-jip

cassette (de)	테이프	te-i-peu
videocassette (de)	비디오테이프	bi-di-o-te-i-peu
CD (de)	씨디	ssi-di
DVD (de)	디비디	di-bi-di

alfabet (het)	알파벳	al-pa-bet
spellen (ww)	… 의 철자이다	… ui cheol-ja-i-da
uitspraak (de)	발음	ba-reum

accent (het)	악센트	ak-sen-teu
met een accent (bw)	사투리로	sa-tu-ri-ro
zonder accent (bw)	억양 없이	eo-gyang eop-si

| woord (het) | 단어 | dan-eo |
| betekenis (de) | 의미 | ui-mi |

cursus (de)	강좌	gang-jwa
zich inschrijven (ww)	등록하다	deung-nok-a-da
leraar (de)	강사	gang-sa

vertaling (een ~ maken)	번역	beo-nyeok
vertaling (tekst)	번역	beo-nyeok
vertaler (de)	번역가	beo-nyeok-ga
tolk (de)	통역가	tong-yeok-ga

| polyglot (de) | 수개 국어를 말하는 사람 | su-gae gu-geo-reul mal-ha-neun sa-ram |

| geheugen (het) | 기억력 | gi-eong-nyeok |

147. Sprookjesfiguren

| Sinterklaas (de) | 산타클로스 | san-ta-keul-lo-seu |
| zeemeermin (de) | 인어 | in-eo |

magiër, tovenaar (de)	마법사	ma-beop-sa
goede heks (de)	요정	yo-jeong
magisch (bn)	마법의	ma-beo-bui
toverstokje (het)	마술 지팡이	ma-sul ji-pang-i
sprookje (het)	동화	dong-hwa
wonder (het)	기적	gi-jeok
dwerg (de)	난쟁이	nan-jaeng-i
veranderen in … (anders worden)	… 으로 변하다	… eu-ro byeon-ha-da

geest (de)	유령, 귀신	yu-ryeong, gwi-sin
spook (het)	유령	yu-ryeong
monster (het)	괴물	goe-mul
draak (de)	용	yong
reus (de)	거인	geo-in

148. Dierenriem

Ram (de)	양자리	yang-ja-ri
Stier (de)	황소자리	hwang-so-ja-ri
Tweelingen (mv.)	쌍둥이자리	ssang-dung-i-ja-ri
Kreeft (de)	게자리	ge-ja-ri
Leeuw (de)	사자자리	sa-ja-ja-ri
Maagd (de)	처녀자리	cheo-nyeo-ja-ri

Weegschaal (de)	천칭자리	cheon-ching-ja-ri
Schorpioen (de)	전갈자리	jeon-gal-ja-ri
Boogschutter (de)	궁수자리	gung-su-ja-ri
Steenbok (de)	염소자리	yeom-so-ja-ri
Waterman (de)	물병자리	mul-byeong-ja-ri
Vissen (mv.)	물고기자리	mul-go-gi-ja-ri

karakter (het)	성격	seong-gyeok
karaktertrekken (mv.)	성격특성	seong-gyeok-teuk-seong
gedrag (het)	행동	haeng-dong
waarzeggen (ww)	점치다	jeom-chi-da
waarzegster (de)	점쟁이	jeom-jaeng-i
horoscoop (de)	천궁도	cheon-gung-do

Kunst

149. Theater

theater (het)	극장	geuk-jang
opera (de)	오페라	o-pe-ra
operette (de)	오페레타	o-pe-re-ta
ballet (het)	발레	bal-le
affiche (de/het)	포스터, 벽보	po-seu-teo, byeok-bo
theatergezelschap (het)	공연단	gong-yeon-dan
tournee (de)	순회	sun-hoe
op tournee zijn	투어를 가다	tu-eo-reul ga-da
repeteren (ww)	리허설 하다	ri-heo-seol ha-da
repetitie (de)	리허설	ri-heo-seol
repertoire (het)	레퍼토리	re-peo-to-ri
voorstelling (de)	공연	gong-yeon
spektakel (het)	연극 공연	yeon-geuk gong-yeon
toneelstuk (het)	연극	yeon-geuk
biljet (het)	표, 입장권	pyo, ip-jang-gwon
kassa (de)	매표소	mae-pyo-so
foyer (de)	로비	ro-bi
garderobe (de)	휴대품 보관소	hyu-dae-pum bo-gwan-so
garderobe nummer (het)	보관소 꼬리표	bo-gwan-so kko-ri-pyo
verrekijker (de)	오페라 글라스	o-pe-ra geul-la-seu
plaatsaanwijzer (de)	좌석 안내원	jwa-seok gan-nae-won
parterre (de)	일반 객석	il-ban gaek-seok
balkon (het)	발코니석	bal-ko-ni-seok
gouden rang (de)	특등석	teuk-deung-seok
loge (de)	특별석	teuk-byeol-seok
rij (de)	열	yeol
plaats (de)	자리	ja-ri
publiek (het)	청중	cheong-jung
kijker (de)	관중	gwan-jung
klappen (ww)	박수하다	bak-su-ha-da
applaus (het)	박수	bak-su
ovatie (de)	박수 갈채	bak-su gal-chae
toneel (op het ~ staan)	무대	mu-dae
gordijn, doek (het)	커튼	keo-teun
toneeldecor (het)	무대 배경	mu-dae bae-gyeong
backstage (de)	백스테이지	baek-seu-te-i-ji
scène (de)	장면	jang-myeon
bedrijf (het)	막	mak
pauze (de)	막간	mak-gan

150. Bioscoop

acteur (de)	배우	bae-u
actrice (de)	여배우	yeo-bae-u
speelfilm (de)	영화	yeong-hwa
aflevering (de)	부작	bu-jak
detectivefilm (de)	탐정 영화	tam-jeong yeong-hwa
actiefilm (de)	액션 영화	aek-syeon nyeong-hwa
avonturenfilm (de)	모험 영화	mo-heom myeong-hwa
sciencefictionfilm (de)	공상과학영화	SF yeong-hwa
griezelfilm (de)	공포 영화	gong-po yeong-hwa
komedie (de)	코미디 영화	ko-mi-di yeong-hwa
melodrama (het)	멜로드라마	mel-lo-deu-ra-ma
drama (het)	드라마	deu-ra-ma
speelfilm (de)	극영화	geu-gyeong-hwa
documentaire (de)	다큐멘터리	da-kyu-men-teo-ri
tekenfilm (de)	만화영화	man-hwa-yeong-hwa
stomme film (de)	무성영화	mu-seong-yeong-hwa
rol (de)	역할	yeok-al
hoofdrol (de)	주역	ju-yeok
spelen (ww)	연기하다	yeon-gi-ha-da
filmster (de)	영화 스타	yeong-hwa seu-ta
bekend (bn)	유명한	yu-myeong-han
beroemd (bn)	유명한	yu-myeong-han
populair (bn)	인기 있는	in-gi in-neun
scenario (het)	시나리오	si-na-ri-o
scenarioschrijver (de)	시나리오 작가	si-na-ri-o jak-ga
regisseur (de)	영화감독	yeong-hwa-gam-dok
filmproducent (de)	제작자	je-jak-ja
assistent (de)	보조자	bo-jo-ja
cameraman (de)	카메라맨	ka-me-ra-maen
stuntman (de)	스턴트 맨	seu-teon-teu maen
een film maken	영화를 촬영하다	yeong-hwa-reul chwa-ryeong-ha-da
auditie (de)	오디션	o-di-syeon
opnamen (mv.)	촬영	chwa-ryeong
filmploeg (de)	영하 제작팀	yeong-hwa je-jak-tim
filmset (de)	영화 세트	yeong-hwa se-teu
filmcamera (de)	카메라	ka-me-ra
bioscoop (de)	영화관	yeong-hwa-gwan
scherm (het)	스크린	seu-keu-rin
een film vertonen	영화를 상영하다	yeong-hwa-reul sang-yeong-ha-da
geluidsspoor (de)	사운드트랙	sa-un-deu-teu-raek
speciale effecten (mv.)	특수 효과	teuk-su hyo-gwa

ondertiteling (de)	자막	ja-mak
voortiteling, aftiteling (de)	엔딩 크레딧	en-ding keu-re-dit
vertaling (de)	번역	beo-nyeok

151. Schilderij

kunst (de)	예술	ye-sul
schone kunsten (mv.)	미술	mi-sul
kunstgalerie (de)	미술관	mi-sul-gwan
kunsttentoonstelling (de)	미술 전시회	mi-sul jeon-si-hoe

schilderkunst (de)	회화	hoe-hwa
grafiek (de)	그래픽 아트	geu-rae-pik ga-teu
abstracte kunst (de)	추상파	chu-sang-pa
impressionisme (het)	인상파	in-sang-pa

schilderij (het)	그림	geu-rim
tekening (de)	선화	seon-hwa
poster (de)	포스터	po-seu-teo

illustratie (de)	삽화	sa-pwa
miniatuur (de)	세밀화	se-mil-hwa
kopie (de)	복제품	bok-je-pum
reproductie (de)	복사	bok-sa

mozaïek (het)	모자이크	mo-ja-i-keu
gebrandschilderd glas (het)	스테인드 글라스	seu-te-in-deu geul-la-seu
fresco (het)	프레스코화	peu-re-seu-ko-hwa
gravure (de)	판화	pan-hwa

buste (de)	흉상	hyung-sang
beeldhouwwerk (het)	조각	jo-gak
beeld (bronzen ~)	조상	jo-sang
gips (het)	석고	seok-go
gipsen (bn)	석고의	seok-go-ui

portret (het)	초상화	cho-sang-hwa
zelfportret (het)	자화상	ja-hwa-sang
landschap (het)	풍경화	pung-gyeong-hwa
stilleven (het)	정물화	jeong-mul-hwa
karikatuur (de)	캐리커처	kae-ri-keo-cheo

verf (de)	물감	mul-gam
aquarel (de)	수채 물감	su-chae mul-gam
olieverf (de)	유화 물감	yu-hwa mul-gam
potlood (het)	연필	yeon-pil
Oostindische inkt (de)	먹물	meong-mul
houtskool (de)	목탄	mok-tan

| tekenen (met krijt) | 그리다 | geu-ri-da |
| schilderen (ww) | 그리다 | geu-ri-da |

| poseren (ww) | 포즈를 취하다 | po-jeu-reul chwi-ha-da |
| naaktmodel (man) | 화가의 모델 | hwa-ga-ui mo-del |

naaktmodel (vrouw)	화가의 모델	hwa-ga-ui mo-del
kunstenaar (de)	화가	hwa-ga
kunstwerk (het)	미술 작품	mi-sul jak-pum
meesterwerk (het)	걸작	geol-jak
studio, werkruimte (de)	작업실	ja-geop-sil
schildersdoek (het)	캔버스	kaen-beo-seu
schildersezel (de)	이젤	i-jel
palet (het)	팔레트	pal-le-teu
lijst (een vergulde ~)	액자	aek-ja
restauratie (de)	복원	bo-gwon
restaureren (ww)	복원하다	bo-gwon-ha-da

152. Literatuur & Poëzie

literatuur (de)	문학	mun-hak
auteur (de)	작가	jak-ga
pseudoniem (het)	필명	pil-myeong
boek (het)	책	chaek
boekdeel (het)	권	gwon
inhoudsopgave (de)	목차	mok-cha
pagina (de)	페이지	pe-i-ji
hoofdpersoon (de)	주인공	ju-in-gong
handtekening (de)	사인	sa-in
verhaal (het)	단편 소설	dan-pyeon so-seol
novelle (de)	소설	so-seol
roman (de)	장편 소설	jang-pyeon so-seol
werk (literatuur)	작품	jak-pum
fabel (de)	우화	u-hwa
detectiveroman (de)	추리 소설	chu-ri so-seol
gedicht (het)	시	si
poëzie (de)	시	si
epos (het)	서사시	seo-sa-si
dichter (de)	시인	si-in
fictie (de)	픽션	pik-syeon
sciencefiction (de)	공상과학소설	gong-sang-gwa-hak-so-seol
avonturenroman (de)	모험 소설	mo-heom so-seol
opvoedkundige literatuur (de)	교육 문학	gyo-yuk mun-hak
kinderliteratuur (de)	아동 문학	a-dong mun-hak

153. Circus

circus (de/het)	서커스	seo-keo-seu
chapiteau circus (de/het)	순회 서커스	sun-hoe seo-keo-seu
programma (het)	프로그램	peu-ro-geu-raem
voorstelling (de)	공연	gong-yeon
nummer (circus ~)	공연	gong-yeon

arena (de)	무대	mu-dae
pantomime (de)	판토마임	pan-to-ma-im
clown (de)	어릿광대	eo-rit-gwang-dae
acrobaat (de)	곡예사	go-gye-sa
acrobatiek (de)	곡예	go-gye
gymnast (de)	체조선수	che-jo-seon-su
gymnastiek (de)	체조	che-jo
salto (de)	공중제비	gong-jung-je-bi
sterke man (de)	힘 자랑하는 사나이	him ja-rang-ha-neun sa-na-i
temmer (de)	조련사	jo-ryeon-sa
ruiter (de)	곡마사	gong-ma-sa
assistent (de)	조수	jo-su
stunt (de)	묘기	myo-gi
goocheltruc (de)	마술	ma-sul
goochelaar (de)	마술사	ma-sul-sa
jongleur (de)	저글러	jeo-geul-leo
jongleren (ww)	저글링 하다	jeo-geul-ling ha-da
dierentrainer (de)	조련사	jo-ryeon-sa
dressuur (de)	조련	jo-ryeon
dresseren (ww)	가르치다	ga-reu-chi-da

154. Muziek. Popmuziek

muziek (de)	음악	eum-ak
muzikant (de)	음악가	eum-ak-ga
muziekinstrument (het)	악기	ak-gi
spelen (bijv. gitaar ~)	⋯ 을 연주하다	... eul ryeon-ju-ha-da
gitaar (de)	기타	gi-ta
viool (de)	바이올린	ba-i-ol-lin
cello (de)	첼로	chel-lo
contrabas (de)	콘트라베이스	kon-teu-ra-be-i-seu
harp (de)	하프	ha-peu
piano (de)	피아노	pi-a-no
vleugel (de)	그랜드 피아노	geu-raen-deu pi-a-no
orgel (het)	오르간	o-reu-gan
blaasinstrumenten (mv.)	관악기	gwan-ak-gi
hobo (de)	오보에	o-bo-e
saxofoon (de)	색소폰	saek-so-pon
klarinet (de)	클라리넷	keul-la-ri-net
fluit (de)	플루트	peul-lu-teu
trompet (de)	트럼펫	teu-reom-pet
accordeon (de/het)	아코디언	a-ko-di-eon
trommel (de)	북	buk
duet (het)	이중주	i-jung-ju
trio (het)	삼중주	sam-jung-ju

kwartet (het)	사중주	sa-jung-ju
koor (het)	합창단	hap-chang-dan
orkest (het)	오케스트라	o-ke-seu-teu-ra

popmuziek (de)	대중 음악	dae-jung eum-ak
rockmuziek (de)	록 음악	rok geu-mak
rockgroep (de)	록 그룹	rok geu-rup
jazz (de)	재즈	jae-jeu

| idool (het) | 아이돌 | a-i-dol |
| bewonderaar (de) | 팬 | paen |

concert (het)	콘서트	kon-seo-teu
symfonie (de)	교향곡	gyo-hyang-gok
compositie (de)	작품	jak-pum
componeren (muziek ~)	작곡하다	jak-gok-a-da

zang (de)	노래	no-rae
lied (het)	노래	no-rae
melodie (de)	멜로디	mel-lo-di
ritme (het)	리듬	ri-deum
blues (de)	블루스	beul-lu-seu

bladmuziek (de)	악보	ak-bo
dirigeerstok (baton)	지휘봉	ji-hwi-bong
strijkstok (de)	활	hwal
snaar (de)	현	hyeon
koffer (de)	케이스	ke-i-seu

Rusten. Entertainment. Reizen

155. Trip. Reizen

toerisme (het)	관광	gwan-gwang
toerist (de)	관광객	gwan-gwang-gaek
reis (de)	여행	yeo-haeng
avontuur (het)	모험	mo-heom
tocht (de)	여행	yeo-haeng
vakantie (de)	휴가	hyu-ga
met vakantie zijn	휴가 중이다	hyu-ga jung-i-da
rust (de)	휴양	hyu-yang
trein (de)	기차	gi-cha
met de trein	기차로	gi-cha-ro
vliegtuig (het)	비행기	bi-haeng-gi
met het vliegtuig	비행기로	bi-haeng-gi-ro
met de auto	자동차로	ja-dong-cha-ro
per schip (bw)	배로	bae-ro
bagage (de)	짐, 수하물	jim, su-ha-mul
valies (de)	여행 가방	yeo-haeng ga-bang
bagagekarretje (het)	수하물 카트	su-ha-mul ka-teu
paspoort (het)	여권	yeo-gwon
visum (het)	비자	bi-ja
kaartje (het)	표	pyo
vliegticket (het)	비행기표	bi-haeng-gi-pyo
reisgids (de)	여행 안내서	yeo-haeng an-nae-seo
kaart (de)	지도	ji-do
gebied (landelijk ~)	지역	ji-yeok
plaats (de)	곳	got
exotische bestemming (de)	이국	i-guk
exotisch (bn)	이국적인	i-guk-jeo-gin
verwonderlijk (bn)	놀라운	nol-la-un
groep (de)	무리	mu-ri
rondleiding (de)	견학, 관광	gyeon-hak, gwan-gwang
gids (de)	가이드	ga-i-deu

156. Hotel

motel (het)	모텔	mo-tel
3-sterren	3성급	sam-seong-geub
5-sterren	5성급	o-seong-geub

overnachten (ww)	머무르다	meo-mu-reu-da
kamer (de)	객실	gaek-sil
eenpersoonskamer (de)	일인실	i-rin-sil
tweepersoonskamer (de)	더블룸	deo-beul-lum
een kamer reserveren	방을 예약하다	bang-eul rye-yak-a-da

| halfpension (het) | 하숙 | ha-suk |
| volpension (het) | 식사 제공 | sik-sa je-gong |

met badkamer	욕조가 있는	yok-jo-ga in-neun
met douche	샤워가 있는	sya-wo-ga in-neun
satelliet-tv (de)	위성 텔레비전	wi-seong tel-le-bi-jeon
airconditioner (de)	에어컨	e-eo-keon
handdoek (de)	수건	su-geon
sleutel (de)	열쇠	yeol-soe

administrateur (de)	관리자	gwal-li-ja
kamermeisje (het)	객실 청소부	gaek-sil cheong-so-bu
piccolo (de)	포터	po-teo
portier (de)	도어맨	do-eo-maen

restaurant (het)	레스토랑	re-seu-to-rang
bar (de)	바	ba
ontbijt (het)	아침식사	a-chim-sik-sa
avondeten (het)	저녁식사	jeo-nyeok-sik-sa
buffet (het)	뷔페	bwi-pe

| hal (de) | 로비 | ro-bi |
| lift (de) | 엘리베이터 | el-li-be-i-teo |

| NIET STOREN | 방해하지 마세요 | bang-hae-ha-ji ma-se-yo |
| VERBODEN TE ROKEN! | 금연 | geu-myeon |

157. Boeken. Lezen

boek (het)	책	chaek
auteur (de)	저자	jeo-ja
schrijver (de)	작가	jak-ga
schrijven (een boek)	쓰다	sseu-da

lezer (de)	독자	dok-ja
lezen (ww)	읽다	ik-da
lezen (het)	독서	dok-seo

| stil (~ lezen) | 묵독 (~을 하다) | muk-dok |
| hardop (~ lezen) | 큰소리로 | keun-so-ri-ro |

uitgeven (boek ~)	발행하다	bal-haeng-ha-da
uitgeven (het)	발행	bal-haeng
uitgever (de)	출판인	chul-pan-in
uitgeverij (de)	출판사	chul-pan-sa

| verschijnen (bijv. boek) | 출간되다 | chul-gan-doe-da |
| verschijnen (het) | 발표 | bal-pyo |

oplage (de)	인쇄 부수	in-swae bu-su
boekhandel (de)	서점	seo-jeom
bibliotheek (de)	도서관	do-seo-gwan
novelle (de)	소설	so-seol
verhaal (het)	단편 소설	dan-pyeon so-seol
roman (de)	장편 소설	jang-pyeon so-seol
detectiveroman (de)	추리 소설	chu-ri so-seol
memoires (mv.)	회상록	hoe-sang-nok
legende (de)	전설	jeon-seol
mythe (de)	신화	sin-hwa
gedichten (mv.)	시	si
autobiografie (de)	자서전	ja-seo-jeon
bloemlezing (de)	선집	seon-jip
sciencefiction (de)	공상과학소설	gong-sang-gwa-hak-so-seol
naam (de)	제목	je-mok
inleiding (de)	서문	seo-mun
voorblad (het)	속표지	sok-pyo-ji
hoofdstuk (het)	장	jang
fragment (het)	발췌	bal-chwe
episode (de)	장면	jang-myeon
intrige (de)	줄거리	jul-geo-ri
inhoud (de)	내용	nae-yong
inhoudsopgave (de)	목차	mok-cha
hoofdpersonage (het)	주인공	ju-in-gong
boekdeel (het)	권	gwon
omslag (de/het)	표지	pyo-ji
boekband (de)	장정	jang-jeong
bladwijzer (de)	서표	seo-pyo
pagina (de)	페이지	pe-i-ji
bladeren (ww)	페이지를 넘기다	pe-i-ji-reul leom-gi-da
marges (mv.)	여백	yeo-baek
annotatie (de)	주석	ju-seok
opmerking (de)	각주	gak-ju
tekst (de)	본문	bon-mun
lettertype (het)	활자, 서체	hwal-ja, seo-che
drukfout (de)	오타	o-ta
vertaling (de)	번역	beo-nyeok
vertalen (ww)	번역하다	beo-nyeok-a-da
origineel (het)	원본	won-bon
beroemd (bn)	유명한	yu-myeong-han
onbekend (bn)	잘 알려지지 않은	jal ral-lyeo-ji-ji a-neun
interessant (bn)	재미있는	jae-mi-in-neun
bestseller (de)	베스트셀러	be-seu-teu-sel-leo
woordenboek (het)	사전	sa-jeon
leerboek (het)	교과서	gyo-gwa-seo
encyclopedie (de)	백과사전	baek-gwa-sa-jeon

158. Jacht. Vissen

jacht (de)	사냥	sa-nyang
jagen (ww)	사냥하다	sa-nyang-ha-da
jager (de)	사냥꾼	sa-nyang-kkun
schieten (ww)	쏘다	sso-da
geweer (het)	장총	jang-chong
patroon (de)	탄환	tan-hwan
hagel (de)	산탄	san-tan
val (de)	덫	deot
valstrik (de)	덫	deot
een val zetten	덫을 놓다	deo-cheul lo-ta
stroper (de)	밀렵자	mil-lyeop-ja
wild (het)	사냥감	sa-nyang-gam
jachthond (de)	사냥개	sa-nyang-gae
safari (de)	사파리	sa-pa-ri
opgezet dier (het)	박제	bak-je
visser (de)	낚시꾼	nak-si-kkun
visvangst (de)	낚시	nak-si
vissen (ww)	낚시질하다	nak-si-jil-ha-da
hengel (de)	낚싯대	nak-sit-dae
vislijn (de)	낚싯줄	nak-sit-jul
haak (de)	바늘	ba-neul
dobber (de)	찌	jji
aas (het)	미끼	mi-kki
de hengel uitwerpen	낚싯줄을 던지다	nak-sit-ju-reul deon-ji-da
bijten (ov. de vissen)	미끼를 물다	mi-kki-reul mul-da
vangst (de)	어획고	eo-hoek-go
wak (het)	얼음구멍	eo-reum-gu-meong
net (het)	그물	geu-mul
boot (de)	보트	bo-teu
vissen met netten	그물로 잡다	geu-mul-lo jap-da
het net uitwerpen	그물을 던지다	geu-mu-reul doon-ji-da
het net binnenhalen	그물을 끌어당기다	geu-mu-reul kkeu-reo-dang-gi-da
walvisvangst (de)	포경선원	po-gyeong-seon-won
walvisvaarder (de)	포경선	po-gyeong-seon
harpoen (de)	작살	jak-sal

159. Spellen. Biljart

biljart (het)	당구	dang-gu
biljartzaal (de)	당구장	dang-gu-jang
biljartbal (de)	공	gong
een bal in het gat jagen	공을 넣다	gong-eul leo-ta

| keu (de) | 큐 | kyu |
| gat (het) | 구멍 | gu-meong |

160. Spellen. Speelkaarten

ruiten (mv.)	스페이드	seu-pe-i-deu
schoppen (mv.)	스페이드	seu-pe-i-deu
klaveren (mv.)	하트	ha-teu
harten (mv.)	클럽	keul-leop

aas (de)	에이스	e-i-seu
koning (de)	왕	wang
dame (de)	퀸	kwin
boer (de)	잭	jaek

speelkaart (de)	카드	ka-deu
kaarten (mv.)	카드	ka-deu
troef (de)	으뜸패	eu-tteum-pae
pak (het) kaarten	카드 한 벌	ka-deu han beol

uitdelen (kaarten ~)	돌리다	dol-li-da
schudden (de kaarten ~)	카드를 섞다	ka-deu-reul seok-da
beurt (de)	차례	cha-rye
valsspeler (de)	카드 판의 사기꾼	ka-deu pan-ui sa-gi-kkun

161. Casino. Roulette

casino (het)	카지노	ka-ji-no
roulette (de)	룰렛	rul-let
inzet (de)	내기	nae-gi
een bod doen	돈을 걸다	do-neul geol-da

| rood (de) | 적색 | jeok-saek |
| zwart (de) | 흑색 | heuk-saek |

| inzetten op rood | 레드에 돈을 걸다 | re-deu-e do-neul geol-da |
| inzetten op zwart | 블랙에 돈을 걸다 | beul-lae-ge do-neul geol-da |

croupier (de)	딜러	dil-leo
spelregels (mv.)	규칙	gyu-chik
fiche (pokerfiche, etc.)	칩	chip

| winnen (ww) | 돈을 따다 | do-neul tta-da |
| winst (de) | 딴 돈 | ttan don |

| verliezen (ww) | 잃다 | il-ta |
| verlies (het) | 손해 | son-hae |

speler (de)	플레이어	peul-le-i-eo
blackjack (kaartspel)	블랙잭	beul-laek-jaek
dobbelspel (het)	크랩 게임	keu-raep ge-im
speelautomaat (de)	슬롯머신	seul-lon-meo-sin

162. Rusten. Spellen. Diversen

wandelen (on.ww.)	산책하다	san-chaek-a-da
wandeling (de)	산책	san-chaek
trip (per auto)	드라이브	deu-ra-i-beu
avontuur (het)	모험	mo-heom
picknick (de)	소풍, 피크닉	so-pung, pi-keu-nik
spel (het)	게임	ge-im
speler (de)	선수	seon-su
partij (de)	게임	ge-im
collectioneur (de)	수집가	su-jip-ga
collectioneren (ww)	수집하다	su-ji-pa-da
collectie (de)	수집	su-jip
kruiswoordraadsel (het)	크로스워드	keu-ro-seu-wo-deu
hippodroom (de)	경마장	gyeong-ma-jang
discotheek (de)	클럽	keul-leop
sauna (de)	사우나	sa-u-na
loterij (de)	복권	bok-gwon
trektocht (kampeertocht)	캠핑	kaem-ping
kamp (het)	캠프	kaem-peu
tent (de)	텐트	ten-teu
kompas (het)	나침반	na-chim-ban
rugzaktoerist (de)	야영객	ya-yeong-gaek
bekijken (een film ~)	시청하다	si-cheong-ha-da
kijker (televisie~)	시청자	si-cheong-ja
televisie-uitzending (de)	방송 프로그램	bang-song peu-ro-geu-raem

163. Fotografie

fotocamera (de)	카메라	ka-me-ra
foto (de)	사진	sa-jin
fotograaf (de)	사진 작가	sa-jin jak-ga
fotostudio (de)	사진관	sa-jin-gwan
fotoalbum (het)	사진 앨범	sa-jin ael-beom
lens (de), objectief (het)	카메라 렌즈	ka-me-ra ren-jeu
telelens (de)	망원 렌즈	mang-won len-jeu
filter (de/het)	필터	pil-teo
lens (de)	렌즈	ren-jeu
optiek (de)	렌즈	ren-jeu
diafragma (het)	조리개	jo-ri-gae
belichtingstijd (de)	셔터 속도	syeo-teo sok-do
zoeker (de)	파인더	pa-in-deo
digitale camera (de)	디지털 카메라	di-ji-teol ka-me-ra
statief (het)	삼각대	sam-gak-dae

flits (de)	플래시	peul-lae-si
fotograferen (ww)	사진을 찍다	sa-ji-neul jjik-da
kieken (foto's maken)	사진을 찍다	sa-ji-neul jjik-da
zich laten fotograferen	사진을 찍다	sa-ji-neul jjik-da

focus (de)	포커스	po-keo-seu
scherpstellen (ww)	초점을 맞추다	cho-jeo-meul mat-chu-da
scherp (bn)	선명한	seon-myeong-han
scherpte (de)	선명성	seon-myeong-seong

| contrast (het) | 대비 | dae-bi |
| contrastrijk (bn) | 대비의 | dae-bi-ui |

kiekje (het)	사진	sa-jin
negatief (het)	음화	eum-hwa
filmpje (het)	사진 필름	sa-jin pil-leum
beeld (frame)	한 장면	han jang-myeon
afdrukken (foto's ~)	인화하다	in-hwa-ha-da

164. Strand. Zwemmen

strand (het)	해변, 바닷가	hae-byeon, ba-dat-ga
zand (het)	모래	mo-rae
leeg (~ strand)	황량한	hwang-nyang-han

bruine kleur (de)	선탠	seon-taen
zonnebaden (ww)	선탠을 하다	seon-tae-neul ha-da
gebruind (bn)	햇볕에 탄	haet-byeo-te tan
zonnecrème (de)	자외선 차단제	ja-oe-seon cha-dan-je

bikini (de)	비키니	bi-ki-ni
badpak (het)	수영복	su-yeong-bok
zwembroek (de)	수영복	su-yeong-bok

zwembad (het)	수영장	su-yeong-jang
zwemmen (ww)	수영하다	su-yeong-ha-da
douche (de)	샤워	sya-wo
zich omkleden (ww)	옷을 갈아입다	os-eul ga-ra-ip-da
handdoek (de)	수건	su-geon

| boot (de) | 보트 | bo-teu |
| motorboot (de) | 모터보트 | mo-teo-bo-teu |

waterski's (mv.)	수상 스키	su-sang seu-ki
waterfiets (de)	수상 자전거	su-sang ja-jeon-geo
surfen (het)	서핑	seo-ping
surfer (de)	서퍼	seo-peo

scuba, aqualong (de)	스쿠버 장비	seu-ku-beo jang-bi
zwemvliezen (mv.)	오리발	o-ri-bal
duikmasker (het)	잠수마스크	jam-su-ma-seu-keu
duiker (de)	잠수부	jam-su-bu
duiken (ww)	잠수하다	jam-su-ha-da
onder water (bw)	수중	su-jung

parasol (de)	파라솔	pa-ra-sol
ligstoel (de)	선베드	seon-be-deu
zonnebril (de)	선글라스	seon-geul-la-seu
luchtmatras (de/het)	에어 매트	e-eo mae-teu
spelen (ww)	놀다	nol-da
gaan zwemmen (ww)	수영하다	su-yeong-ha-da
bal (de)	비치볼	bi-chi-bol
opblazen (oppompen)	부풀리다	bu-pul-li-da
lucht-, opblaasbare (bn)	부풀릴 수 있는	bu-pul-lil su in-neun
golf (hoge ~)	파도	pa-do
boei (de)	부표	bu-pyo
verdrinken (ww)	익사하다	ik-sa-ha-da
redden (ww)	구조하다	gu-jo-ha-da
reddingsvest (de)	구명조끼	gu-myeong-jo-kki
waarnemen (ww)	지켜보다	ji-kyeo-bo-da
redder (de)	구조원	gu-jo-won

TECHNISCHE APPARATUUR. VERVOER

Technische apparatuur

165. Computer

computer (de)	컴퓨터	keom-pyu-teo
laptop (de)	노트북	no-teu-buk
aanzetten (ww)	켜다	kyeo-da
uitzetten (ww)	끄다	kkeu-da
toetsenbord (het)	키보드	ki-bo-deu
toets (enter~)	키	ki
muis (de)	마우스	ma-u-seu
muismat (de)	마우스 패드	ma-u-seu pae-deu
knopje (het)	버튼	beo-teun
cursor (de)	커서	keo-seo
monitor (de)	모니터	mo-ni-teo
scherm (het)	화면, 스크린	hwa-myeon
harde schijf (de)	하드 디스크	ha-deu di-seu-keu
volume (het) van de harde schijf	하드 디스크 용량	ha-deu di-seu-keu yong-nyang
geheugen (het)	메모리	me-mo-ri
RAM-geheugen (het)	램	raem
bestand (het)	파일	pa-il
folder (de)	폴더	pol-deo
openen (ww)	열다	yeol-da
sluiten (ww)	닫다	dat-da
opslaan (ww)	저장하다	jeo-jang-ha-da
verwijderen (wissen)	삭제하다	sak-je-ha-da
kopiëren (ww)	복사하다	bok-sa-ha-da
sorteren (ww)	정렬하다	jeong-nyeol-ha-da
overplaatsen (ww)	전송하다	jeon-song-ha-da
programma (het)	프로그램	peu-ro-geu-raem
software (de)	소프트웨어	so-peu-teu-we-eo
programmeur (de)	프로그래머	peu-ro-geu-rae-meo
programmeren (ww)	프로그램을 작성하다	peu-ro-geu-rae-meul jak-seong-ha-da
hacker (computerkraker)	해커	hae-keo
wachtwoord (het)	비밀번호	bi-mil-beon-ho
virus (het)	바이러스	ba-i-reo-seu

ontdekken (virus ~)	발견하다	bal-gyeon-ha-da
byte (de)	바이트	ba-i-teu
megabyte (de)	메가바이트	me-ga-ba-i-teu

| data (de) | 데이터 | de-i-teo |
| databank (de) | 데이터베이스 | de-i-teo-be-i-seu |

kabel (USB-~, enz.)	케이블	ke-i-beul
afsluiten (ww)	연결해제하다	yeon-gyeol-hae-je-ha-da
aansluiten op (ww)	연결하다	yeon-gyeol-ha-da

166. Internet. E-mail

internet (het)	인터넷	in-teo-net
browser (de)	브라우저	beu-ra-u-jeo
zoekmachine (de)	검색 엔진	geom-saek gen-jin
internetprovider (de)	인터넷 서비스 제공자	in-teo-net seo-bi-seu je-gong-ja

webmaster (de)	웹마스터	wem-ma-seu-teo
website (de)	웹사이트	wep-sa-i-teu
webpagina (de)	웹페이지	wep-pe-i-ji

| adres (het) | 주소 | ju-so |
| adresboek (het) | 주소록 | ju-so-rok |

| postvak (het) | 우편함 | u-pyeon-ham |
| post (de) | 메일 | me-il |

bericht (het)	메시지	me-si-ji
verzender (de)	발송인	bal-song-in
verzenden (ww)	보내다	bo-nae-da
verzending (de)	발송	bal-song
ontvanger (de)	수신인	su-sin-in
ontvangen (ww)	받다	bat-da

| correspondentie (de) | 서신 교환 | seo-sin gyo-hwan |
| corresponderen (met …) | 편지를 주고 받다 | pyeon-ji-reul ju-go bat-da |

bestand (het)	파일	pa-il
downloaden (ww)	다운받다	da-un-bat-da
creëren (ww)	창조하다	chang-jo-ha-da
verwijderen (een bestand ~)	삭제하다	sak-je-ha-da
verwijderd (bn)	삭제된	sak-je-doen

verbinding (de)	연결	yeon-gyeol
snelheid (de)	속도	sok-do
toegang (de)	접속	jeop-sok
poort (de)	포트	po-teu

aansluiting (de)	연결	yeon-gyeol
zich aansluiten (ww)	… 에 연결하다	… e yeon-gyeol-ha-da
selecteren (ww)	선택하다	seon-taek-a-da
zoeken (ww)	… 를 검색하다	… reul geom-saek-a-da

167. Elektriciteit

elektriciteit (de)	전기	jeon-gi
elektrisch (bn)	전기의	jeon-gi-ui
elektriciteitscentrale (de)	발전소	bal-jeon-so
energie (de)	에너지	e-neo-ji
elektrisch vermogen (het)	전력	jeol-lyeok
lamp (de)	전구	jeon-gu
zaklamp (de)	손전등	son-jeon-deung
straatlantaarn (de)	가로등	ga-ro-deung
licht (elektriciteit)	전깃불	jeon-git-bul
aandoen (ww)	켜다	kyeo-da
uitdoen (ww)	끄다	kkeu-da
het licht uitdoen	불을 끄다	bu-reul kkeu-da
doorbranden (gloeilamp)	끊어지다	kkeu-neo-ji-da
kortsluiting (de)	쇼트	syo-teu
onderbreking (de)	절단	jeol-dan
contact (het)	접촉	jeop-chok
schakelaar (de)	스위치	seu-wi-chi
stopcontact (het)	소켓	so-ket
stekker (de)	플러그	peul-leo-geu
verlengsnoer (de)	연장 코드	yeon-jang ko-deu
zekering (de)	퓨즈	pyu-jeu
kabel (de)	전선	jeon-seon
bedrading (de)	배선	bae-seon
ampère (de)	암페어	am-pe-eo
stroomsterkte (de)	암페어수	am-pe-eo-su
volt (de)	볼트	bol-teu
spanning (de)	전압	jeon-ap
elektrisch toestel (het)	전기기구	jeon-gi-gi-gu
indicator (de)	센서	sen-seo
elektricien (de)	전기 기사	jeon-gi gi-sa
solderen (ww)	납땜하다	nap-ttaem-ha-da
soldeerbout (de)	납땜인두	nap-ttaem-in-du
stroom (de)	전류	jeol-lyu

168. Gereedschappen

werktuig (stuk gereedschap)	공구	gong-gu
gereedschap (het)	공구	gong-gu
uitrusting (de)	장비	jang-bi
hamer (de)	망치	mang-chi
schroevendraaier (de)	나사돌리개	na-sa-dol-li-gae
bijl (de)	도끼	do-kki

zaag (de)	톱	top
zagen (ww)	톱을 켜다	to-beul kyeo-da
schaaf (de)	대패	dae-pae
schaven (ww)	대패질하다	dae-pae-jil-ha-da
soldeerbout (de)	납땜인두	nap-ttaem-in-du
solderen (ww)	납땜하다	nap-ttaem-ha-da
vijl (de)	줄	jul
nijptang (de)	집게	jip-ge
combinatietang (de)	펜치	pen-chi
beitel (de)	끌	kkeul
boorkop (de)	드릴 비트	deu-ril bi-teu
boormachine (de)	전동 드릴	jeon-dong deu-ril
boren (ww)	뚫다	ttul-ta
mes (het)	칼, 나이프	kal, na-i-peu
zakmes (het)	주머니칼	ju-meo-ni-kal
knip- (abn)	접이식의	jeo-bi-si-gui
lemmet (het)	칼날	kal-lal
scherp (bijv. ~ mes)	날카로운	nal-ka-ro-un
bot (bn)	무딘	mu-din
bot raken (ww)	무뎌지다	mu-dyeo-ji-da
slijpen (een mes ~)	갈다	gal-da
bout (de)	볼트	bol-teu
moer (de)	너트	neo-teu
schroefdraad (de)	나사산	na-sa-san
houtschroef (de)	나사못	na-sa-mot
nagel (de)	못	mot
kop (de)	못대가리	mot-dae-ga-ri
liniaal (de/het)	자	ja
rolmeter (de)	줄자	jul-ja
waterpas (de/het)	수준기	su-jun-gi
loep (de)	돋보기	dot-bo-gi
meetinstrument (het)	계측기	gye-cheuk-gi
opmeten (ww)	측정하다	cheuk-jeong-ha da
schaal (meetschaal)	눈금	nun-geum
gegevens (mv.)	판독값	pan-dok-gap
compressor (de)	컴프레서	keom-peu-re-seo
microscoop (de)	현미경	hyeon-mi-gyeong
pomp (de)	펌프	peom-peu
robot (de)	로봇	ro-bot
laser (de)	레이저	re-i-jeo
moersleutel (de)	스패너	seu-pae-neo
plakband (de)	스카치 테이프	seu-ka-chi te-i-peu
lijm (de)	접착제	jeop-chak-je
schuurpapier (het)	사포	sa-po
magneet (de)	자석	ja-seok

handschoenen (mv.)	장갑	jang-gap
touw (bijv. henneptouw)	밧줄	bat-jul
snoer (het)	끈	kkeun
draad (de)	전선	jeon-seon
kabel (de)	케이블	ke-i-beul
moker (de)	슬레지해머	seul-le-ji-hae-meo
breekijzer (het)	쇠지레	soe-ji-re
ladder (de)	사다리	sa-da-ri
trapje (inklapbaar ~)	접사다리	jeop-sa-da-ri
aanschroeven (ww)	돌려서 조이다	dol-lyeo-seo jo-i-da
losschroeven (ww)	열리다	yeol-li-da
dichtpersen (ww)	조이다	jo-i-da
vastlijmen (ww)	붙이다	bu-chi-da
snijden (ww)	자르다	ja-reu-da
defect (het)	고장	go-jang
reparatie (de)	수리	su-ri
repareren (ww)	보수하다	bo-su-ha-da
regelen (een machine ~)	조절하다	jo-jeol-ha-da
nakijken (ww)	확인하다	hwa-gin-ha-da
controle (de)	확인	hwa-gin
gegevens (mv.)	판독값	pan-dok-gap
degelijk (bijv. ~ machine)	믿을 만한	mi-deul man-han
ingewikkeld (bn)	복잡한	bok-ja-pan
roesten (ww)	녹이 슬다	no-gi seul-da
roestig (bn)	녹이 슨	no-gi seun
roest (de/het)	녹	nok

Vervoer

169. Vliegtuig

vliegtuig (het)	비행기	bi-haeng-gi
vliegticket (het)	비행기표	bi-haeng-gi-pyo
luchtvaartmaatschappij (de)	항공사	hang-gong-sa
luchthaven (de)	공항	gong-hang
supersonisch (bn)	초음속의	cho-eum-so-gui
piloot (de)	비행사	bi-haeng-sa
stewardess (de)	승무원	seung-mu-won
stuurman (de)	항법사	hang-beop-sa
vleugels (mv.)	날개	nal-gae
staart (de)	꼬리	kko-ri
cabine (de)	조종석	jo-jong-seok
motor (de)	엔진	en-jin
landingsgestel (het)	착륙 장치	chang-nyuk jang-chi
turbine (de)	터빈	teo-bin
propeller (de)	추진기	chu-jin-gi
zwarte doos (de)	블랙박스	beul-laek-bak-seu
stuur (het)	조종간	jo-jong-gan
brandstof (de)	연료	yeol-lyo
veiligheidskaart (de)	안전 안내서	an-jeon an-nae-seo
zuurstofmasker (het)	산소 마스크	san-so ma-seu-keu
uniform (het)	제복	je-bok
reddingsvest (de)	구명조끼	gu-myeong-jo-kki
parachute (de)	낙하산	nak-a-san
opstijgen (het)	이륙	i-ryuk
opstijgen (ww)	이륙하다	i-ryuk-a-da
startbaan (de)	활주로	hwal-ju-ro
zicht (het)	시계	si-gye
vlucht (de)	비행	bi-haeng
hoogte (de)	고도	go-do
luchtzak (de)	에어 포켓	e-eo po-ket
plaats (de)	자리	ja-ri
koptelefoon (de)	헤드폰	he-deu-pon
tafeltje (het)	접는 테이블	jeom-neun te-i-beul
venster (het)	창문	chang-mun
gangpad (het)	통로	tong-no

170. Trein

trein (de)	기차, 열차	gi-cha, nyeol-cha
elektrische trein (de)	통근 열차	tong-geun nyeol-cha
sneltrein (de)	급행 열차	geu-paeng yeol-cha
diesellocomotief (de)	디젤 기관차	di-jel gi-gwan-cha
locomotief (de)	증기 기관차	jeung-gi gi-gwan-cha
rijtuig (het)	객차	gaek-cha
restauratierijtuig (het)	식당차	sik-dang-cha
rails (mv.)	레일	re-il
spoorweg (de)	철도	cheol-do
dwarsligger (de)	침목	chim-mok
perron (het)	플랫폼	peul-laet-pom
spoor (het)	길	gil
semafoor (de)	신호기	sin-ho-gi
halte (bijv. kleine treinhalte)	역	yeok
machinist (de)	기관사	gi-gwan-sa
kruier (de)	포터	po-teo
conducteur (de)	차장	cha-jang
passagier (de)	승객	seung-gaek
controleur (de)	검표원	geom-pyo-won
gang (in een trein)	통로	tong-no
noodrem (de)	비상 브레이크	bi-sang beu-re-i-keu
coupé (de)	침대차	chim-dae-cha
bed (slaapplaats)	침대	chim-dae
bovenste bed (het)	윗침대	wit-chim-dae
onderste bed (het)	아래 침대	a-rae chim-dae
beddengoed (het)	침구	chim-gu
kaartje (het)	표	pyo
dienstregeling (de)	시간표	si-gan-pyo
informatiebord (het)	안내 전광판	an-nae jeon-gwang-pan
vertrekken	떠난다	tteo-na-da
(De trein vertrekt ...)		
vertrek (ov. een trein)	출발	chul-bal
aankomen (ov. de treinen)	도착하다	do-chak-a-da
aankomst (de)	도착	do-chak
aankomen per trein	기차로 도착하다	gi-cha-ro do-chak-a-da
in de trein stappen	기차에 타다	gi-cha-e ta-da
uit de trein stappen	기차에서 내리다	gi-cha-e-seo nae-ri-da
treinwrak (het)	기차 사고	gi-cha sa-go
locomotief (de)	증기 기관차	jeung-gi gi-gwan-cha
stoker (de)	화부	hwa-bu
stookplaats (de)	화실	hwa-sil
steenkool (de)	석탄	seok-tan

171. Schip

schip (het)	배	bae
vaartuig (het)	배	bae
stoomboot (de)	증기선	jeung-gi-seon
motorschip (het)	강배	gang-bae
lijnschip (het)	크루즈선	keu-ru-jeu-seon
kruiser (de)	순양함	su-nyang-ham
jacht (het)	요트	yo-teu
sleepboot (de)	예인선	ye-in-seon
zeilboot (de)	범선	beom-seon
brigantijn (de)	쌍돛대 범선	ssang-dot-dae beom-seon
IJsbreker (de)	쇄빙선	swae-bing-seon
duikboot (de)	잠수함	jam-su-ham
boot (de)	보트	bo-teu
sloep (de)	종선	jong-seon
reddingssloep (de)	구조선	gu-jo-seon
motorboot (de)	모터보트	mo-teo-bo-teu
kapitein (de)	선장	seon-jang
zeeman (de)	수부	su-bu
matroos (de)	선원	seon-won
bemanning (de)	승무원	seung-mu-won
bootsman (de)	갑판장	gap-pan-jang
kok (de)	요리사	yo-ri-sa
scheepsarts (de)	선의	seon-ui
dek (het)	갑판	gap-pan
mast (de)	돛대	dot-dae
zeil (het)	돛	dot
ruim (het)	화물칸	hwa-mul-kan
voorsteven (de)	이물	i-mul
achtersteven (de)	고물	go-mul
roeispaan (de)	노	no
schroef (de)	스크루	seu-keu-ru
kajuit (de)	선실	seon-sil
officierskamer (de)	사관실	sa-gwan-sil
machinekamer (de)	엔진실	en-jin-sil
radiokamer (de)	무전실	mu-jeon-sil
radiogolf (de)	전파	jeon-pa
verrekijker (de)	망원경	mang-won-gyeong
klok (de)	종	jong
vlag (de)	기	gi
kabel (de)	밧줄	bat-jul
knoop (de)	매듭	mae-deup

| trapleuning (de) | 난간 | nan-gan |
| trap (de) | 사다리 | sa-da-ri |

anker (het)	닻	dat
het anker lichten	닻을 올리다	da-cheul rol-li-da
het anker neerlaten	닻을 내리다	da-cheul lae-ri-da
ankerketting (de)	닻줄	dat-jul

haven (bijv. containerhaven)	항구	hang-gu
kaai (de)	부두	bu-du
aanleggen (ww)	정박시키다	jeong-bak-si-ki-da
wegvaren (ww)	출항하다	chul-hang-ha-da

reis (de)	여행	yeo-haeng
cruise (de)	크루즈	keu-ru-jeu
koers (de)	항로	hang-no
route (de)	노선	no-seon

vaarwater (het)	항로	hang-no
zandbank (de)	얕은 곳	ya-teun got
stranden (ww)	좌초하다	jwa-cho-ha-da

storm (de)	폭풍우	pok-pung-u
signaal (het)	신호	sin-ho
zinken (ov. een boot)	가라앉다	ga-ra-an-da
SOS (noodsignaal)	조난 신호	jo-nan sin-ho
reddingsboei (de)	구명부환	gu-myeong-bu-hwan

172. Vliegveld

luchthaven (de)	공항	gong-hang
vliegtuig (het)	비행기	bi-haeng-gi
luchtvaartmaatschappij (de)	항공사	hang-gong-sa
luchtverkeersleider (de)	관제사	gwan-je-sa

vertrek (het)	출발	chul-bal
aankomst (de)	도착	do-chak
aankomen (per vliegtuig)	도착하다	do-chak-a-da

| vertrektijd (de) | 출발시간 | chul-bal-si-gan |
| aankomstuur (het) | 도착시간 | do-chak-si-gan |

| vertraagd zijn (ww) | 연기되다 | yeon-gi-doe-da |
| vluchtvertraging (de) | 항공기 지연 | hang-gong-gi ji-yeon |

informatiebord (het)	안내 전광판	an-nae jeon-gwang-pan
informatie (de)	정보	jeong-bo
aankondigen (ww)	알리다	al-li-da
vlucht (bijv. KLM ~)	비행편	bi-haeng-pyeon
douane (de)	세관	se-gwan
douanier (de)	세관원	se-gwan-won
douaneaangifte (de)	세관신고서	se-gwan-sin-go-seo
een douaneaangifte invullen	세관 신고서를 작성하다	se-gwan sin-go-seo-reul jak-seong-ha-da

paspoortcontrole (de)	여권 검사	yeo-gwon geom-sa
bagage (de)	짐, 수하물	jim, su-ha-mul
handbagage (de)	휴대 가능 수하물	hyu-dae ga-neung su-ha-mul
bagagekarretje (het)	수하물 카트	su-ha-mul ka-teu
landing (de)	착륙	chang-nyuk
landingsbaan (de)	활주로	hwal-ju-ro
landen (ww)	착륙하다	chang-nyuk-a-da
vliegtuigtrap (de)	승강계단	seung-gang-gye-dan
inchecken (het)	체크인	che-keu-in
incheckbalie (de)	체크인 카운터	che-keu-in ka-un-teo
inchecken (ww)	체크인하다	che-keu-in-ha-da
instapkaart (de)	탑승권	tap-seung-gwon
gate (de)	탑승구	tap-seung-gu
transit (de)	트랜싯, 환승	teu-raen-sit, hwan-seung
wachten (ww)	기다리다	gi-da-ri-da
wachtzaal (de)	공항 라운지	gong-hang na-un-ji
begeleiden (uitwuiven)	배웅하다	bae-ung-ha-da
afscheid nemen (ww)	작별인사를 하다	jak-byeo-rin-sa-reul ha-da

173. Fiets. Motorfiets

fiets (de)	자전거	ja-jeon-geo
bromfiets (de)	스쿠터	seu-ku-teo
motorfiets (de)	오토바이	o-to-ba-i
met de fiets rijden	자전거로 가다	ja-jeon-geo-ro ga-da
stuur (het)	핸들	haen-deul
pedaal (de/het)	페달	pe-dal
remmen (mv.)	브레이크	beu-re-i-keu
fietszadel (de/het)	안장	an-jang
pomp (de)	펌프	peom-peu
bagagedrager (de)	짐 선반	jim seon-ban
fietslicht (het)	라이트	ra-i-teu
helm (de)	헬멧	hel-met
wiel (het)	바퀴	ba-kwi
spatbord (het)	펜더	pen-deo
velg (de)	테	te
spaak (de)	바퀴살	ba-kwi-sal

Auto's

174. Soorten auto's

auto (de)	자동차	ja-dong-cha
sportauto (de)	스포츠카	seu-po-cheu-ka
limousine (de)	리무진	ri-mu-jin
terreinwagen (de)	오프로드 카	o-peu-ro-deu ka
cabriolet (de)	오픈카	o-peun-ka
minibus (de)	승합차	seung-hap-cha
ambulance (de)	응급차	eung-geup-cha
sneeuwruimer (de)	제설차	je-seol-cha
vrachtwagen (de)	트럭	teu-reok
tankwagen (de)	유조차	yu-jo-cha
bestelwagen (de)	유개 화물차	yu-gae hwa-mul-cha
trekker (de)	트랙터	teu-raek-teo
aanhangwagen (de)	트레일러	teu-re-il-leo
comfortabel (bn)	편안한	pyeon-an-han
tweedehands (bn)	중고의	jung-go-ui

175. Auto's. Carrosserie

motorkap (de)	보닛	bo-nit
spatbord (het)	펜더	pen-deo
dak (het)	지붕	ji-bung
voorruit (de)	전면 유리	jeon-myeon nyu-ri
achterruit (de)	백미러	baeng-mi-reo
ruitensproeier (de)	워셔	wo-syeo
wisserbladen (mv.)	와이퍼	wa-i-peo
zijruit (de)	옆 유리창	yeop pyu-ri-chang
raamlift (de)	파워윈도우	pa-wo-win-do-u
antenne (de)	안테나	an-te-na
zonnedak (het)	선루프	seol-lu-peu
bumper (de)	범퍼	beom-peo
koffer (de)	트렁크	teu-reong-keu
portier (het)	차문	cha-mun
handvat (het)	도어핸들	do-eo-haen-deul
slot (het)	도어락	do-eo-rak
nummerplaat (de)	번호판	beon-ho-pan
knalpot (de)	머플러	meo-peul-leo

| benzinetank (de) | 연료 탱크 | yeol-lyo taeng-keu |
| uitlaatpijp (de) | 배기관 | bae-gi-gwan |

gas (het)	액셀	aek-sel
pedaal (de/het)	페달	pe-dal
gaspedaal (de/het)	액셀 페달	aek-sel pe-dal

rem (de)	브레이크	beu-re-i-keu
rempedaal (de/het)	브레이크 페달	beu-re-i-keu pe-dal
remmen (ww)	브레이크를 밟다	beu-re-i-keu-reul bap-da
handrem (de)	주차 브레이크	ju-cha beu-re-i-keu

koppeling (de)	클러치	keul-leo-chi
koppelingspedaal (de/het)	클러치 페달	keul-leo-chi pe-dal
koppelingsschijf (de)	클러치 디스크	keul-leo-chi di-seu-keu
schokdemper (de)	완충장치	wan-chung-jang-chi

wiel (het)	바퀴	ba-kwi
reservewiel (het)	스페어 타이어	seu-pe-eo ta-i-eo
band (de)	타이어	ta-i-eo
wieldop (de)	휠캡	hwil-kaep

aandrijfwielen (mv.)	구동륜	gu-dong-nyun
met voorwielaandrijving	전륜 구동의	jeol-lyun gu-dong-ui
met achterwielaandrijving	후륜 구동의	hu-ryun gu-dong-ui
met vierwielaandrijving	사륜 구동의	sa-ryun gu-dong-ui

versnellingsbak (de)	변속기	byeon-sok-gi
automatisch (bn)	자동의	ja-dong-ui
mechanisch (bn)	기계식의	gi-gye-si-gui
versnellingspook (de)	기어	gi-eo

| voorlicht (het) | 헤드라이트 | he-deu-ra-i-teu |
| voorlichten (mv.) | 헤드라이트 | he-deu-ra-i-teu |

dimlicht (het)	하향등	ha-hyang-deung
grootlicht (het)	상향등	sang-hyang-deung
stoplicht (het)	브레이크 등	beu-re-i-keu deung

standlichten (mv.)	미등	mi-deung
noodverlichting (de)	비상등	bi-sang-deung
mistlichten (mv.)	안개등	an-gae-deung
pinker (de)	방향지시등	bang-hyang-ji-si-deung
achteruitrijdlicht (het)	후미등	hu-mi-deung

176. Auto's. Passagiersruimte

interieur (het)	내부	nae-bu
leren (van leer gemaak)	가죽의	ga-ju-gui
fluwelen (abn)	벨루어의	bel-lu-eo-ui
bekleding (de)	커버	keo-beo

| toestel (het) | 계기 | gye-gi |
| instrumentenbord (het) | 계기반 | gye-gi-ban |

snelheidsmeter (de)	속도계	sok-do-gye
pijltje (het)	지침	ji-chim

kilometerteller (de)	주행기록계	ju-haeng-gi-rok-gye
sensor (de)	센서	sen-seo
niveau (het)	레벨	re-bel
controlelampje (het)	경고등	gyeong-go-deung

stuur (het)	핸들	haen-deul
toeter (de)	경적	gyeong-jeok
knopje (het)	버튼	beo-teun
schakelaar (de)	스위치	seu-wi-chi

stoel (bestuurders~)	좌석	jwa-seok
rugleuning (de)	등받이	deung-ba-ji
hoofdsteun (de)	머리 받침	meo-ri bat-chim
veiligheidsgordel (de)	안전 벨트	an-jeon bel-teu
de gordel aandoen	안전 벨트를 매다	an-jeon bel-teu-reul mae-da
regeling (de)	조절	jo-jeol

airbag (de)	에어백	e-eo-baek
airconditioner (de)	에어컨	e-eo-keon

radio (de)	라디오	ra-di-o
CD-speler (de)	씨디 플레이어	ssi-di peul-le-i-eo
aanzetten (bijv. radio ~)	켜다	kyeo-da
antenne (de)	안테나	an-te-na
handschoenenkastje (het)	글러브 박스	geul-leo-beu bak-seu
asbak (de)	재떨이	jae-tteo-ri

177. Auto's. Motor

diesel- (abn)	디젤의	di-je-rui
benzine- (~motor)	가솔린	ga-sol-lin

motorinhoud (de)	배기량	bae-gi-ryang
vermogen (het)	출력	chul-lyeok
paardenkracht (de)	마력	ma-ryeok
zuiger (de)	피스톤	pi-seu-ton
cilinder (de)	실린더	sil-lin-deo
klep (de)	밸브	bael-beu

injectie (de)	연료 분사기	yeol-lyo bun-sa-gi
generator (de)	발전기	bal-jeon-gi
carburator (de)	카뷰레터	ka-byu-re-teo
motorolie (de)	엔진 오일	en-jin o-il

radiator (de)	라디에이터	ra-di-e-i-teo
koelvloeistof (de)	냉매	naeng-mae
ventilator (de)	냉각팬	paen

accu (de)	배터리	bae-teo-ri
starter (de)	시동기	si-dong-gi
contact (ontsteking)	점화 장치	jeom-hwa jang-chi

bougie (de)	점화플러그	jeom-hwa-peul-leo-geu
pool (de)	전극	jeon-geuk
positieve pool (de)	플러스	peul-leo-seu
negatieve pool (de)	마이너스	ma-i-neo-seu
zekering (de)	퓨즈	pyu-jeu

luchtfilter (de)	공기 필터	gong-gi pil-teo
oliefilter (de)	오일 필터	o-il pil-teo
benzinefilter (de)	연료 필터	yeol-lyo pil-teo

178. Auto's. Botsing. Reparatie

auto-ongeval (het)	사고	sa-go
verkeersongeluk (het)	교통 사고	gyo-tong sa-go
aanrijden (tegen een boom, enz.)	들이받다	deu-ri-bat-da
verongelukken (ww)	부서지다	bu-seo-ji-da
beschadiging (de)	피해	pi-hae
heelhuids (bn)	손상 없는	son-sang eom-neun

| kapot gaan (zijn gebroken) | 고장 나다 | go-jang na-da |
| sleeptouw (het) | 견인줄 | gyeon-in-jul |

lek (het)	펑크	peong-keu
lekke krijgen (band)	펑크 나다	peong-keu na-da
oppompen (ww)	타이어 부풀리다	ta-i-eo bu-pul-li-da
druk (de)	압력	am-nyeok
checken (controleren)	확인하다	hwa-gin-ha-da

reparatie (de)	수리	su-ri
garage (de)	정비소	jeong-bi-so
wisselstuk (het)	예비 부품	ye-bi bu-pum
onderdeel (het)	부품	bu-pum

bout (de)	볼트	bol-teu
schroef (de)	나사	na-sa
moer (de)	너트	neo-teu
sluitring (de)	와셔	wa-syeo
kogellager (de/het)	베어링	he-eo-ring

pijp (de)	파이프	pa-i-peu
pakking (de)	개스킷	gae-seu-kit
kabel (de)	전선	jeon-seon

dommekracht (de)	잭	jaek
moersleutel (de)	스패너	seu-pae-neo
hamer (de)	망치	mang-chi
pomp (de)	펌프	peom-peu
schroevendraaier (de)	나사돌리개	na-sa-dol-li-gae

brandblusser (de)	소화기	so-hwa-gi
gevarendriehoek (de)	안전 삼각대	an-jeon sam-gak-dae
afslaan (ophouden te werken)	멎다	meot-da

uitvallen (het)	정지	jeong-ji
zijn gebroken	부서지다	bu-seo-ji-da
oververhitten (ww)	과열되다	gwa-yeol-doe-da
verstopt raken (ww)	막히다	mak-i-da
bevriezen (autodeur, enz.)	얼다	eol-da
barsten (leidingen, enz.)	터지다	teo-ji-da
druk (de)	압력	am-nyeok
niveau (bijv. olieniveau)	레벨	re-bel
slap (de drijfriem is ~)	느슨한	neu-seun-han
deuk (de)	덴트	den-teu
geklop (vreemde geluiden)	똑똑거리는 소음	ttok-ttok-geo-ri-neun so-eum
barst (de)	균열	gyu-nyeol
kras (de)	긁힘	geuk-him

179. Auto's. Weg

weg (de)	도로	do-ro
snelweg (de)	고속도로	go-sok-do-ro
autoweg (de)	고속도로	go-sok-do-ro
richting (de)	방향	bang-hyang
afstand (de)	거리	geo-ri
brug (de)	다리	da-ri
parking (de)	주차장	ju-cha-jang
plein (het)	광장	gwang-jang
verkeersknooppunt (het)	인터체인지	in-teo-che-in-ji
tunnel (de)	터널	teo-neol
benzinestation (het)	주유소	ju-yu-so
parking (de)	주차장	ju-cha-jang
benzinepomp (de)	가솔린 펌프	ga-sol-lin peom-peu
garage (de)	정비소	jeong-bi-so
tanken (ww)	기름을 넣다	gi-reu-meul leo-ta
brandstof (de)	연료	yeol-lyo
jerrycan (de)	통	tong
asfalt (het)	아스팔트	a-seu-pal-teu
markering (de)	노면 표지	no-myeon pyo-ji
trottoirband (de)	도로 경계석	do-ro gyeong-gye-seok
geleiderail (de)	가드레일	ga-deu-re-il
greppel (de)	도랑	do-rang
vluchtstrook (de)	길가	gil-ga
lichtmast (de)	가로등	ga-ro-deung
besturen (een auto ~)	운전하다	un-jeon-ha-da
afslaan (naar rechts ~)	돌다	dol-da
U-bocht maken (ww)	유턴하다	yu-teon-ha-da
achteruit (de)	후진 기어	hu-jin gi-eo
toeteren (ww)	경적을 울리다	gyeong-jeo-geul rul-li-da
toeter (de)	경적	gyeong-jeok

vastzitten (in modder)	빠지다	ppa-ji-da
spinnen (wielen gaan ~)	미끄러지다	mi-kkeu-reo-ji-da
uitzetten (ww)	멈추다	meom-chu-da

snelheid (de)	속도	sok-do
een snelheidsovertreding maken	과속으로 달리다	gwa-so-geu-ro dal-li-da
bekeuren (ww)	딱지를 떼다	ttak-ji-reul tte-da
verkeerslicht (het)	신호등	sin-ho-deung
rijbewijs (het)	운전 면허증	un-jeon myeon-heo-jeung

overgang (de)	십자로	sip-ja-ro
kruispunt (het)	교차로	gyo-cha-ro
zebrapad (oversteekplaats)	횡단 보도	hoeng-dan bo-do
bocht (de)	커브	keo-beu
voetgangerszone (de)	보행자 공간	bo-haeng-ja gong-gan

180. Verkeersborden

verkeersregels (mv.)	교통 규칙	gyo-tong gyu-chik
verkeersbord (het)	도로 표지	do-ro pyo-ji
inhalen (het)	추월	chu-wol
bocht (de)	커브	keo-beu
U-bocht, kering (de)	유턴	yu-teon
Rotonde (de)	로터리	ro-teo-ri

Verboden richting	진입 금지	ji-nip geum-ji
Verboden toegang	통행금지	tong-haeng-geum-ji
Inhalen verboden	추월 금지	chu-wol geum-ji
Parkeerverbod	주차금지	ju-cha-geum-ji
Verbod stil te staan	정차 금지	jeong-cha geum-ji

Gevaarlijke bocht	급커브	geup-keo-beu
Gevaarlijke daling	내리막경사	nae-ri-mak-gyeong-sa
Eenrichtingsweg	일방통행	il-bang-tong-haeng
Voetgangers	횡단 보도	hoeng-dan bo-do
Slipgevaar	미끄러운 도로	mi-kkeu-reo-un do-ro
Voorrang verlenen	양보	yang-bo

MENSEN. GEBEURTENISSEN IN HET LEVEN

Gebeurtenissen in het leven

181. Vakanties. Evenement

feest (het)	휴일	hyu-il
nationale feestdag (de)	국경일	guk-gyeong-il
feestdag (de)	공휴일	gong-hyu-il
herdenken (ww)	기념하다	gi-nyeom-ha-da
gebeurtenis (de)	사건	sa-geon
evenement (het)	이벤트	i-ben-teu
banket (het)	연회	yeon-hoe
receptie (de)	리셉션	ri-sep-syeon
feestmaal (het)	연회	yeon-hoe
verjaardag (de)	기념일	gi-nyeom-il
jubileum (het)	기념일	gi-nyeom-il
vieren (ww)	경축하다	gyeong-chuk-a-da
Nieuwjaar (het)	새해	sae-hae
Gelukkig Nieuwjaar!	새해 복 많이 받으세요!	sae-hae bok ma-ni ba-deu-se-yo!
Sinterklaas (de)	산타클로스	san-ta-keul-lo-seu
Kerstfeest (het)	크리스마스	keu-ri-seu-ma-seu
Vrolijk kerstfeest!	성탄을 축하합니다!	seong-ta-neul chuk-a-ham-ni-da!
kerstboom (de)	크리스마스트리	keu-ri-seu-ma-seu-teu-ri
vuurwerk (het)	불꽃놀이	bul-kkon-no-ri
bruiloft (de)	결혼식	gyeol-hon-sik
bruidegom (de)	신랑	sil-lang
bruid (de)	신부	sin-bu
uitnodigen (ww)	초대하다	cho-dae-ha-da
uitnodiging (de)	초대장	cho-dae-jang
gast (de)	손님	son-nim
op bezoek gaan	방문하다	bang-mun-ha-da
gasten verwelkomen	손님을 맞이하다	son-ni-meul ma-ji-ha-da
geschenk, cadeau (het)	선물	seon-mul
geven (iets cadeau ~)	선물 하다	seon-mul ha-da
geschenken ontvangen	선물 받다	seon-mul bat-da
boeket (het)	꽃다발	kkot-da-bal
felicitaties (mv.)	축하를	chuk-a-reul
feliciteren (ww)	축하하다	chuk-a-ha-da

wenskaart (de)	축하 카드	chuk-a ka-deu
een kaartje versturen	카드를 보내다	ka-deu-reul bo-nae-da
een kaartje ontvangen	카드 받다	ka-deu bat-da

toast (de)	축배	chuk-bae
aanbieden (een drankje ~)	대접하다	dae-jeo-pa-da
champagne (de)	샴페인	syam-pe-in

plezier hebben (ww)	즐기다	jeul-gi-da
plezier (het)	즐거움	jeul-geo-um
vreugde (de)	기쁜, 즐거움	gi-ppeun, jeul-geo-um

| dans (de) | 춤 | chum |
| dansen (ww) | 춤추다 | chum-chu-da |

| wals (de) | 왈츠 | wal-cheu |
| tango (de) | 탱고 | taeng-go |

182. Begrafenissen. Begrafenis

kerkhof (het)	묘지	myo-ji
graf (het)	무덤	mu-deom
kruis (het)	십자가	sip-ja-ga
grafsteen (de)	묘석	myo-seok
omheining (de)	울타리	ul-ta-ri
kapel (de)	채플	chae-peul

dood (de)	죽음	ju-geum
sterven (ww)	죽다	juk-da
overledene (de)	고인	go-in
rouw (de)	상	sang

begraven (ww)	묻다	mut-da
begrafenisonderneming (de)	장례식장	jang-nye-sik-jang
begrafenis (de)	장례식	jang-nye-sik

krans (de)	화환	hwa-hwan
doodskist (de)	관	gwan
lijkwagen (de)	영구차	yeong-gu-cha
lijkkleed (de)	수의	su-ui

| urn (de) | 유골 단지 | yu-gol dan-ji |
| crematorium (het) | 화장장 | hwa-jang-jang |

overlijdensbericht (het)	부고	bu-go
huilen (wenen)	울다	ul-da
snikken (huilen)	흐느껴 울다	heu-neu-kkyeo ul-da

183. Oorlog. Soldaten

| peloton (het) | 소대 | so-dae |
| compagnie (de) | 중대 | jung-dae |

regiment (het)	연대	yeon-dae
leger (armee)	군대	gun-dae
divisie (de)	사단	sa-dan
sectie (de)	분대	bun-dae
troep (de)	군대	gun-dae
soldaat (militair)	군인	gun-in
officier (de)	장교	jang-gyo
soldaat (rang)	일병	il-byeong
sergeant (de)	병장	byeong-jang
luitenant (de)	중위	jung-wi
kapitein (de)	대위	dae-wi
majoor (de)	소령	so-ryeong
kolonel (de)	대령	dae-ryeong
generaal (de)	장군	jang-gun
matroos (de)	선원	seon-won
kapitein (de)	대위	dae-wi
bootsman (de)	갑판장	gap-pan-jang
artillerist (de)	포병	po-byeong
valschermjager (de)	낙하산 부대원	nak-a-san bu-dae-won
piloot (de)	조종사	jo-jong-sa
stuurman (de)	항법사	hang-beop-sa
mecanicien (de)	정비공	jeong-bi-gong
sappeur (de)	공병대원	gong-byeong-dae-won
parachutist (de)	낙하산병	nak-a-san-byeong
verkenner (de)	정찰대	jeong-chal-dae
scherpschutter (de)	저격병	jeo-gyeok-byeong
patrouille (de)	순찰	sun-chal
patrouilleren (ww)	순찰하다	sun-chal-ha-da
wacht (de)	경비병	gyeong-bi-byeong
krijger (de)	전사	jeon-sa
held (de)	영웅	yeong-ung
heldin (de)	여걸	yeo-geol
patriot (de)	애국자	ae-guk-ja
verrader (de)	매국노	mae-gung-no
deserteur (de)	탈영병	ta-ryeong-byeong
deserteren (ww)	탈영하다	ta-ryeong-ha-da
huurling (de)	용병	yong-byeong
rekruut (de)	훈련병	hul-lyeon-byeong
vrijwilliger (de)	지원병	ji-won-byeong
gedode (de)	사망자	sa-mang-ja
gewonde (de)	부상자	bu-sang-ja
krijgsgevangene (de)	포로	po-ro

184. Oorlog. Militaire acties. Deel 1

oorlog (de)	전쟁	jeon-jaeng
oorlog voeren (ww)	참전하다	cham-jeon-ha-da
burgeroorlog (de)	내전	nae-jeon
achterbaks (bw)	비겁하게	bi-geo-pa-ge
oorlogsverklaring (de)	선전 포고	seon-jeon po-go
verklaren (de oorlog ~)	선포하다	seon-po-ha-da
agressie (de)	침략	chim-nyak
aanvallen (binnenvallen)	공격하다	gong-gyeo-ka-da
binnenvallen (ww)	침략하다	chim-nyak-a-da
invaller (de)	침략자	chim-nyak-ja
veroveraar (de)	정복자	jeong-bok-ja
verdediging (de)	방어	bang-eo
verdedigen (je land ~)	방어하다	bang-eo-ha-da
zich verdedigen (ww)	… 를 방어하다	… reul bang-eo-ha-da
vijand (de)	적	jeok
tegenstander (de)	원수	won-su
vijandelijk (bn)	적의	jeo-gui
strategie (de)	전략	jeol-lyak
tactiek (de)	전술	jeon-sul
order (de)	명령	myeong-nyeong
bevel (het)	명령	myeong-nyeong
bevelen (ww)	명령하다	myeong-nyeong-ha-da
opdracht (de)	임무	im-mu
geheim (bn)	비밀의	bi-mi-rui
slag (de)	전투	jeon-tu
veldslag (de)	전투	jeon-tu
strijd (de)	전투	jeon-tu
aanval (de)	공격	gong-gyeok
bestorming (de)	돌격	dol-gyeok
bestormen (ww)	습격하다	seup-gyeok-a da
bezetting (de)	포위 공격	po-wi gong-gyeok
aanval (de)	공세	gong-se
in het offensief te gaan	공격하다	gong-gyeo-ka-da
terugtrekking (de)	퇴각	toe-gak
zich terugtrekken (ww)	퇴각하다	toe-gak-a-da
omsingeling (de)	포위	po-wi
omsingelen (ww)	둘러싸다	dul-leo-ssa-da
bombardement (het)	폭격	pok-gyeok
een bom gooien	폭탄을 투하하다	pok-ta-neul tu-ha-ha-da
bombarderen (ww)	폭격하다	pok-gyeok-a-da
ontploffing (de)	폭발	pok-bal

schot (het)	발포	bal-po
een schot lossen	쏘다	sso-da
schieten (het)	사격	sa-gyeok
mikken op (ww)	겨냥대다	gyeo-nyang-dae-da
aanleggen (een wapen ~)	총을 겨누다	chong-eul gyeo-nu-da
treffen (doelwit ~)	맞히다	ma-chi-da
zinken (tot zinken brengen)	가라앉히다	ga-ra-an-chi-da
kogelgat (het)	구멍	gu-meong
zinken (gezonken zijn)	가라앉히다	ga-ra-an-chi-da
front (het)	전선	jeon-seon
evacuatie (de)	철수	cheol-su
evacueren (ww)	대피시키다	dae-pi-si-ki-da
loopgraaf (de)	참호	cham-ho
prikkeldraad (de)	가시철사	ga-si-cheol-sa
verdedigingsobstakel (het)	장애물	jang-ae-mul
wachttoren (de)	감시탑	gam-si-tap
hospitaal (het)	군 병원	gun byeong-won
verwonden (ww)	부상을 입히다	bu-sang-eul ri-pi-da
wond (de)	부상	bu-sang
gewonde (de)	부상자	bu-sang-ja
gewond raken (ww)	부상을 입다	bu-sang-eul rip-da
ernstig (~e wond)	심각한	sim-gak-an

185. Oorlog. Militaire acties. Deel 2

krijgsgevangenschap (de)	사로잡힘	sa-ro-ja-pim
krijgsgevangen nemen	포로로 하다	po-ro-ro ha-da
krijgsgevangene zijn	사로잡히어	sa-ro-ja-pi-eo
krijgsgevangen genomen worden	포로가 되다	po-ro-ga doe-da
concentratiekamp (het)	강제 수용소	gang-je su-yong-so
krijgsgevangene (de)	포로	po-ro
vluchten (ww)	탈출하다	tal-chul-ha-da
verraden (ww)	팔아먹다	pa-ra-meok-da
verrader (de)	배반자	bae-ban-ja
verraad (het)	배반	bae-ban
fusilleren (executeren)	총살하다	chong-sal-ha-da
executie (de)	총살형	chong-sal-hyeong
uitrusting (de)	군장	gun-jang
schouderstuk (het)	계급 견장	gye-geup gyeon-jang
gasmasker (het)	가스 마스크	ga-seu ma-seu-keu
portofoon (de)	군용무전기	gu-nyong-mu-jeon-gi
geheime code (de)	암호	am-ho
samenzwering (de)	비밀 유지	bi-mil ryu-ji
wachtwoord (het)	비밀번호	bi-mil-beon-ho

mijn (landmijn)	지뢰	ji-roe
ondermijnen (legden mijnen)	지뢰를 매설하다	ji-roe-reul mae-seol-ha-da
mijnenveld (het)	지뢰밭	ji-roe-bat

luchtalarm (het)	공습 경보	gong-seup gyeong-bo
alarm (het)	경보	gyeong-bo
signaal (het)	신호	sin-ho
vuurpijl (de)	신호탄	sin-ho-tan

staf (generale ~)	본부	bon-bu
verkenningstocht (de)	정찰	jeong-chal
toestand (de)	정세	jeong-se
rapport (het)	보고	bo-go
hinderlaag (de)	기습	gi-seup
versterking (de)	강화	gang-hwa

doel (bewegend ~)	과녁	gwa-nyeok
proefterrein (het)	성능 시험장	seong-neung si-heom-jang
manoeuvres (mv.)	군사 훈련	gun-sa hul-lyeon

paniek (de)	공황	gong-hwang
verwoesting (de)	파멸	pa-myeol
verwoestingen (mv.)	파괴	pa-goe
verwoesten (ww)	파괴하다	pa-goe-ha-da

overleven (ww)	살아남다	sa-ra-nam-da
ontwapenen (ww)	무장해제하다	mu-jang-hae-je-ha-da
behandelen (een pistool ~)	다루다	da-ru-da
Geeft acht!	차려!	cha-ryeo!
Op de plaats rust!	쉬어!	swi-eo!

heldendaad (de)	무훈	mu-hun
eed (de)	맹세	maeng-se
zweren (een eed doen)	맹세하다	maeng-se-ha-da

decoratie (de)	훈장	hun-jang
onderscheiden (een ereteken geven)	훈장을 주다	hun-jang-eul ju-da
medaille (de)	메달	me-dal
orde (de)	훈장	hun-jang

overwinning (de)	승리	seung-ni
verlies (het)	패배	pae-bae
wapenstilstand (de)	휴전	hyu-jeon

wimpel (vaandel)	기	gi
roem (de)	영광	yeong-gwang
parade (de)	퍼레이드	peo-re-i-deu
marcheren (ww)	행진하다	haeng-jin-ha-da

186. Wapens

| wapens (mv.) | 무기 | mu-gi |
| vuurwapens (mv.) | 화기 | hwa-gi |

chemische wapens (mv.)	화학 병기	hwa-hak byeong-gi
kern-, nucleair (bn)	핵의	hae-gui
kernwapens (mv.)	핵무기	haeng-mu-gi
bom (de)	폭탄	pok-tan
atoombom (de)	원자폭탄	won-ja-pok-tan
pistool (het)	권총	gwon-chong
geweer (het)	상총	jang-chong
machinepistool (het)	기관단총	gi-gwan-dan-chong
machinegeweer (het)	기관총	gi-gwan-chong
loop (schietbuis)	총구	chong-gu
loop (bijv. geweer met kortere ~)	총열	chong-yeol
kaliber (het)	구경	gu-gyeong
trekker (de)	방아쇠	bang-a-soe
korrel (de)	가늠자	ga-neum-ja
geweerkolf (de)	개머리	gae-meo-ri
granaat (handgranaat)	수류탄	su-ryu-tan
explosieven (mv.)	폭약	po-gyak
kogel (de)	총알	chong-al
patroon (de)	탄약통	ta-nyak-tong
lading (de)	화약	hwa-yak
ammunitie (de)	탄약	ta-nyak
bommenwerper (de)	폭격기	pok-gyeok-gi
straaljager (de)	전투기	jeon-tu-gi
helikopter (de)	헬리콥터	hel-li-kop-teo
afweergeschut (het)	대공포	dae-gong-po
tank (de)	전차	jeon-cha
artillerie (de)	대포	dae-po
kanon (het)	대포	dae-po
aanleggen (een wapen ~)	총을 겨누다	chong-eul gyeo-nu-da
projectiel (het)	탄피	tan-pi
mortiergranaat (de)	박격포탄	bak-gyeok-po-tan
mortier (de)	박격포	bak-gyeok-po
granaatscherf (de)	포탄파편	po-tan-pa-pyeon
duikboot (de)	잠수함	jam-su-ham
torpedo (de)	어뢰	eo-roe
raket (de)	미사일	mi-sa-il
laden (geweer, kanon)	장탄하다	jang-tan-ha-da
schieten (ww)	쏘다	sso-da
richten op (mikken)	총을 겨누다	chong-eul gyeo-nu-da
bajonet (de)	총검	chong-geom
degen (de)	레이피어	re-i-pi-eo
sabel (de)	군도	gun-do

speer (de)	창	chang
boog (de)	활	hwal
pijl (de)	화살	hwa-sal
musket (de)	머스킷	meo-seu-kit
kruisboog (de)	석궁	seok-gung

187. Oude mensen

primitief (bn)	원시적인	won-si-jeo-gin
voorhistorisch (bn)	선사시대의	seon-sa-si-dae-ui
eeuwenoude (~ beschaving)	고대의	go-dae-ui

Steentijd (de)	석기 시대	seok-gi si-dae
Bronstijd (de)	청동기 시대	cheong-dong-gi si-dae
IJstijd (de)	빙하 시대	bing-ha si-dae

stam (de)	부족	bu-jok
menseneter (de)	식인종	si-gin-jong
jager (de)	사냥꾼	sa-nyang-kkun

| jagen (ww) | 사냥하다 | sa-nyang-ha-da |
| mammoet (de) | 매머드 | mae-meo-deu |

| grot (de) | 동굴 | dong-gul |
| vuur (het) | 불 | bul |

| kampvuur (het) | 모닥불 | mo-dak-bul |
| rotstekening (de) | 동굴 벽화 | dong-gul byeok-wa |

werkinstrument (het)	도구	do-gu
speer (de)	창	chang
stenen bijl (de)	돌도끼	dol-do-kki

| oorlog voeren (ww) | 참전하다 | cham-jeon-ha-da |
| temmen (bijv. wolf ~) | 길들이다 | gil-deu-ri-da |

idool (het)	우상	u-sang
aanbidden (ww)	숭배하다	sung-bae-ha-da
bijgeloof (het)	미신	mi-sin

| evolutie (de) | 진화 | jin-hwa |
| ontwikkeling (de) | 개발 | gae-bal |

| verdwijning (de) | 멸종 | myeol-jong |
| zich aanpassen (ww) | 적응하다 | jeo-geung-ha-da |

archeologie (de)	고고학	go-go-hak
archeoloog (de)	고고학자	go-go-hak-ja
archeologisch (bn)	고고학의	go-go-ha-gui

opgravingsplaats (de)	발굴 현장	bal-gul hyeon-jang
opgravingen (mv.)	발굴	bal-gul
vondst (de)	발견물	bal-gyeon-mul
fragment (het)	파편	pa-pyeon

188. Middeleeuwen

volk (het)	민족	min-jok
volkeren (mv.)	민족	min-jok
stam (de)	부족	bu-jok
stammen (mv.)	부족들	bu-jok-deul
barbaren (mv.)	오랑캐	o-rang-kae
Galliërs (mv.)	갈리아인	gal-li-a-in
Goten (mv.)	고트족	go-teu-jok
Slaven (mv.)	슬라브족	seul-la-beu-jok
Vikings (mv.)	바이킹	ba-i-king
Romeinen (mv.)	로마 사람	ro-ma sa-ram
Romeins (bn)	로마의	ro-ma-ui
Byzantijnen (mv.)	비잔티움 사람들	bi-jan-ti-um sa-ram-deul
Byzantium (het)	비잔티움	bi-jan-ti-um
Byzantijns (bn)	비잔틴의	bi-jan-tin-ui
keizer (bijv. Romeinse ~)	황제	hwang-je
opperhoofd (het)	추장	chu-jang
machtig (bn)	강력한	gang-nyeo-kan
koning (de)	왕	wang
heerser (de)	통치자	tong-chi-ja
ridder (de)	기사	gi-sa
feodaal (de)	봉건 영주	bong-geon nyeong-ju
feodaal (bn)	봉건적인	bong-geon-jeo-gin
vazal (de)	봉신	bong-sin
hertog (de)	공작	gong-jak
graaf (de)	백작	baek-jak
baron (de)	남작	nam-jak
bisschop (de)	주교	ju-gyo
harnas (het)	갑옷	ga-bot
schild (het)	방패	bang-pae
zwaard (het)	검	geom
vizier (het)	얼굴 가리개	eol-gul ga-ri-gae
maliënkolder (de)	미늘 갑옷	mi-neul ga-bot
kruistocht (de)	십자군	sip-ja-gun
kruisvaarder (de)	십자군 전사	sip-ja-gun jeon-sa
gebied (bijv. bezette ~en)	영토	yeong-to
aanvallen (binnenvallen)	공격하다	gong-gyeo-ka-da
veroveren (ww)	정복하다	jeong-bok-a-da
innemen (binnenvallen)	점령하다	jeom-nyeong-ha-da
bezetting (de)	포위 공격	po-wi gong-gyeok
bezet (bn)	포위당한	po-wi-dang-han
belegeren (ww)	포위하다	po-wi-ha-da
inquisitie (de)	이단심문	i-dan-sim-mun
inquisiteur (de)	종교 재판관	jong-gyo jae-pan-gwan

foltering (de)	고문	go-mun
wreed (bn)	잔혹한	jan-hok-an
ketter (de)	이단자	i-dan-ja
ketterij (de)	이단으로	i-da-neu-ro

zeevaart (de)	항해	hang-hae
piraat (de)	해적	hae-jeok
piraterij (de)	해적 행위	hae-jeok aeng-wi
enteren (het)	널판장	neol-pan-jang
buit (de)	노획물	no-hoeng-mul
schatten (mv.)	보물	bo-mul

ontdekking (de)	발견	bal-gyeon
ontdekken (bijv. nieuw land)	발견하다	bal-gyeon-ha-da
expeditie (de)	탐험	tam-heom

musketier (de)	총병	chong-byeong
kardinaal (de)	추기경	chu-gi-gyeong
heraldiek (de)	문장학	mun-jang-hak
heraldisch (bn)	문장학의	mun-jang-ha-gui

189. Leider. Baas. Autoriteiten

koning (de)	왕	wang
koningin (de)	여왕	yeo-wang
koninklijk (bn)	왕족의	wang-jo-gui
koninkrijk (het)	왕국	wang-guk

| prins (de) | 왕자 | wang-ja |
| prinses (de) | 공주 | gong-ju |

president (de)	대통령	dae-tong-nyeong
vicepresident (de)	부통령	bu-tong-nyeong
senator (de)	상원의원	sang-won-ui-won

monarch (de)	군주	gun-ju
heerser (de)	통치자	tong-chi-ja
dictator (de)	독재자	dok-jae-ja
tiran (de)	폭군	pok-gun
magnaat (de)	거물	geo-mul

directeur (de)	사장	sa-jang
chef (de)	추장	chu-jang
behoorder (de)	지배인	ji-bae-in
baas (de)	상사	sang-sa
eigenaar (de)	소유자	so-yu-ja

hoofd (bijv. ~ van de delegatie)	책임자	chae-gim-ja
autoriteiten (mv.)	당국	dang-guk
superieuren (mv.)	상사	sang-sa

| gouverneur (de) | 주지사 | ju-ji-sa |
| consul (de) | 영사 | yeong-sa |

diplomaat (de)	외교관	oe-gyo-gwan
burgemeester (de)	시장	si-jang
sheriff (de)	보안관	bo-an-gwan

keizer (bijv. Romeinse ~)	황제	hwang-je
tsaar (de)	황제	hwang-je
farao (de)	파라오	pa-ra-o
kan (de)	칸	kan

190. Weg. Weg. Routebeschrijving

| weg (de) | 도로 | do-ro |
| route (de kortste ~) | 길 | gil |

autoweg (de)	고속도로	go-sok-do-ro
snelweg (de)	고속도로	go-sok-do-ro
rijksweg (de)	광역	gwang-yeok

| hoofdweg (de) | 대로 | dae-ro |
| landweg (de) | 비포장도로 | bi-po-jang-do-ro |

| pad (het) | 길 | gil |
| paadje (het) | 오솔길 | o-sol-gil |

Waar?	어디?	eo-di?
Waarheen?	어디로?	eo-di-ro?
Waaruit?	어디로부터?	eo-di-ro-bu-teo?

| richting (de) | 방향 | bang-hyang |
| aanwijzen (de weg ~) | 가리키다 | ga-ri-ki-da |

naar links (bw)	왼쪽으로	oen-jjo-geu-ro
naar rechts (bw)	오른쪽으로	o-reun-jjo-geu-ro
rechtdoor (bw)	똑바로	ttok-ba-ro
terug (bijv. ~ keren)	뒤로	dwi-ro

bocht (de)	커브	keo-beu
afslaan (naar rechts ~)	돌다	dol-da
U-bocht maken (ww)	유턴하다	yu-teon-ha-da

| zichtbaar worden (ww) | 보이다 | bo-i-da |
| verschijnen (in zicht komen) | 나타나다 | na-ta-na-da |

stop (korte onderbreking)	정지	jeong-ji
zich verpozen (uitrusten)	쉬다	swi-da
rust (de)	휴양	hyu-yang

verdwalen (de weg kwijt zijn)	길을 잃다	gi-reul ril-ta
leiden naar … (de weg)	… 로 이어지다	… ro i-eo-ji-da
bereiken (ergens aankomen)	나가다	na-ga-da
deel (~ van de weg)	구간	gu-gan

| asfalt (het) | 아스팔트 | a-seu-pal-teu |
| trottoirband (de) | 도로 경계석 | do-ro gyeong-gye-seok |

greppel (de)	도랑	do-rang
putdeksel (het)	맨홀	maen-hol
vluchtstrook (de)	길가	gil-ga
kuil (de)	패인 곳	pae-in got

| gaan (te voet) | 가다 | ga-da |
| inhalen (voorbijgaan) | 추월하다 | chu-wol-ha-da |

| stap (de) | 걸음 | geo-reum |
| te voet (bw) | 도보로 | do-bo-ro |

blokkeren (de weg ~)	길을 막다	gi-reul mak-da
slagboom (de)	차단기	cha-dan-gi
doodlopende straat (de)	막다른길	mak-da-reun-gil

191. De wet overtreden. Criminelen. Deel 1

bandiet (de)	산적	san-jeok
misdaad (de)	범죄	beom-joe
misdadiger (de)	범죄자	beom-joe-ja

dief (de)	도둑	do-duk
stelen (ww)	훔치다	hum-chi-da
stelen (de)	절도	jeol-do
diefstal (de)	도둑질	do-duk-jil

kidnappen (ww)	납치하다	nap-chi-ha-da
kidnapping (de)	유괴	yu-goe
kidnapper (de)	유괴범	yu-goe-beom

| losgeld (het) | 몸값 | mom-gap |
| eisen losgeld (ww) | 몸값을 요구하다 | mom-gap-seul ryo-gu-ha-da |

| overvallen (ww) | 뺏다 | ppaet-da |
| overvaller (de) | 강도 | gang-do |

afpersen (ww)	갈취하다	gal-chwi-ha-da
afperser (de)	갈취자	gal-chwi-ja
afpersing (de)	갈취	gal-chwi

vermoorden (ww)	죽이다	ju-gi-da
moord (de)	살인	sa-rin
moordenaar (de)	살인자	sa-rin-ja

schot (het)	발포	bal-po
een schot lossen	쏘다	sso-da
neerschieten (ww)	쏘아 죽이다	sso-a ju-gi-da
schieten (ww)	쏘다	sso-da
schieten (het)	발사	bal-sa

ongeluk (gevecht, enz.)	사건	sa-geon
gevecht (het)	몸싸움	mom-ssa-um
slachtoffer (het)	희생자	hui-saeng-ja
beschadigen (ww)	해치다	hae-chi-da

schade (de)	피해	pi-hae
lijk (het)	시신	si-sin
zwaar (~ misdrijf)	중대한	jung-dae-han

aanvallen (ww)	공격하다	gong-gyeo-ka-da
slaan (iemand ~)	때리다	ttae-ri-da
in elkaar slaan (toetakelen)	조지다	jo-ji-da
ontnemen (beroven)	훔치다	hum-chi-da
steken (met een mes)	찔러 죽이다	jjil-leo ju-gi-da
verminken (ww)	불구로 만들다	bul-gu-ro man-deul-da
verwonden (ww)	부상을 입히다	bu-sang-eul ri-pi-da

chantage (de)	공갈	gong-gal
chanteren (ww)	공갈하다	gong-gal-ha-da
chanteur (de)	공갈범	gong-gal-beom

afpersing (de)	폭력단의 갈취 행위	pong-nyeok-dan-ui gal-chwi haeng-wi
afperser (de)	모리배	mo-ri-bae
gangster (de)	갱	gaeng
maffia (de)	마피아	ma-pi-a

kruimeldief (de)	소매치기	so-mae-chi-gi
inbreker (de)	빈집털이범	bin-jip-teo-ri-beom
smokkelen (het)	밀수입	mil-su-ip
smokkelaar (de)	밀수입자	mil-su-ip-ja

namaak (de)	위조	wi-jo
namaken (ww)	위조하다	wi-jo-ha-da
namaak-, vals (bn)	가짜의	ga-jja-ui

192. De wet overtreden. Criminelen. Deel 2

verkrachting (de)	강간	gang-gan
verkrachten (ww)	강간하다	gang-gan-ha-da
verkrachter (de)	강간범	gang-gan-beom
maniak (de)	미치광이	mi-chi-gwang-i

prostituee (de)	매춘부	mae-chun-bu
prostitutie (de)	매춘	mae-chun
pooier (de)	포주	po-ju

| drugsverslaafde (de) | 마약 중독자 | ma-yak jung-dok-ja |
| drugshandelaar (de) | 마약 밀매자 | ma-yak mil-mae-ja |

opblazen (ww)	폭발하다	pok-bal-ha-da
explosie (de)	폭발	pok-bal
in brand steken (ww)	방화하다	bang-hwa-ha-da
brandstichter (de)	방화범	bang-hwa-beom

terrorisme (het)	테러리즘	te-reo-ri-jeum
terrorist (de)	테러리스트	te-reo-ri-seu-teu
gijzelaar (de)	볼모	bol-mo
bedriegen (ww)	속이다	so-gi-da

bedrog (het)	사기	sa-gi
oplichter (de)	사기꾼	sa-gi-kkun
omkopen (ww)	뇌물을 주다	noe-mu-reul ju-da
omkoperij (de)	뇌물 수수	noe-mul su-su
smeergeld (het)	뇌물	noe-mul
vergif (het)	독	dok
vergiftigen (ww)	독살하다	dok-sal-ha-da
vergif innemen (ww)	음독하다	eum-dok-a-da
zelfmoord (de)	자살	ja-sal
zelfmoordenaar (de)	자살자	ja-sal-ja
bedreigen (bijv. met een pistool)	협박하다	hyeop-bak-a-da
bedreiging (de)	협박	hyeop-bak
een aanslag plegen	살해를 꾀하다	sal-hae-reul kkoe-ha-da
aanslag (de)	미수	mi-su
stelen (een auto)	훔치는	hum-chi-da
kapen (een vliegtuig)	납치하다	nap-chi-ha-da
wraak (de)	복수	bok-su
wreken (ww)	복수하다	bok-su-ha-da
martelen (gevangenen)	고문하다	go-mun-ha-da
foltering (de)	고문	go-mun
folteren (ww)	피롭히다	goe-ro-pi-da
piraat (de)	해적	hae-jeok
straatschender (de)	난동꾼	nan-dong-kkun
gewapend (bn)	무장한	mu-jang-han
geweld (het)	폭력	pong-nyeok
spionage (de)	간첩 행위	gan-cheo-paeng-wi
spioneren (ww)	간첩 행위를 하다	gan-cheop paeng-wi-reul ha-da

193. Politie. Wet. Deel 1

gerecht (het)	정의	jeong-ui
gerechtshof (het)	법정	beop-jeong
rechter (de)	판사	pan-sa
jury (de)	배심원	bae-sim-won
juryrechtspraak (de)	배심 재판	bae-sim jae-pan
berechten (ww)	재판에 부치다	jae-pan-e bu-chi-da
advocaat (de)	변호사	byeon-ho-sa
beklaagde (de)	피고	pi-go
beklaagdenbank (de)	피고인석	pi-go-in-seok
beschuldiging (de)	혐의	hyeom-ui
beschuldigde (de)	형사 피고인	pi-go-in

| vonnis (het) | 형량 | hyeong-nyang |
| veroordelen (in een rechtszaak) | 선고하다 | seon-go-ha-da |

schuldige (de)	유죄	yu-joe
straffen (ww)	처벌하다	cheo-beol-ha-da
bestraffing (de)	벌	beol

boete (de)	벌금	beol-geum
levenslange opsluiting (de)	종신형	jong-sin-hyeong
doodstraf (de)	사형	sa-hyeong
elektrische stoel (de)	전기 의자	jeon-gi ui-ja
schavot (het)	교수대	gyo-su-dae

| executeren (ww) | 집행하다 | ji-paeng-ha-da |
| executie (de) | 처형 | cheo-hyeong |

gevangenis (de)	교도소	gyo-do-so
cel (de)	감방	gam-bang
konvooi (het)	호송	ho-song
gevangenisbewaker (de)	간수	gan-su
gedetineerde (de)	죄수	joe-su

| handboeien (mv.) | 수갑 | su-gap |
| handboeien omdoen | 수갑을 채우다 | su-ga-beul chae-u-da |

ontsnapping (de)	탈옥	ta-rok
ontsnappen (ww)	탈옥하다	ta-rok-a-da
verdwijnen (ww)	사라지다	sa-ra-ji-da
vrijlaten (uit de gevangenis)	출옥하다	chu-rok-a-da
amnestie (de)	사면	sa-myeon

politie (de)	경찰	gyeong-chal
politieagent (de)	경찰관	gyeong-chal-gwan
politiebureau (het)	경찰서	gyeong-chal-seo
knuppel (de)	경찰봉	gyeong-chal-bong
megafoon (de)	메가폰	me-ga-pon

patrouilleerwagen (de)	순찰차	sun-chal-cha
sirene (de)	사이렌	sa-i-ren
de sirene aansteken	사이렌을 켜다	sa-i-re-neul kyeo-da
geloei (het) van de sirene	사이렌 소리	sa-i-ren so-ri

plaats delict (de)	범죄현장	beom-joe-hyeon-jang
getuige (de)	목격자	mok-gyeok-ja
vrijheid (de)	자유	ja-yu
handlanger (de)	공범자	gong-beom-ja
ontvluchten (ww)	달아나다	da-ra-na-da
spoor (het)	흔적	heun-jeok

194. Politie. Wet. Deel 2

| opsporing (de) | 조사 | jo-sa |
| opsporen (ww) | ··· 를 찾다 | ... reul chat-da |

verdenking (de)	혐의	hyeom-ui
verdacht (bn)	의심스러운	ui-sim-seu-reo-un
aanhouden (stoppen)	멈추다	meom-chu-da
tegenhouden (ww)	구류하다	gu-ryu-ha-da
strafzaak (de)	판례	pal-lye
onderzoek (het)	조사	jo-sa
detective (de)	형사	hyeong-sa
onderzoeksrechter (de)	조사관	jo-sa-gwan
versie (de)	가설	ga-seol
motief (het)	동기	dong-gi
verhoor (het)	심문	sim-mun
ondervragen (door de politie)	신문하다	sin-mun-ha-da
ondervragen (omstanders ~)	심문하다	sim-mun-ha-da
controle (de)	확인	hwa-gin
razzia (de)	일제 검거	il-je geom-geo
huiszoeking (de)	수색	su-saek
achtervolging (de)	추적	chu-jeok
achtervolgen (ww)	추적하다	chu-jeok-a-da
opsporen (ww)	추적하다	chu-jeok-a-da
arrest (het)	체포	che-po
arresteren (ww)	체포하다	che-po-ha-da
vangen, aanhouden (een dief, enz.)	붙잡다	but-jap-da
aanhouding (de)	체포	che-po
document (het)	서류	seo-ryu
bewijs (het)	증거	jeung-geo
bewijzen (ww)	증명하다	jeung-myeong-ha-da
voetspoor (het)	발자국	bal-ja-guk
vingerafdrukken (mv.)	지문	ji-mun
bewijs (het)	증거물	jeung-geo-mul
alibi (het)	알리바이	al-li-ba-i
onschuldig (bn)	무죄인	mu-joe-in
onrecht (het)	부정	bu-jeong
onrechtvaardig (bn)	부당한	bu-dang-han
crimineel (bn)	범죄의	beom-joe-ui
confisqueren (in beslag nemen)	몰수하다	mol-su-ha-da
drug (de)	마약	ma-yak
wapen (het)	무기	mu-gi
ontwapenen (ww)	무장해제하다	mu-jang-hae-je-ha-da
bevelen (ww)	명령하다	myeong-nyeong-ha-da
verdwijnen (ww)	사라지다	sa-ra-ji-da
wet (de)	법률	beom-nyul
wettelijk (bn)	합법적인	hap-beop-jeo-gin
onwettelijk (bn)	불법적인	bul-beop-jeo-gin
verantwoordelijkheid (de)	책임	chae-gim
verantwoordelijk (bn)	책임 있는	chae-gim in-neun

NATUUR

De Aarde. Deel 1

195. De kosmische ruimte

kosmos (de)	우주	u-ju
kosmisch (bn)	우주의	u-ju-ui
kosmische ruimte (de)	우주 공간	u-ju gong-gan
wereld (de)	세계	se-gye
heelal (het)	우주	u-ju
sterrenstelsel (het)	은하	eun-ha
ster (de)	별, 항성	byeol, hang-seong
sterrenbeeld (het)	별자리	byeol-ja-ri
planeet (de)	행성	haeng-seong
satelliet (de)	인공위성	in-gong-wi-seong
meteoriet (de)	운석	un-seok
komeet (de)	혜성	hye-seong
asteroïde (de)	소행성	so-haeng-seong
baan (de)	궤도	gwe-do
draaien (om de zon, enz.)	회전한다	hoe-jeon-han-da
atmosfeer (de)	대기	dae-gi
Zon (de)	태양	tae-yang
zonnestelsel (het)	태양계	tae-yang-gye
zonsverduistering (de)	일식	il-sik
Aarde (de)	지구	ji-gu
Maan (de)	달	dal
Mars (de)	화성	hwa-seong
Venus (de)	금성	geum-seong
Jupiter (de)	목성	mok-seong
Saturnus (de)	토성	to-seong
Mercurius (de)	수성	su-seong
Uranus (de)	천왕성	cheon-wang-seong
Neptunus (de)	해왕성	hae-wang-seong
Pluto (de)	명왕성	myeong-wang-seong
Melkweg (de)	은하수	eun-ha-su
Grote Beer (de)	큰곰자리	keun-gom-ja-ri
Poolster (de)	북극성	buk-geuk-seong
marsmannetje (het)	화성인	hwa-seong-in
buitenaards wezen (het)	외계인	oe-gye-in

| bovenaards (het) | 외계인 | oe-gye-in |
| vliegende schotel (de) | 비행 접시 | bi-haeng jeop-si |

| ruimtevaartuig (het) | 우주선 | u-ju-seon |
| ruimtestation (het) | 우주 정거장 | u-ju jeong-nyu-jang |

motor (de)	엔진	en-jin
straalpijp (de)	노즐	no-jeul
brandstof (de)	연료	yeol-lyo

| cabine (de) | 조종석 | jo-jong-seok |
| antenne (de) | 안테나 | an-te-na |

patrijspoort (de)	현창	hyeon-chang
zonnebatterij (de)	태양 전지	tae-yang jeon-ji
ruimtepak (het)	우주복	u-ju-bok

| gewichtloosheid (de) | 무중력 | mu-jung-nyeok |
| zuurstof (de) | 산소 | san-so |

| koppeling (de) | 도킹 | do-king |
| koppeling maken | 도킹하다 | do-king-ha-da |

observatorium (het)	천문대	cheon-mun-dae
telescoop (de)	망원경	mang-won-gyeong
waarnemen (ww)	관찰하다	gwan-chal-ha-da
exploreren (ww)	탐험하다	tam-heom-ha-da

196. De Aarde

Aarde (de)	지구	ji-gu
aardbol (de)	지구	ji-gu
planeet (de)	행성	haeng-seong

atmosfeer (de)	대기	dae-gi
aardrijkskunde (de)	지리학	ji-ri-hak
natuur (de)	자연	ja-yeon

wereldbol (de)	지구의	ji-gu-ui
kaart (de)	지도	ji-do
atlas (de)	지도첩	ji-do-cheop

| Europa (het) | 유럽 | yu-reop |
| Azië (het) | 아시아 | a-si-a |

| Afrika (het) | 아프리카 | a-peu-ri-ka |
| Australië (het) | 호주 | ho-ju |

Amerika (het)	아메리카 대륙	a-me-ri-ka dae-ryuk
Noord-Amerika (het)	북아메리카	bu-ga-me-ri-ka
Zuid-Amerika (het)	남아메리카	nam-a-me-ri-ka

| Antarctica (het) | 남극 대륙 | nam-geuk dae-ryuk |
| Arctis (de) | 극지방 | geuk-ji-bang |

197. Windrichtingen

noorden (het)	북쪽	buk-jjok
naar het noorden	북쪽으로	buk-jjo-geu-ro
in het noorden	북쪽에	buk-jjo-ge
noordelijk (bn)	북쪽의	buk-jjo-gui
zuiden (het)	남쪽	nam-jjok
naar het zuiden	남쪽으로	nam-jjo-geu-ro
in het zuiden	남쪽에	nam-jjo-ge
zuidelijk (bn)	남쪽의	nam-jjo-gui
westen (het)	서쪽	seo-jjok
naar het westen	서쪽으로	seo-jjo-geu-ro
in het westen	서쪽에	seo-jjo-ge
westelijk (bn)	서쪽의	seo-jjo-gui
oosten (het)	동쪽	dong-jjok
naar het oosten	동쪽으로	dong-jjo-geu-ro
in het oosten	동쪽에	dong-jjo-ge
oostelijk (bn)	동쪽의	dong-jjo-gui

198. Zee. Oceaan

zee (de)	바다	ba-da
oceaan (de)	대양	dae-yang
golf (baai)	만	man
straat (de)	해협	hae-hyeop
continent (het)	대륙	dae-ryuk
eiland (het)	섬	seom
schiereiland (het)	반도	ban-do
archipel (de)	군도	gun-do
baai, bocht (de)	만	man
haven (de)	항구	hang-gu
lagune (de)	석호	seok-o
kaap (de)	곶	got
atol (de)	환초	hwan-cho
rif (het)	암초	am-cho
koraal (het)	산호	san-ho
koraalrif (het)	산호초	san-ho-cho
diep (bn)	깊은	gi-peun
diepte (de)	깊이	gi-pi
trog (bijv. Marianentrog)	해구	hae-gu
stroming (de)	해류	hae-ryu
omspoelen (ww)	둘러싸다	dul-leo-ssa-da
oever (de)	해변	hae-byeon
kust (de)	바닷가	ba-dat-ga

vloed (de)	밀물	mil-mul
eb (de)	썰물	sseol-mul
ondiepte (ondiep water)	모래톱	mo-rae-top
bodem (de)	해저	hae-jeo

golf (hoge ~)	파도	pa-do
golfkam (de)	물마루	mul-ma-ru
schuim (het)	거품	geo-pum

orkaan (de)	허리케인	heo-ri-ke-in
tsunami (de)	해일	hae-il
windstilte (de)	고요함	go-yo-ham
kalm (bijv. ~e zee)	고요한	go-yo-han

| pool (de) | 극 | geuk |
| polair (bn) | 극지의 | geuk-ji-ui |

breedtegraad (de)	위도	wi-do
lengtegraad (de)	경도	gyeong-do
parallel (de)	위도선	wi-do-seon
evenaar (de)	적도	jeok-do

hemel (de)	하늘	ha-neul
horizon (de)	수평선	su-pyeong-seon
lucht (de)	공기	gong-gi

vuurtoren (de)	등대	deung-dae
duiken (ww)	뛰어들다	ttwi-eo-deul-da
zinken (ov. een boot)	가라앉다	ga-ra-an-da
schatten (mv.)	보물	bo-mul

199. Namen van zeeën en oceanen

Atlantische Oceaan (de)	대서양	dae-seo-yang
Indische Oceaan (de)	인도양	in-do-yang
Stille Oceaan (de)	태평양	tae-pyeong-yang
Noordelijke IJszee (de)	북극해	buk-geuk-ae

Zwarte Zee (de)	흑해	heuk-ae
Rode Zee (de)	홍해	hong-hae
Gele Zee (de)	황해	hwang-hae
Witte Zee (de)	백해	baek-ae

Kaspische Zee (de)	카스피 해	ka-seu-pi hae
Dode Zee (de)	사해	sa-hae
Middellandse Zee (de)	지중해	ji-jung-hae

| Egeïsche Zee (de) | 에게 해 | e-ge hae |
| Adriatische Zee (de) | 아드리아 해 | a-deu-ri-a hae |

Arabische Zee (de)	아라비아 해	a-ra-bi-a hae
Japanse Zee (de)	동해	dong-hae
Beringzee (de)	베링 해	be-ring hae
Zuid-Chinese Zee (de)	남중국해	nam-jung-guk-ae

Koraalzee (de)	산호해	san-ho-hae
Tasmanzee (de)	태즈먼 해	tae-jeu-meon hae
Caribische Zee (de)	카리브 해	ka-ri-beu hae
Barentszzee (de)	바렌츠 해	ba-ren-cheu hae
Karische Zee (de)	카라 해	ka-ra hae
Noordzee (de)	북해	buk-ae
Baltische Zee (de)	발트 해	bal-teu hae
Noorse Zee (de)	노르웨이 해	no-reu-we-i hae

200. Bergen

berg (de)	산	san
bergketen (de)	산맥	san-maek
gebergte (het)	능선	neung-seon
bergtop (de)	정상	jeong-sang
bergpiek (de)	봉우리	bong-u-ri
voet (ov. de berg)	기슭	gi-seuk
helling (de)	경사면	gyeong-sa-myeon
vulkaan (de)	화산	hwa-san
actieve vulkaan (de)	활화산	hwal-hwa-san
uitgedoofde vulkaan (de)	사화산	sa-hwa-san
uitbarsting (de)	폭발	pok-bal
krater (de)	분화구	bun-hwa-gu
magma (het)	마그마	ma-geu-ma
lava (de)	용암	yong-am
gloeiend (~e lava)	녹은	no-geun
kloof (canyon)	협곡	hyeop-gok
bergkloof (de)	협곡	hyeop-gok
spleet (de)	갈라진	gal-la-jin
bergpas (de)	산길	san-gil
plateau (het)	고원	go-won
klip (de)	절벽	jeol-byeok
heuvel (de)	언덕, 작은 산	eon-deok, ja-geun san
gletsjer (de)	빙하	bing-ha
waterval (de)	폭포	pok-po
geiser (de)	간헐천	gan-heol-cheon
meer (het)	호수	ho-su
vlakte (de)	평원	pyeong-won
landschap (het)	경관	gyeong-gwan
echo (de)	메아리	me-a-ri
alpinist (de)	등산가	deung-san-ga
bergbeklimmer (de)	암벽 등반가	am-byeok deung-ban-ga
trotseren (berg ~)	정복하다	jeong-bok-a-da
beklimming (de)	등반	deung-ban

201. Bergen namen

Alpen (de)	알프스 산맥	al-peu-seu san-maek
Mont Blanc (de)	몽블랑 산	mong-beul-lang san
Pyreneeën (de)	피레네 산맥	pi-re-ne san-maek
Karpaten (de)	카르파티아 산맥	ka-reu-pa-ti-a san-maek
Oeralgebergte (het)	우랄 산맥	u-ral san-maek
Kaukasus (de)	코카서스 산맥	ko-ka-seo-seu san-maek
Elbroes (de)	엘브루스 산	el-beu-ru-seu san
Altaj (de)	알타이 산맥	al-ta-i san-maek
Tiensjan (de)	톈샨 산맥	ten-syan san-maek
Pamir (de)	파미르 고원	pa-mi-reu go-won
Himalaya (de)	히말라야 산맥	hi-mal-la-ya san-maek
Everest (de)	에베레스트 산	e-be-re-seu-teu san
Andes (de)	안데스 산맥	an-de-seu san-maek
Kilimanjaro (de)	킬리만자로 산	kil-li-man-ja-ro san

202. Rivieren

rivier (de)	강	gang
bron (~ van een rivier)	샘	saem
riverbedding (de)	강바닥	gang-ba-dak
rivierbekken (het)	유역	yu-yeok
uitmonden in …	… 로 흘러가다	… ro heul-leo-ga-da
zijrivier (de)	지류	ji-ryu
oever (de)	둑	duk
stroming (de)	흐름	heu-reum
stroomafwaarts (bw)	하류로	gang ha-ryu-ro
stroomopwaarts (bw)	상류로	sang-nyu-ro
overstroming (de)	홍수	hong-su
overstroming (de)	홍수	hong-su
buiten zijn oevers treden	범람하다	beom-nam-ha-da
overstromen (ww)	범람하다	beom-nam-ha-da
zandbank (de)	얕은 곳	ya-teun got
stroomversnelling (do)	여울	yeo-ul
dam (de)	댐	daem
kanaal (het)	운하	un-ha
spaarbekken (het)	저수지	jeo-su-ji
sluis (de)	수문	su-mun
waterlichaam (het)	저장 수량	jeo-jang su-ryang
moeras (het)	늪, 소택지	neup, so-taek-ji
broek (het)	수렁	su-reong
draaikolk (de)	소용돌이	so-yong-do-ri
stroom (de)	개울, 시내	gae-ul, si-nae

| drink- (abn) | 마실 수 있는 | ma-sil su in-neun |
| zoet (~ water) | 민물의 | min-mu-rui |

| IJs (het) | 얼음 | eo-reum |
| bevriezen (rivier, enz.) | 얼다 | eol-da |

203. Namen van rivieren

| Seine (de) | 센 강 | sen gang |
| Loire (de) | 루아르 강 | ru-a-reu gang |

Theems (de)	템스 강	tem-seu gang
Rijn (de)	라인 강	ra-in gang
Donau (de)	도나우 강	do-na-u gang

Wolga (de)	볼가 강	bol-ga gang
Don (de)	돈 강	don gang
Lena (de)	레나 강	re-na gang

Gele Rivier (de)	황허강	hwang-heo-gang
Blauwe Rivier (de)	양자강	yang-ja-gang
Mekong (de)	메콩 강	me-kong gang
Ganges (de)	갠지스 강	gaen-ji-seu gang

Nijl (de)	나일 강	na-il gang
Kongo (de)	콩고 강	kong-go gang
Okavango (de)	오카방고 강	o-ka-bang-go gang
Zambezi (de)	잠베지 강	jam-be-ji gang
Limpopo (de)	림포포 강	rim-po-po gang

204. Bos

| bos (het) | 숲 | sup |
| bos- (abn) | 산림의 | sal-li-mui |

oerwoud (dicht bos)	밀림	mil-lim
bosje (klein bos)	작은 숲	ja-geun sup
open plek (de)	빈터	bin-teo

| struikgewas (het) | 덤불 | deom-bul |
| struiken (mv.) | 관목지 | gwan-mok-ji |

| paadje (het) | 오솔길 | o-sol-gil |
| ravijn (het) | 도랑 | do-rang |

boom (de)	나무	na-mu
blad (het)	잎	ip
gebladerte (het)	나뭇잎	na-mun-nip

vallende bladeren (mv.)	낙엽	na-gyeop
vallen (ov. de bladeren)	떨어지다	tteo-reo-ji-da
tak (de)	가지	ga-ji

ent (de)	큰 가지	keun ga-ji
knop (de)	잎눈	im-nun
naald (de)	바늘	ba-neul
dennenappel (de)	솔방울	sol-bang-ul

boom holte (de)	구멍	gu-meong
nest (het)	둥지	dung-ji
hol (het)	굴	gul

stam (de)	몸통	mom-tong
wortel (bijv. boom~s)	뿌리	ppu-ri
schors (de)	껍질	kkeop-jil
mos (het)	이끼	i-kki

ontwortelen (een boom)	수목을 통째 뽑다	su-mo-geul tong-jjae ppop-da
kappen (een boom ~)	자르다	ja-reu-da
ontbossen (ww)	삼림을 없애다	sam-ni-meul reop-sae-da
stronk (de)	그루터기	geu-ru-teo-gi

kampvuur (het)	모닥불	mo-dak-bul
bosbrand (de)	산불	san-bul
blussen (ww)	끄다	kkeu-da

boswachter (de)	산림경비원	sal-lim-gyeong-bi-won
bescherming (de)	보호	bo-ho
beschermen	보호하다	bo-ho-ha-da
(bijv. de natuur ~)		
stroper (de)	밀렵자	mil-lyeop-ja
val (de)	덫	deot

| plukken (vruchten, enz.) | 따다 | tta-da |
| verdwalen (de weg kwijt zijn) | 길을 잃다 | gi-reul ril-ta |

205. Natuurlijke hulpbronnen

natuurlijke rijkdommen (mv.)	천연 자원	cheo-nyeon ja-won
lagen (mv.)	매장량	mae-jang-nyang
veld (bijv. olie~)	지역	ji-yeok

winnen (uit erts ~)	채광하다	chae-gwang-ha-da
winning (de)	막장일	mak-jang-il
erts (het)	광석	gwang-seok
mijn (bijv. kolenmijn)	광산	gwang-san
mijnschacht (de)	갱도	gaeng-do
mijnwerker (de)	광부	gwang-bu

| gas (het) | 가스 | ga-seu |
| gasleiding (de) | 가스관 | ga-seu-gwan |

olie (aardolie)	석유	seo-gyu
olieleiding (de)	석유 파이프라인	seo-gyu pa-i-peu-ra-in
oliebron (de)	유정	yu-jeong
boortoren (de)	유정탑	yu-jeong-tap
tanker (de)	유조선	yu-jo-seon

zand (het)	모래	mo-rae
kalksteen (de)	석회석	seok-oe-seok
grind (het)	자갈	ja-gal
veen (het)	토탄	to-tan
klei (de)	점토	jeom-to
steenkool (de)	석탄	seok-tan
IJzer (het)	철	cheol
goud (het)	금	geum
zilver (het)	은	eun
nikkel (het)	니켈	ni-kel
koper (het)	구리	gu-ri
zink (het)	아연	a-yeon
mangaan (het)	망간	mang-gan
kwik (het)	수은	su-eun
lood (het)	납	nap
mineraal (het)	광물	gwang-mul
kristal (het)	수정	su-jeong
marmer (het)	대리석	dae-ri-seok
uraan (het)	우라늄	u-ra-nyum

De Aarde. Deel 2

206. Weer

weer (het)	날씨	nal-ssi
weersvoorspelling (de)	일기 예보	il-gi ye-bo
temperatuur (de)	온도	on-do
thermometer (de)	온도계	on-do-gye
barometer (de)	기압계	gi-ap-gye
vochtigheid (de)	습함, 습기	seu-pam, seup-gi
hitte (de)	더위	deo-wi
heet (bn)	더운	deo-un
het is heet	덥다	deop-da
het is warm	따뜻하다	tta-tteu-ta-da
warm (bn)	따뜻한	tta-tteu-tan
het is koud	춥다	chup-da
koud (bn)	추운	chu-un
zon (de)	해	hae
schijnen (de zon)	빛나다	bin-na-da
zonnig (~e dag)	화창한	hwa-chang-han
opgaan (ov. de zon)	뜨다	tteu-da
ondergaan (ww)	지다	ji-da
wolk (de)	구름	gu-reum
bewolkt (bn)	구름의	gu-reum-ui
somber (bn)	흐린	heu-rin
regen (de)	비	bi
het regent	비가 오다	bi-ga o-da
regenachtig (bn)	비가 오는	bi-ga o-neun
motregenen (ww)	이슬비가 내리다	i-seul-bi-ga nae-ri-da
plensbui (de)	억수	eok-su
stortbui (de)	호우	ho-u
hard (bn)	심한	sim-han
plas (de)	웅덩이	ung-deong-i
nat worden (ww)	젖다	jeot-da
mist (de)	안개	an-gae
mistig (bn)	안개가 자욱한	an-gae-ga ja-uk-an
sneeuw (de)	눈	nun
het sneeuwt	눈이 오다	nun-i o-da

207. Zwaar weer. Natuurrampen

noodweer (storm)	뇌우	noe-u
bliksem (de)	번개	beon-gae
flitsen (ww)	번쩍이다	beon-jjeo-gi-da
donder (de)	천둥	cheon-dung
donderen (ww)	천둥이 치다	cheon-dung-i chi-da
het dondert	천둥이 치다	cheon-dung-i chi-da
hagel (de)	싸락눈	ssa-rang-nun
het hagelt	싸락눈이 내리다	ssa-rang-nun-i nae-ri-da
overstromen (ww)	범람하다	beom-nam-ha-da
overstroming (de)	홍수	hong-su
aardbeving (de)	지진	ji-jin
aardschok (de)	진동	jin-dong
epicentrum (het)	진앙	jin-ang
uitbarsting (de)	폭발	pok-bal
lava (de)	용암	yong-am
wervelwind (de)	회오리바람	hoe-o-ri-ba-ram
windhoos (de)	토네이도	to-ne-i-do
tyfoon (de)	태풍	tae-pung
orkaan (de)	허리케인	heo-ri-ke-in
storm (de)	폭풍우	pok-pung-u
tsunami (de)	해일	hae-il
brand (de)	불	bul
ramp (de)	재해	jae-hae
meteoriet (de)	운석	un-seok
lawine (de)	눈사태	nun-sa-tae
sneeuwverschuiving (de)	눈사태	nun-sa-tae
sneeuwjacht (de)	눈보라	nun-bo-ra
sneeuwstorm (de)	눈보라	nun-bo-ra

208. Geluiden. Geluiden

stilte (de)	고요함	go-yo-ham
geluid (het)	소리	so-ri
lawaai (het)	소음	so-eum
lawaai maken (ww)	소리를 내다	so-ri-reul lae-da
lawaaierig (bn)	시끄러운	si-kkeu-reo-un
luid (~ spreken)	큰 소리로	keun so-ri-ro
luid (bijv. ~e stem)	시끄러운	si-kkeu-reo-un
aanhoudend (voortdurend)	끊임없는	kkeu-nim-eom-neun
schreeuw (de)	고함을	go-ha-meul
schreeuwen (ww)	소리를 치다	so-ri-reul chi-da

| gefluister (het) | 속삭임 | sok-sa-gim |
| fluisteren (ww) | 속삭이다 | sok-sa-gi-da |

| geblaf (het) | 짖는 소리 | jin-neun so-ri |
| blaffen (ww) | 짖다 | jit-da |

gekreun (het)	신음 소리	si-neum so-ri
kreunen (ww)	신음하다	si-neum-ha-da
hoest (de)	기침	gi-chim
hoesten (ww)	기침을 하다	gi-chi-meul ha-da

gefluit (het)	휘파람	hwi-pa-ram
fluiten (op het fluitje blazen)	휘파람을 불다	hwi-pa-ra-meul bul-da
geklop (het)	노크	no-keu
kloppen (aan een deur)	두드리다	du-deu-ri-da

| kraken (hout, ijs) | 날카로운 소리가 나다 | nal-ka-ro-un so-ri-ga na-da |
| gekraak (het) | 딱딱 튀는 소리 | ttak-ttak twi-neun so-ri |

sirene (de)	사이렌	sa-i-ren
fluit (stoom ~)	경적	gyeong-jeok
fluiten (schip, trein)	기적을 울리다	gi-jeo-geul rul-li-da
toeter (de)	경적	gyeong-jeok
toeteren (ww)	경적을 울리다	gyeong-jeo-geul rul-li-da

209. Winter

winter (de)	겨울	gyeo-ul
winter- (abn)	겨울의	gyeo-ul
in de winter (bw)	겨울에	gyeo-u-re

sneeuw (de)	눈	nun
het sneeuwt	눈이 오다	nun-i o-da
sneeuwval (de)	강설	gang-seol
sneeuwhoop (de)	눈더미	nun-deo-mi

sneeuwvlok (de)	눈송이	nun-song-i
sneeuwbal (de)	눈뭉치	nun-mung-chi
sneeuwman (de)	눈사람	nun-sa-ram
IJspegel (de)	고드름	go-deu-reum

december (de)	십이월	si-bi-wol
januari (de)	일월	i rwol
februari (de)	이월	i-wol

| vorst (de) | 지독한 서리 | ji-dok-an seo-ri |
| vries- (abn) | 서리가 내리는 | seo-ri-ga nae-ri-neun |

| onder nul (bw) | 영하 | yeong-ha |
| rijp (de) | 서리 | seo-ri |

koude (de)	추위	chu-wi
het is koud	춥다	chup-da
bontjas (de)	모피 외투	mo-pi oe-tu

wanten (mv.)	벙어리장갑	beong-eo-ri-jang-gap
ziek worden (ww)	병에 걸리다	byeong-e geol-li-da
verkoudheid (de)	감기	gam-gi
verkouden raken (ww)	감기에 걸리다	gam-gi-e geol-li-da

IJs (het)	얼음	eo-reum
IJzel (de)	빙판	bing-pan
bevriezen (rivier, enz.)	얼다	eol-da
IJsschol (de)	부빙	bu-bing

ski's (mv.)	스키	seu-ki
skiër (de)	스키 타는 사람	seu-ki ta-neun sa-ram
skiën (ww)	스키를 타다	seu-ki-reul ta-da
schaatsen (ww)	스케이트를 타다	seu-ke-i-teu-reul ta-da

Fauna

210. Zoogdieren. Roofdieren

roofdier (het)	육식 동물	yuk-sik dong-mul
tijger (de)	호랑이	ho-rang-i
leeuw (de)	사자	sa-ja
wolf (de)	이리	i-ri
vos (de)	여우	yeo-u
jaguar (de)	재규어	jae-gyu-eo
luipaard (de)	표범	pyo-beom
jachtluipaard (de)	치타	chi-ta
poema (de)	퓨마	pyu-ma
sneeuwluipaard (de)	눈표범	nun-pyo-beom
lynx (de)	스라소니	seu-ra-so-ni
coyote (de)	코요테	ko-yo-te
jakhals (de)	재칼	jae-kal
hyena (de)	하이에나	ha-i-e-na

211. Wilde dieren

dier (het)	동물	dong-mul
beest (het)	짐승	jim-seung
eekhoorn (de)	다람쥐	da-ram-jwi
egel (de)	고슴도치	go-seum-do-chi
haas (de)	토끼	to-kki
konijn (het)	굴토끼	gul-to-kki
das (de)	오소리	o-so-ri
wasbeer (de)	너구리	neo-gu-ri
hamster (de)	햄스터	haem-seu-teo
marmot (de)	마멋	ma-meot
mol (de)	두더지	du-deo-ji
muis (de)	생쥐	saeng-jwi
rat (de)	시궁쥐	si-gung-jwi
vleermuis (de)	박쥐	bak-jwi
hermelijn (de)	북방족제비	buk-bang-jok-je-bi
sabeldier (het)	검은담비	geo-meun-dam-bi
marter (de)	담비	dam-bi
nerts (de)	밍크	ming-keu
bever (de)	비버	bi-beo
otter (de)	수달	su-dal

paard (het)	말	mal
eland (de)	엘크, 무스	el-keu, mu-seu
hert (het)	사슴	sa-seum
kameel (de)	낙타	nak-ta

bizon (de)	미국들소	mi-guk-deul-so
oeros (de)	유럽들소	yu-reop-deul-so
buffel (de)	물소	mul-so

zebra (de)	얼룩말	eol-lung-mal
antilope (de)	영양	yeong-yang
ree (de)	노루	no-ru
damhert (het)	다마사슴	da-ma-sa-seum
gems (de)	샤모아	sya-mo-a
everzwijn (het)	멧돼지	met-dwae-ji

walvis (de)	고래	go-rae
rob (de)	바다표범	ba-da-pyo-beom
walrus (de)	바다코끼리	ba-da-ko-kki-ri
zeehond (de)	물개	mul-gae
dolfijn (de)	돌고래	dol-go-rae

beer (de)	곰	gom
IJsbeer (de)	북극곰	buk-geuk-gom
panda (de)	판다	pan-da

aap (de)	원숭이	won-sung-i
chimpansee (de)	침펜지	chim-paen-ji
orang-oetan (de)	오랑우탄	o-rang-u-tan
gorilla (de)	고릴라	go-ril-la
makaak (de)	마카크	ma-ka-keu
gibbon (de)	긴팔원숭이	gin-pa-rwon-sung-i

olifant (de)	코끼리	ko-kki-ri
neushoorn (de)	코뿔소	ko-ppul-so
giraffe (de)	기린	gi-rin
nijlpaard (het)	하마	ha-ma

| kangoeroe (de) | 캥거루 | kaeng-geo-ru |
| koala (de) | 코알라 | ko-al-la |

mangoest (de)	몽구스	mong-gu-seu
chinchilla (de)	친칠라	chin-chil-la
stinkdier (het)	스컹크	seu-keong-keu
stekelvarken (het)	호저	ho-jeo

212. Huisdieren

| poes (de) | 고양이 | go-yang-i |
| kater (de) | 수고양이 | su-go-yang-i |

paard (het)	말	mal
hengst (de)	수말, 종마	su-mal, jong-ma
merrie (de)	암말	am-mal

koe (de)	암소	am-so
stier (de)	황소	hwang-so
os (de)	수소	su-so
schaap (het)	양, 암양	yang, a-myang
ram (de)	수양	su-yang
geit (de)	염소	yeom-so
bok (de)	숫염소	sun-nyeom-so
ezel (de)	당나귀	dang-na-gwi
muilezel (de)	노새	no-sae
varken (het)	돼지	dwae-ji
biggetje (het)	돼지 새끼	dwae-ji sae-kki
konijn (het)	집토끼	jip-to-kki
kip (de)	암탉	am-tak
haan (de)	수탉	su-tak
eend (de)	집오리	ji-bo-ri
woerd (de)	수오리	su-o-ri
gans (de)	집거위	jip-geo-wi
kalkoen haan (de)	수칠면조	su-chil-myeon-jo
kalkoen (de)	칠면조	chil-myeon-jo
huisdieren (mv.)	가축	ga-chuk
tam (bijv. hamster)	길들여진	gil-deu-ryeo-jin
temmen (tam maken)	길들이다	gil-deu-ri-da
fokken (bijv. paarden ~)	사육하다, 기르다	sa-yuk-a-da, gi-reu-da
boerderij (de)	농장	nong-jang
gevogelte (het)	가금	ga-geum
rundvee (het)	가축	ga-chuk
kudde (de)	떼	tte
paardenstal (de)	마구간	ma-gu-gan
zwijnenstal (de)	돼지 우리	dwae-ji u-ri
koeienstal (de)	외양간	oe-yang-gan
konijnenhok (het)	토끼장	to-kki-jang
kippenhok (het)	닭장	dak-jang

213. Honden. Hondenrassen

hond (de)	개	gae
herdershond (de)	양치기 개	yang-chi-gi gae
poedel (de)	푸들	pu-deul
teckel (de)	닥스훈트	dak-seu-hun-teu
buldog (de)	불독	bul-dok
boxer (de)	복서	bok-seo
mastiff (de)	매스티프	mae-seu-ti-peu
rottweiler (de)	로트와일러	ro-teu-wa-il-leo
doberman (de)	도베르만	do-be-reu-man

basset (de)	바셋 하운드	ba-set ta-un-deu
bobtail (de)	밥테일	bap-te-il
dalmatiër (de)	달마시안	dal-ma-si-an
cockerspaniël (de)	코커 스패니얼	ko-keo seu-pae-ni-eol

| newfoundlander (de) | 뉴펀들랜드 | nyu-peon-deul-laen-deu |
| sint-bernard (de) | 세인트버나드 | se-in-teu-beo-na-deu |

poolhond (de)	허스키	heo-seu-ki
spits (de)	스피츠	seu-pi-cheu
mopshond (de)	퍼그	peo-geu

214. Dierengeluiden

geblaf (het)	짖는 소리	jin-neun so-ri
blaffen (ww)	짖다	jit-da
miauwen (ww)	야옹 하고 울다	ya-ong ha-go ul-da
spinnen (katten)	목을 가르랑거리다	mo-geul ga-reu-rang-geo-ri-da

| loeien (ov. een koe) | 음매 울다 | eum-mae ul-da |
| brullen (stier) | 우렁찬 소리를 내다 | u-reong-chan so-ri-reul lae-da |

| grommen (ov. de honden) | 으르렁거리다 | eu-reu-reong-geo-ri-da |

gehuil (het)	울부짖음	ul-bu-ji-jeum
huilen (wolf, enz.)	울다	ul-da
janken (ov. een hond)	낑낑거리다	kking-kking-geo-ri-da

mekkeren (schapen)	매애하고 울다	mae-ae-ha-go ul-da
knorren (varkens)	꿀꿀거리다	kkul-kkul-geo-ri-da
gillen (bijv. varken)	하는 소리를 내다	ha-neun so-ri-reul lae-da

kwaken (kikvorsen)	개골개골하다	gae-gol-gae-gol-ha-da
zoemen (hommel, enz.)	윙윙거리다	wing-wing-geo-ri-da
tjirpen (sprinkhanen)	찌르찌르 울다	jji-reu-jji-reu ul-da

215. Jonge dieren

jong (het)	새끼	sae-kki
poesje (het)	새끼고양이	sae-kki-go-yang-i
muisje (het)	아기 생쥐	a-gi saeng-jwi
puppy (de)	강아지	gang-a-ji

jonge haas (de)	토끼의 새끼	to-kki-ui sae-kki
konijntje (het)	집토끼의 새끼	jip-to-kki-ui sae-kki
wolfje (het)	이리 새끼	i-ri sae-kki
vosje (het)	여우 새끼	yeo-u sae-kki
beertje (het)	곰 새끼	gom sae-kki

| leeuwenjong (het) | 사자의 새끼 | sa-ja-ui sae-kki |
| tijgertje (het) | 호랑이 새끼 | ho-rang-i sae-kki |

olifantenjong (het)	코끼리의 새끼	ko-kki-ri-ui sae-kki
biggetje (het)	돼지 새끼	dwae-ji sae-kki
kalf (het)	송아지	song-a-ji
geitje (het)	염소의 새끼	yeom-so-ui sae-kki
lam (het)	어린 양	eo-rin nyang
reekalf (het)	새끼 사슴	sae-kki sa-seum
jonge kameel (de)	낙타새끼	nak-ta-sae-kki
slangenjong (het)	새끼 뱀	sae-kki baem
kikkertje (het)	새끼 개구리	sae-kki gae-gu-ri
vogeltje (het)	새 새끼	sae sae-kki
kuiken (het)	병아리	byeong-a-ri
eendje (het)	오리새끼	o-ri-sae-kki

216. Vogels

vogel (de)	새	sae
duif (de)	비둘기	bi-dul-gi
mus (de)	참새	cham-sae
koolmees (de)	박새	bak-sae
ekster (de)	까치	kka-chi
raaf (de)	갈가마귀	gal-ga-ma-gwi
kraai (de)	까마귀	kka-ma-gwi
kauw (de)	갈가마귀	gal-ga-ma-gwi
roek (de)	떼까마귀	ttae-kka-ma-gwi
eend (de)	오리	o-ri
gans (de)	거위	geo-wi
fazant (de)	꿩	kkwong
arend (de)	독수리	dok-su-ri
havik (de)	매	mae
valk (de)	매	mae
gier (de)	독수리, 콘도르	dok-su-ri, kon-do-reu
condor (de)	콘도르	kon-do-reu
zwaan (de)	백조	baek-jo
kraanvogel (de)	두루미	du-ru-mi
ooievaar (de)	황새	hwang-sae
papegaai (de)	앵무새	aeng-mu-sae
kolibrie (de)	벌새	beol-sae
pauw (de)	공작	gong-jak
struisvogel (de)	타조	ta-jo
reiger (de)	왜가리	wae-ga-ri
flamingo (de)	플라밍고	peul-la-ming-go
pelikaan (de)	펠리컨	pel-li-keon
nachtegaal (de)	나이팅게일	na-i-ting-ge-il
zwaluw (de)	제비	je-bi
lijster (de)	지빠귀	ji-ppa-gwi

| zanglijster (de) | 노래지빠귀 | no-rae-ji-ppa-gwi |
| merel (de) | 대륙검은지빠귀 | dae-ryuk-geo-meun-ji-ppa-gwi |

gierzwaluw (de)	칼새	kal-sae
leeuwerik (de)	종다리	jong-da-ri
kwartel (de)	메추라기	me-chu-ra-gi

specht (de)	딱따구리	ttak-tta-gu-ri
koekoek (de)	빼꾸기	ppeo-kku-gi
uil (de)	올빼미	ol-ppae-mi
oehoe (de)	수리부엉이	su-ri-bu-eong-i
auerhoen (het)	큰뇌조	keun-noe-jo
korhoen (het)	멧닭	met-dak
patrijs (de)	자고	ja-go

spreeuw (de)	찌르레기	jji-reu-re-gi
kanarie (de)	카나리아	ka-na-ri-a
vink (de)	되새	doe-sae
goudvink (de)	피리새	pi-ri-sae

meeuw (de)	갈매기	gal-mae-gi
albatros (de)	신천옹	sin-cheon-ong
pinguïn (de)	펭귄	peng-gwin

217. Vogels. Zingen en geluiden

fluiten, zingen (ww)	노래하다	no-rae-ha-da
schreeuwen (dieren, vogels)	울다	ul-da
kraaien (ov. een haan)	꼬끼오 하고 울다	kko-kki-o ha-go ul-da
kukeleku	꼬끼오	kko-kki-o

klokken (hen)	꼬꼬댁거리다	kko-kko-daek-geo-ri-da
krassen (kraai)	까악까악 울다	kka-ak-kka-ak gul-da
kwaken (eend)	꽥꽥 울다	kkwaek-kkwaek gul-da
piepen (kuiken)	삐약삐약 울다	ppi-yak-ppi-yak gul-da
tjilpen (bijv. een mus)	짹짹 울다	jjaek-jjaek gul-da

218. Vis. Zeedieren

brasem (de)	도미류	do-mi-ryu
karper (de)	잉어	ing-eo
baars (de)	농어의 일종	nong-eo-ui il-jong
meerval (de)	메기	me-gi
snoek (de)	북부민물꼬치고기	buk-bu-min-mul-kko-chi-go-gi

| zalm (de) | 연어 | yeon-eo |
| steur (de) | 철갑상어 | cheol-gap-sang-eo |

haring (de)	청어	cheong-eo
atlantische zalm (de)	대서양 연어	dae-seo-yang yeon-eo
makreel (de)	고등어	go-deung-eo

platvis (de)	넙치	neop-chi
kabeljauw (de)	대구	dae-gu
tonijn (de)	참치	cham-chi
forel (de)	송어	song-eo

paling (de)	뱀장어	baem-jang-eo
sidderrog (de)	시끈가오리	si-kkeun-ga-o-ri
murene (de)	곰치	gom-chi
piranha (de)	피라니아	pi-ra-ni-a

haai (de)	상어	sang-eo
dolfijn (de)	돌고래	dol-go-rae
walvis (de)	고래	go-rae

krab (de)	게	ge
kwal (de)	해파리	hae-pa-ri
octopus (de)	낙지	nak-ji

zeester (de)	불가사리	bul-ga-sa-ri
zee-egel (de)	성게	seong-ge
zeepaardje (het)	해마	hae-ma

oester (de)	굴	gul
garnaal (de)	새우	sae-u
kreeft (de)	바닷가재	ba-dat-ga-jae
langoest (de)	대하	dae-ha

219. Amfibieën. Reptielen

| slang (de) | 뱀 | baem |
| giftig (slang) | 독이 있는 | do-gi in-neun |

| adder (de) | 살무사 | sal-mu-sa |
| cobra (de) | 코브라 | ko-beu-ra |

| python (de) | 비단뱀 | bi-dan-baem |
| boa (de) | 보아 | bo-a |

ringslang (de)	풀뱀	pul-baem
ratelslang (de)	방울뱀	bang-ul-baem
anaconda (de)	아나콘다	a-na-kon-da

hagedis (de)	도마뱀	do-ma-baem
leguaan (de)	이구아나	i-gu-a-na
salamander (de)	도롱뇽	do-rong-nyong

| kameleon (de) | 카멜레온 | ka-mel-le-on |
| schorpioen (de) | 전갈 | jeon-gal |

| schildpad (de) | 거북 | geo-buk |
| kikker (de) | 개구리 | gae-gu-ri |

| pad (de) | 두꺼비 | du-kkeo-bi |
| krokodil (de) | 악어 | a-geo |

220. Insecten

insect (het)	곤충	gon-chung
vlinder (de)	나비	na-bi
mier (de)	개미	gae-mi
vlieg (de)	파리	pa-ri
mug (de)	모기	mo-gi
kever (de)	딱정벌레	ttak-jeong-beol-le
wesp (de)	말벌	mal-beol
bij (de)	꿀벌	kkul-beol
hommel (de)	호박벌	ho-bak-beol
horzel (de)	쇠파리	soe-pa-ri
spin (de)	거미	geo-mi
spinnenweb (het)	거미줄	geo-mi-jul
libel (de)	잠자리	jam-ja-ri
sprinkhaan (de)	메뚜기	me-ttu-gi
nachtvlinder (de)	나방	na-bang
kakkerlak (de)	바퀴벌레	ba-kwi-beol-le
mijt (de)	진드기	jin-deu-gi
vlo (de)	벼룩	byeo-ruk
kriebelmug (de)	깔따구	kkal-tta-gu
treksprinkhaan (de)	메뚜기	me-ttu-gi
slak (de)	달팽이	dal-paeng-i
krekel (de)	귀뚜라미	gwi-ttu-ra-mi
glimworm (de)	개똥벌레	gae-ttong-beol-le
lieveheersbeestje (het)	무당벌레	mu-dang-beol-le
meikever (de)	왕풍뎅이	wang-pung-deng-i
bloedzuiger (de)	거머리	geo-meo-ri
rups (de)	애벌레	ae-beol-le
aardworm (de)	지렁이	ji-reong-i
larve (de)	애벌레	ae-beol-le

221. Dieren. Lichaamsdelen

snavel (de)	부리	bu-ri
vleugels (mv.)	날개	nal-gae
poot (ov. een vogel)	다리	da-ri
verenkleed (het)	깃털	git-teol
veer (de)	깃털	git-teol
kuifje (het)	볏	byeot
kieuwen (mv.)	아가미	a-ga-mi
kuit, dril (de)	알을 낳다	a-reul la-ta
larve (de)	애벌레	ae-beol-le
vin (de)	지느러미	ji-neu-reo-mi
schubben (mv.)	비늘	bi-neul
slagtand (de)	송곳니	song-gon-ni

poot (bijv. ~ van een kat)	발	bal
muil (de)	주둥이	ju-dung-i
bek (mond van dieren)	입	ip
staart (de)	꼬리	kko-ri
snorharen (mv.)	수염	su-yeom

| hoef (de) | 발굽 | bal-gup |
| hoorn (de) | 뿔 | ppul |

schild (schildpad, enz.)	등딱지	deung-ttak-ji
schelp (de)	조개 껍질	jo-gae kkeop-jil
eierschaal (de)	달걀 껍질	dal-gyal kkeop-jil

| vacht (de) | 털 | teol |
| huid (de) | 가죽 | ga-juk |

222. Acties van de dieren

vliegen (ww)	날다	nal-da
cirkelen (vogel)	선회하다	seon-hoe-ha-da
wegvliegen (ww)	날아가버리다	na-ra-ga-beo-ri-da
klapwieken (ww)	날개를 치다	nal-gae-reul chi-da

pikken (vogels)	쪼다	jjo-da
broeden (de eend zit te ~)	알을 품다	a-reul pum-da
uitbroeden (ww)	까다	kka-da
een nest bouwen	보금자리를 짓다	bo-geum-ja-ri-reul jit-da

kruipen (ww)	기다	gi-da
steken (bij)	물다	mul-da
bijten (de hond, enz.)	물다	mul-da

snuffelen (ov. de dieren)	냄새맡다	naem-sae-mat-da
blaffen (ww)	짖다	jit-da
sissen (slang)	쉬익하는 소리를 내다	swi-ik-a-neun so-ri-reul lae-da

| doen schrikken (ww) | 겁주다 | geop-ju-da |
| aanvallen (ww) | 공격하다 | gong-gyeo-ka-da |

knagen (ww)	쏠다	ssol-da
schrammen (ww)	할퀴다	hal-kwi-da
zich verbergen (ww)	숨기다	sum-gi-da

spelen (ww)	놀다	nol-da
jagen (ww)	사냥하다	sa-nyang-ha-da
winterslapen	동면하다	dong-myeon-ha-da
uitsterven (dinosauriërs, enz.)	멸종하다	myeol-jong-ha-da

223. Dieren. Leefomgevingen

| leefgebied (het) | 서식지 | seo-sik-ji |
| migratie (de) | 이동 | i-dong |

berg (de)	산	san
rif (het)	암초	am-cho
klip (de)	절벽	jeol-byeok

bos (het)	숲	sup
jungle (de)	정글	jeong-geul
savanne (de)	대초원	dae-cho-won
toendra (de)	툰드라	tun-deu-ra

steppe (de)	스텝 지대	seu-tep ji-dae
woestijn (de)	사막	sa-mak
oase (de)	오아시스	o-a-si-seu

zee (de)	바다	ba-da
meer (het)	호수	ho-su
oceaan (de)	대양	dae-yang

moeras (het)	늪, 소택지	neup, so-taek-ji
zoetwater- (abn)	민물의	min-mu-rui
vijver (de)	연못	yeon-mot
rivier (de)	강	gang

berenhol (het)	굴	gul
nest (het)	둥지	dung-ji
boom holte (de)	구멍	gu-meong
hol (het)	굴	gul
mierenhoop (de)	개미탑	gae-mi-tap

224. Dierverzorging

| dierentuin (de) | 동물원 | dong-mu-rwon |
| natuurreservaat (het) | 자연 보호구역 | ja-yeon bo-ho-gu-yeok |

fokkerij (de)	사육장	sa-yuk-jang
openluchtkooi (de)	야외 사육장	ya-oe sa-yuk-jang
kooi (de)	우리	u-ri
hondenhok (het)	개집	gae-jip

| duiventil (de) | 비둘기장 | bi-dul-gi-jang |
| aquarium (het) | 어항 | eo-hang |

fokken (bijv. honden ~)	사육하다, 기르다	sa-yuk-a-da, gi-reu-da
nakomelingen (mv.)	한 배 새끼	han bae sae-kki
temmen (tam maken)	길들이다	gil-deu-ri-da

voeding (de)	먹이	meo-gi
voederen (ww)	먹이다	meo-gi-da
dresseren (ww)	가르치다	ga-reu-chi-da

dierenwinkel (de)	애완 동물 상점	ae-wan dong-mul sang-jeom
muilkorf (de)	입마개	im-ma-gae
halsband (de)	개목걸이	gae-mok-geo-ri
naam (ov. een dier)	이름	i-reum
stamboom (honden met ~)	족보	gye-tong yeon-gu

225. Dieren. Diversen

meute (wolven)	떼	tte
zwerm (vogels)	새 떼	sae tte
school (vissen)	떼	tte
kudde (wilde paarden)	무리	mu-ri
mannetje (het)	수컷	su-keot
vrouwtje (het)	암컷	am-keot
hongerig (bn)	배고픈	bae-go-peun
wild (bn)	야생의	ya-saeng-ui
gevaarlijk (bn)	위험한	wi-heom-han

226. Paarden

ras (het)	품종	pum-jong
veulen (het)	망아지	mang-a-ji
merrie (de)	암말	am-mal
mustang (de)	무스탕	mu-seu-tang
pony (de)	조랑말	jo-rang-mal
koudbloed (de)	짐수레말	jim-su-re-mal
manen (mv.)	갈기	gal-gi
staart (de)	꼬리	kko-ri
hoef (de)	발굽	bal-gup
hoefijzer (het)	편자	pyeon-ja
beslaan (ww)	편자를 박다	pyeon-ja-reul bak-da
paardensmid (de)	편자공	pyeon-ja-gong
zadel (het)	안장	an-jang
stijgbeugel (de)	등자	deung-ja
breidel (de)	굴레	gul-le
leidsels (mv.)	고삐	go-ppi
zweep (de)	채찍	chae-jjik
ruiter (de)	기수는	gi-su-neun
zadelen (ww)	안장을 얹다	an-jang-eul reon-da
een paard bestijgen	말에 타다	ma-re ta-da
galop (de)	갤럽	gael-leop
galopperen (ww)	전속력으로 달리다	jeon-song-nyeo-geu-ro dal-li-da
draf (de)	속보	sok-bo
in draf (bw)	속보로	sok-bo-ro
renpaard (het)	경마용 말	gyeong-ma-yong mal
paardenrace (de)	경마	gyeong-ma
paardenstal (de)	마구간	ma-gu-gan
voederen (ww)	먹이다	meo-gi-da

hooi (het)	건초	geon-cho
water geven (ww)	물을 먹이다	mu-reul meo-gi-da
wassen (paard ~)	씻기다	ssit-gi-da
grazen (gras eten)	풀을 뜯다	pu-reul tteut-da
hinniken (ww)	울다	ul-da
een trap geven	걷어차다	geo-deo-cha-da

Flora

227. Bomen

boom (de)	나무	na-mu
loof- (abn)	낙엽수의	na-gyeop-su-ui
dennen- (abn)	침엽수의	chi-myeop-su-ui
groenblijvend (bn)	상록의	sang-no-gui
appelboom (de)	사과나무	sa-gwa-na-mu
perenboom (de)	배나무	bae-na-mu
kers (de)	벗나무	beon-na-mu
pruimelaar (de)	자두나무	ja-du-na-mu
berk (de)	자작나무	ja-jang-na-mu
eik (de)	오크	o-keu
linde (de)	보리수	bo-ri-su
esp (de)	사시나무	sa-si-na-mu
esdoorn (de)	단풍나무	dan-pung-na-mu
spar (de)	가문비나무	ga-mun-bi-na-mu
den (de)	소나무	so-na-mu
lariks (de)	낙엽송	na-gyeop-song
zilverspar (de)	전나무	jeon-na-mu
ceder (de)	시다	si-da
populier (de)	포플러	po-peul-leo
lijsterbes (de)	마가목	ma-ga-mok
wilg (de)	버드나무	beo-deu-na-mu
els (de)	오리나무	o-ri-na-mu
beuk (de)	너도밤나무	neo-do-bam-na-mu
iep (de)	느릅나무	neu-reum-na-mu
es (de)	물푸레나무	mul-pu-re-na-mu
kastanje (de)	밤나무	bam-na-mu
magnolia (de)	목련	mong-nyeon
palm (de)	야자나무	ya-ja-na-mu
cipres (de)	사이프러스	sa-i-peu-reo-seu
mangrove (de)	맹그로브	maeng-geu-ro-beu
baobab (apenbroodboom)	바오밥나무	ba-o-bam-na-mu
eucalyptus (de)	유칼립투스	yu-kal-lip-tu-seu
mammoetboom (de)	세쿼이아	se-kwo-i-a

228. Heesters

struik (de)	덤불	deom-bul
heester (de)	관목	gwan-mok

wijnstok (de)	포도 덩굴	po-do deong-gul
wijngaard (de)	포도밭	po-do-bat

frambozenstruik (de)	라즈베리	ra-jeu-be-ri
rode bessenstruik (de)	레드커런트 나무	re-deu-keo-reon-teu na-mu
kruisbessenstruik (de)	구스베리 나무	gu-seu-be-ri na-mu

acacia (de)	아카시아	a-ka-si-a
zuurbes (de)	매자나무	mae-ja-na-mu
jasmijn (de)	재스민	jae-seu-min

jeneverbes (de)	두송	du-song
rozenstruik (de)	장미 덤불	jang-mi deom-bul
hondsroos (de)	찔레나무	jjil-le-na-mu

229. Champignons

paddenstoel (de)	버섯	beo-seot
eetbare paddenstoel (de)	식용 버섯	si-gyong beo-seot
giftige paddenstoel (de)	독버섯	dok-beo-seot
hoed (de)	버섯의 갓	beo-seos-ui gat
steel (de)	줄기	jul-gi

rosse populierenboleet (de)	등색껄껄이그물버섯	deung-saek-kkeol-kkeo-ri-geu-mul-beo-seot
berkenboleet (de)	거친껄껄이그물버섯	geo-chin-kkeol-kkeo-ri-geu-mul-beo-seot
cantharel (de)	살구버섯	sal-gu-beo-seot
russula (de)	무당버섯	mu-dang-beo-seot
morille (de)	곰보버섯	gom-bo-beo-seot
vliegenzwam (de)	광대버섯	gwang-dae-beo-seot
groene knolzwam (de)	알광대버섯	al-gwang-dae-beo-seot

230. Vruchten. Bessen

appel (de)	사과	sa-gwa
peer (de)	배	bae
pruim (de)	자두	ja-du

aardbei (de)	딸기	ttal-gi
zure kers (de)	신양	si-nyang
zoete kers (de)	양벚나무	yang-beon-na-mu
druif (de)	포도	po-do

framboos (de)	라즈베리	ra-jeu-be-ri
zwarte bes (de)	블랙커렌트	beul-laek-keo-ren-teu
rode bes (de)	레드커렌트	re-deu-keo-ren-teu
kruisbes (de)	구스베리	gu-seu-be-ri
veenbes (de)	크랜베리	keu-raen-be-ri
sinaasappel (de)	오렌지	o-ren-ji
mandarijn (de)	귤	gyul

ananas (de)	파인애플	pa-in-ae-peul
banaan (de)	바나나	ba-na-na
dadel (de)	대추야자	dae-chu-ya-ja

citroen (de)	레몬	re-mon
abrikoos (de)	살구	sal-gu
perzik (de)	복숭아	bok-sung-a
kiwi (de)	키위	ki-wi
grapefruit (de)	자몽	ja-mong

bes (de)	장과	jang-gwa
bessen (mv.)	장과류	jang-gwa-ryu
vossenbes (de)	월귤나무	wol-gyul-la-mu
bosaardbei (de)	야생딸기	ya-saeng-ttal-gi
bosbes (de)	빌베리	bil-be-ri

231. Bloemen. Planten

| bloem (de) | 꽃 | kkot |
| boeket (het) | 꽃다발 | kkot-da-bal |

roos (de)	장미	jang-mi
tulp (de)	튤립	tyul-lip
anjer (de)	카네이션	ka-ne-i-syeon
gladiool (de)	글라디올러스	geul-la-di-ol-leo-seu

korenbloem (de)	수레국화	su-re-guk-wa
klokje (het)	실잔대	sil-jan-dae
paardenbloem (de)	민들레	min-deul-le
kamille (de)	캐모마일	kae-mo-ma-il

aloë (de)	알로에	al-lo-e
cactus (de)	선인장	seon-in-jang
ficus (de)	고무나무	go-mu-na-mu

lelie (de)	백합	baek-ap
geranium (de)	제라늄	je-ra-nyum
hyacint (de)	히아신스	hi-a-sin-seu

mimosa (de)	미모사	mi-mo-sa
narcis (de)	수선화	su-seon-hwa
Oostindische kers (de)	한련	hal-lyeon

orchidee (de)	난초	nan-cho
pioenroos (de)	모란	mo-ran
viooltje (het)	바이올렛	ba-i-ol-let

driekleurig viooltje (het)	팬지	paen-ji
vergeet-mij-nietje (het)	물망초	mul-mang-cho
madeliefje (het)	데이지	de-i-ji

papaver (de)	양귀비	yang-gwi-bi
hennep (de)	삼	sam
munt (de)	박하	bak-a

lelietje-van-dalen (het)	은방울꽃	eun-bang-ul-kkot
sneeuwklokje (het)	스노드롭	seu-no-deu-rop
brandnetel (de)	쐐기풀	sswae-gi-pul
veldzuring (de)	수영	su-yeong
waterlelie (de)	수련	su-ryeon
varen (de)	고사리	go-sa-ri
korstmos (het)	이끼	i-kki
oranjerie (de)	온실	on-sil
gazon (het)	잔디	jan-di
bloemperk (het)	꽃밭	kkot-bat
plant (de)	식물	sing-mul
gras (het)	풀	pul
grasspriet (de)	풀잎	pu-rip
blad (het)	잎	ip
bloemblad (het)	꽃잎	kko-chip
stengel (de)	줄기	jul-gi
knol (de)	구근	gu-geun
scheut (de)	새싹	sae-ssak
doorn (de)	가시	ga-si
bloeien (ww)	피우다	pi-u-da
verwelken (ww)	시들다	si-deul-da
geur (de)	향기	hyang-gi
snijden (bijv. bloemen ~)	자르다	ja-reu-da
plukken (bloemen ~)	따다	tta-da

232. Granen, graankorrels

graan (het)	곡물	gong-mul
graangewassen (mv.)	곡류	gong-nyu
aar (de)	이삭	i-sak
tarwe (de)	밀	mil
rogge (de)	호밀	ho-mil
haver (de)	귀리	gwi-ri
gierst (de)	수수, 기장	su-su, gi-jang
gerst (de)	보리	bo-ri
maïs (de)	옥수수	ok-su-su
rijst (de)	쌀	ssal
boekweit (de)	메밀	me-mil
erwt (de)	완두	wan-du
boon (de)	강낭콩	gang-nang-kong
soja (de)	콩	kong
linze (de)	렌즈콩	ren-jeu-kong
bonen (mv.)	콩	kong

233. Groenten. Groene groenten

groenten (mv.)	채소	chae-so
verse kruiden (mv.)	녹황색 채소	nok-wang-saek chae-so
tomaat (de)	토마토	to-ma-to
augurk (de)	오이	o-i
wortel (de)	당근	dang-geun
aardappel (de)	감자	gam-ja
ui (de)	양파	yang-pa
knoflook (de)	마늘	ma-neul
kool (de)	양배추	yang-bae-chu
bloemkool (de)	컬리플라워	keol-li-peul-la-wo
spruitkool (de)	방울다다기 양배추	bang-ul-da-da-gi yang-bae-chu
rode biet (de)	비트	bi-teu
aubergine (de)	가지	ga-ji
courgette (de)	애호박	ae-ho-bak
pompoen (de)	호박	ho-bak
knolraap (de)	순무	sun-mu
peterselie (de)	파슬리	pa-seul-li
dille (de)	딜	dil
sla (de)	양상추	yang-sang-chu
selderij (de)	셀러리	sel-leo-ri
asperge (de)	아스파라거스	a-seu-pa-ra-geo-seu
spinazie (de)	시금치	si-geum-chi
erwt (de)	완두	wan-du
bonen (mv.)	콩	kong
maïs (de)	옥수수	ok-su-su
boon (de)	강낭콩	gang-nang-kong
peper (de)	피망	pi-mang
radijs (de)	무	mu
artisjok (de)	아티초크	a-ti-cho-keu

REGIONALE AARDRIJKSKUNDE

Landen. Nationaliteiten

234. West-Europa

Europa (het)	유럽	yu-reop
Europese Unie (de)	유럽 연합	yu-reop byeon-hap
Europeaan (de)	유럽 사람	yu-reop sa-ram
Europees (bn)	유럽의	yu-reo-bui
Oostenrijk (het)	오스트리아	o-seu-teu-ri-a
Oostenrijker (de)	오스트리아 사람	o-seu-teu-ri-a sa-ram
Oostenrijkse (de)	오스트리아 사람	o-seu-teu-ri-a sa-ram
Oostenrijks (bn)	오스트리아의	o-seu-teu-ri-a-ui
Groot-Brittannië (het)	영국	yeong-guk
Engeland (het)	잉글랜드	ing-geul-laen-deu
Engelsman (de)	영국 남자	yeong-guk nam-ja
Engelse (de)	영국 여성	yeong-guk gyeo-ja
Engels (bn)	영국의	yeong-gu-gui
België (het)	벨기에	bel-gi-e
Belg (de)	벨기에 사람	bel-gi-e sa-ram
Belgische (de)	벨기에 사람	bel-gi-e sa-ram
Belgisch (bn)	벨기에의	bel-gi-e-ui
Duitsland (het)	독일	do-gil
Duitser (de)	독일 사람	do-gil sa-ram
Duitse (de)	독일 사람	do-gil sa-ram
Duits (bn)	독일의	do-gi-rui
Nederland (het)	네덜란드	ne-deol-lan-deu
Holland (het)	네덜란드	ne-deol-lan-deu
Nederlander (de)	네덜란드 사람	ne-deol-lan-deu sa-ram
Nederlandse (de)	네덜란드 사람	ne-deol-lan-deu sa-ram
Nederlands (bn)	네덜란드의	ne-deol-lan-deu-ui
Griekenland (het)	그리스	geu-ri-seu
Griek (de)	그리스 사람	geu-ri-seu sa-ram
Griekse (de)	그리스 사람	geu-ri-seu sa-ram
Grieks (bn)	그리스의	geu-ri-seu-ui
Denemarken (het)	덴마크	den-ma-keu
Deen (de)	덴마크 사람	den-ma-keu sa-ram
Deense (de)	덴마크 사람	den-ma-keu sa-ram
Deens (bn)	덴마크의	den-ma-keu-ui
Ierland (het)	아일랜드	a-il-laen-deu
Ier (de)	아일랜드 사람	a-il-laen-deu sa-ram

Ierse (de)	아일랜드 사람	a-il-laen-deu sa-ram
Iers (bn)	아일랜드의	a-il-laen-deu-ui
IJsland (het)	아이슬란드	a-i-seul-lan-deu
IJslander (de)	아이슬란드 사람	a-i-seul-lan-deu sa-ram
IJslandse (de)	아이슬란드 사람	a-i-seul-lan-deu sa-ram
IJslands (bn)	아이슬란드의	a-i-seul-lan-deu-ui
Spanje (het)	스페인	seu-pe-in
Spanjaard (de)	스페인 사람	seu-pe-in sa-ram
Spaanse (de)	스페인 사람	seu-pe-in sa-ram
Spaans (bn)	스페인의	seu-pe-in-ui
Italië (het)	이탈리아	i-tal-li-a
Italiaan (de)	이탈리아 사람	i-tal-li-a sa-ram
Italiaanse (de)	이탈리아 사람	i-tal-li-a sa-ram
Italiaans (bn)	이탈리아의	i-tal-li-a-ui
Cyprus (het)	키프로스	ki-peu-ro-seu
Cyprioot (de)	키프로스 사람	ki-peu-ro-seu sa-ram
Cypriotische (de)	키프로스 사람	ki-peu-ro-seu sa-ram
Cypriotisch (bn)	키프로스의	ki-peu-ro-seu-ui
Malta (het)	몰타	mol-ta
Maltees (de)	몰타 사람	mol-ta sa-ram
Maltese (de)	몰타 사람	mol-ta sa-ram
Maltees (bn)	몰타의	mol-ta-ui
Noorwegen (het)	노르웨이	no-reu-we-i
Noor (de)	노르웨이 사람	no-reu-we-i sa-ram
Noorse (de)	노르웨이사람	no-reu-we-i sa-ram
Noors (bn)	노르웨이의	no-reu-we-i-ui
Portugal (het)	포르투갈	po-reu-tu-gal
Portugees (de)	포르투갈 사람	po-reu-tu-gal sa-ram
Portugese (de)	포르투갈 사람	po-reu-tu-gal sa-ram
Portugees (bn)	포르투갈의	po-reu-tu-ga-rui
Finland (het)	핀란드	pil-lan-deu
Fin (de)	핀란드 사람	pil-lan-deu sa-ram
Finse (de)	핀란드사람	pil-lan-deu-sa-ram
Fins (bn)	핀란드의	pil-lan-deu-ui
Frankrijk (het)	프랑스	peu-rang-seu
Fransman (de)	프랑스 사람	peu-rang-seu sa-ram
Française (de)	프랑스 사람	peu-rang-seu sa-ram
Frans (bn)	프랑스의	peu-rang-seu-ui
Zweden (het)	스웨덴	seu-we-den
Zweed (de)	스웨덴 사람	seu-we-den sa-ram
Zweedse (de)	스웨덴 사람	seu-we-den sa-ram
Zweeds (bn)	스웨덴의	seu-we-den-ui
Zwitserland (het)	스위스	seu-wi-seu
Zwitser (de)	스위스 사람	seu-wi-seu sa-ram
Zwitserse (de)	스위스 사람	seu-wi-seu sa-ram

Zwitsers (bn)	스위스의	seu-wi-seu-ui
Schotland (het)	스코틀랜드	seu-ko-teul-laen-deu
Schot (de)	스코틀랜드 사람	seu-ko-teul-laen-deu sa-ram
Schotse (de)	스코틀랜드 사람	seu-ko-teul-laen-deu sa-ram
Schots (bn)	스코틀랜드의	seu-ko-teul-laen-deu-ui

Vaticaanstad (de)	바티칸	ba-ti-kan
Liechtenstein (het)	리히텐슈타인	ri-hi-ten-syu-ta-in
Luxemburg (het)	룩셈부르크	ruk-sem-bu-reu-keu
Monaco (het)	모나코	mo-na-ko

235. Centraal- en Oost-Europa

Albanië (het)	알바니아	al-ba-ni-a
Albanees (de)	알바니아 사람	al-ba-ni-a sa-ram
Albanese (de)	알바니아 사람	al-ba-ni-a sa-ram
Albanees (bn)	알바니아의	al-ba-ni-a-ui

Bulgarije (het)	불가리아	bul-ga-ri-a
Bulgaar (de)	불가리아 사람	bul-ga-ri-a sa-ram
Bulgaarse (de)	불가리아 사람	bul-ga-ri-a sa-ram
Bulgaars (bn)	불가리아의	bul-ga-ri-a-ui

Hongarije (het)	헝가리	heong-ga-ri
Hongaar (de)	헝가리 사람	heong-ga-ri sa-ram
Hongaarse (de)	헝가리 사람	heong-ga-ri sa-ram
Hongaars (bn)	헝가리의	heong-ga-ri-ui

Letland (het)	라트비아	ra-teu-bi-a
Let (de)	라트비아 사람	ra-teu-bi-a sa-ram
Letse (de)	라트비아 사람	ra-teu-bi-a sa-ram
Lets (bn)	라트비아의	ra-teu-bi-a-ui

Litouwen (het)	리투아니아	ri-tu-a-ni-a
Litouwer (de)	리투아니아 사람	ri-tu-a-ni-a sa-ram
Litouwse (de)	리투아니아 사람	ri-tu-a-ni-a sa-ram
Litouws (bn)	리투아니아의	ri-tu-a-ni-a-ui

Polen (het)	폴란드	pol-lan-deu
Pool (de)	폴란드 사람	pol-lan-deu sa-ram
Poolse (de)	폴란드 사람	pol-lan-deu sa-ram
Pools (bn)	폴란드의	pol-lan-deu-ui

Roemenië (het)	루마니아	ru-ma-ni-a
Roemeen (de)	루마니아 사람	ru-ma-ni-a sa-ram
Roemeense (de)	루마니아 사람	ru-ma-ni-a sa-ram
Roemeens (bn)	루마니아의	ru-ma-ni-a-ui

Servië (het)	세르비아	se-reu-bi-a
Serviër (de)	세르비아 사람	se-reu-bi-a sa-ram
Servische (de)	세르비아 사람	se-reu-bi-a sa-ram
Servisch (bn)	세르비아의	se-reu-bi-a-ui
Slowakije (het)	슬로바키아	seul-lo-ba-ki-a
Slowaak (de)	슬로바키아 사람	seul-lo-ba-ki-a sa-ram

Slowaakse (de)	슬로바키아 사람	seul-lo-ba-ki-a sa-ram
Slowaakse (bn)	슬로바키아의	seul-lo-ba-ki-a-ui

Kroatië (het)	크로아티아	keu-ro-a-ti-a
Kroaat (de)	크로아티아 사람	keu-ro-a-ti-a sa-ram
Kroatische (de)	크로아티아 사람	keu-ro-a-ti-a sa-ram
Kroatisch (bn)	크로아티아의	keu-ro-a-ti-a-ui

Tsjechië (het)	체코	che-ko
Tsjech (de)	체코 사람	che-ko sa-ram
Tsjechische (de)	체코 사람	che-ko sa-ram
Tsjechisch (bn)	체코의	che-ko-ui

Estland (het)	에스토니아	e-seu-to-ni-a
Est (de)	에스토니아 사람	e-seu-to-ni-a sa-ram
Estse (de)	에스토니아 사람	e-seu-to-ni-a sa-ram
Ests (bn)	에스토니아의	e-seu-to-ni-a-ui

Bosnië en Herzegovina (het)	보스니아 헤르체코비나	bo-seu-ni-a he-reu-che-ko-bi-na
Macedonië (het)	마케도니아	ma-ke-do-ni-a
Slovenië (het)	슬로베니아	seul-lo-be-ni-a
Montenegro (het)	몬테네그로	mon-te-ne-geu-ro

236. Voormalige USSR landen

Azerbeidzjan (het)	아제르바이잔	a-je-reu-ba-i-jan
Azerbeidzjaan (de)	아제르바이잔 사람	a-je-reu-ba-i-jan sa-ram
Azerbeidjaanse (de)	아제르바이잔 사람	a-je-reu-ba-i-jan sa-ram
Azerbeidjaans (bn)	아제르바이잔의	a-je-reu-ba-i-jan-ui

Armenië (het)	아르메니아	a-reu-me-ni-a
Armeen (de)	아르메니아 사람	a-reu-me-ni-a sa-ram
Armeense (de)	아르메니아 사람	a-reu-me-ni-a sa-ram
Armeens (bn)	아르메니아의	a-reu-me-ni-a-ui

Wit-Rusland (het)	벨로루시	bel-lo-ru-si
Wit-Rus (de)	벨로루시 사람	bel-lo-ru-si sa-ram
Wit-Russische (de)	벨로루시 사람	bel-lo-ru-si sa-ram
Wit-Russisch (bn)	벨로루시의	bel-lo-ru-si-ui

Georgië (het)	그루지야	geu-ru-ji-ya
Georgiër (de)	그루지야 사람	geu-ru-ji-ya sa-ram
Georgische (de)	그루지야 사람	geu-ru-ji-ya sa-ram
Georgisch (bn)	그루지야의	geu-ru-ji-ya-ui

Kazakstan (het)	카자흐스탄	ka-ja-heu-seu-tan
Kazak (de)	카자흐스탄 사람	ka-ja-heu-seu-tan sa-ram
Kazakse (de)	카자흐스탄 사람	ka-ja-heu-seu-tan sa-ram
Kazakse (bn)	카자흐스탄의	ka-ja-heu-seu-tan-ui

Kirgizië (het)	키르기스스탄	ki-reu-gi-seu-seu-tan
Kirgiziër (de)	키르기스스탄 사람	ki-reu-gi-seu-seu-tan sa-ram
Kirgizische (de)	키르기스스탄 사람	ki-reu-gi-seu-seu-tan sa-ram

Kirgizische (bn)	키르기스스탄의	ki-reu-gi-seu-seu-tan-ui
Moldavië (het)	몰도바	mol-do-ba
Moldaviër (de)	몰도바 사람	mol-do-ba sa-ram
Moldavische (de)	몰도바 사람	mol-do-ba sa-ram
Moldavisch (bn)	몰도바의	mol-do-ba-ui

Rusland (het)	러시아	reo-si-a
Rus (de)	러시아 사람	reo-si-a sa-ram
Russin (de)	러시아 사람	reo-si-a sa-ram
Russisch (bn)	러시아의	reo-si-a-ui

Tadzjikistan (het)	타지키스탄	ta-ji-ki-seu-tan
Tadzjiek (de)	타지키스탄 사람	ta-ji-ki-seu-tan sa-ram
Tadzjiekse (de)	타지키스탄 사람	ta-ji-ki-seu-tan sa-ram
Tadzjieks (bn)	타지키스탄의	ta-ji-ki-seu-tan-ui

Turkmenistan (het)	투르크메니스탄	tu-reu-keu-me-ni-seu-tan
Turkmeen (de)	투르크메니스탄 사람	tu-reu-keu-me-ni-seu-tan sa-ram
Turkmeense (de)	투르크메니스탄 사람	tu-reu-keu-me-ni-seu-tan sa-ram
Turkmeens (bn)	투르크메니스탄의	tu-reu-keu-me-ni-seu-tan-ui

Oezbekistan (het)	우즈베키스탄	u-jeu-be-ki-seu-tan
Oezbeek (de)	우즈베키스탄 사람	u-jeu-be-ki-seu-tan sa-ram
Oezbeekse (de)	우즈베키스탄 사람	u-jeu-be-ki-seu-tan sa-ram
Oezbeeks (bn)	우즈베키스탄의	u-jeu-be-ki-seu-tan-ui

Oekraïne (het)	우크라이나	u-keu-ra-i-na
Oekraïner (de)	우크라이나 사람	u-keu-ra-i-na sa-ram
Oekraïense (de)	우크라이나 사람	u-keu-ra-i-na sa-ram
Oekraïens (bn)	우크라이나의	u-keu-ra-i-na-ui

237. Azië

Azië (het)	아시아	a-si-a
Aziatisch (bn)	아시아의	a-si-a-ui

Vietnam (het)	베트남	be-teu-nam
Vietnamees (de)	베트남 사람	be-teu-nam sa-ram
Vietnamese (de)	베트남 사람	be-teu-nam sa-ram
Vietnamees (bn)	베트남의	be-teu-nam-ui

India (het)	인도	in-do
Indiër (de)	인도 사람	in-do sa-ram
Indische (de)	인도 사람	in-do sa-ram
Indisch (bn)	인도의	in-do-ui

Israël (het)	이스라엘	i-seu-ra-el
Israëliër (de)	이스라엘 사람	i-seu-ra-el sa-ram
Israëlische (de)	이스라엘 사람	i-seu-ra-el sa-ram
Israëlisch (bn)	이스라엘의	i-seu-ra-e-rui
Jood (etniciteit)	유대인	yu-dae-in
Jodin (de)	유대인 여자	yu-dae-in nyeo-ja

Joods (bn)	유대인의	yu-dae-in-ui
China (het)	중국	jung-guk
Chinees (de)	중국 사람	jung-guk sa-ram
Chinese (de)	중국 사람	jung-guk sa-ram
Chinees (bn)	중국의	jung-gu-gui
Koreaan (de)	한국 사람	han-guk sa-ram
Koreaanse (de)	한국 사람	han-guk sa-ram
Koreaans (bn)	한국의	han-gu-gui
Libanon (het)	레바논	re-ba-non
Libanees (de)	레바논 사람	re-ba-non sa-ram
Libanese (de)	레바논 사람	re-ba-non sa-ram
Libanees (bn)	레바논의	re-ba-non-ui
Mongolië (het)	몽골	mong-gol
Mongool (de)	몽골 사람	mong-gol sa-ram
Mongoolse (de)	몽골 사람	mong-gol sa-ram
Mongools (bn)	몽골의	mong-go-rui
Maleisië (het)	말레이시아	mal-le-i-si-a
Maleisiër (de)	말레이시아 사람	mal-le-i-si-a sa-ram
Maleisische (de)	말레이시아 사람	mal-le-i-si-a sa-ram
Maleisisch (bn)	말레이시아의	mal-le-i-si-a-ui
Pakistan (het)	파키스탄	pa-ki-seu-tan
Pakistaan (de)	파키스탄 사람	pa-ki-seu-tan sa-ram
Pakistaanse (de)	파키스탄 사람	pa-ki-seu-tan sa-ram
Pakistaans (bn)	파키스탄의	pa-ki-seu-tan-ui
Saoedi-Arabië (het)	사우디아라비아	sa-u-di-a-ra-bi-a
Arabier (de)	아랍 사람	a-rap sa-ram
Arabische (de)	아랍 사람	a-rap sa-ram
Arabisch (bn)	아랍인의	sa-u-di-a-ra-bi-a-ui
Thailand (het)	태국	tae-guk
Thai (de)	태국 사람	tae-guk sa-ram
Thaise (de)	태국 사람	tae-guk sa-ram
Thai (bn)	태국의	tae-gu-gui
Taiwan (het)	대만	dae-man
Taiwanees (de)	대만 사람	dae-man sa-ram
Taiwanese (de)	대만 사람	dae-man sa-ram
Taiwanees (bn)	대만의	dae-man-ui
Turkije (het)	터키	teo-ki
Turk (de)	터키 사람	teo-ki sa-ram
Turkse (de)	터키 사람	teo-ki sa-ram
Turks (bn)	터키의	teo-ki-ui
Japan (het)	일본	il-bon
Japanner (de)	일본 사람	il-bon sa-ram
Japanse (de)	일본 사람	il-bon sa-ram
Japans (bn)	일본의	il-bon-ui
Afghanistan (het)	아프가니스탄	a-peu-ga-ni-seu-tan
Bangladesh (het)	방글라데시	bang-geul-la-de-si

Indonesië (het)	인도네시아	in-do-ne-si-a
Jordanië (het)	요르단	yo-reu-dan
Irak (het)	이라크	i-ra-keu
Iran (het)	이란	i-ran
Cambodja (het)	캄보디아	kam-bo-di-a
Koeweit (het)	쿠웨이트	ku-we-i-teu
Laos (het)	라오스	ra-o-seu
Myanmar (het)	미얀마	mi-yan-ma
Nepal (het)	네팔	ne-pal
Verenigde Arabische Emiraten	아랍에미리트	a-ra-be-mi-ri-teu
Syrië (het)	시리아	si-ri-a
Palestijnse autonomie (de)	팔레스타인	pal-le-seu-ta-in
Zuid-Korea (het)	한국	han-guk
Noord-Korea (het)	북한	buk-an

238. Noord-Amerika

Verenigde Staten van Amerika	미국	mi-guk
Amerikaan (de)	미국 사람	mi-guk sa-ram
Amerikaanse (de)	미국 사람	mi-guk sa-ram
Amerikaans (bn)	미국의	mi-gu-gui
Canada (het)	캐나다	kae-na-da
Canadees (de)	캐나다 사람	kae-na-da sa-ram
Canadese (de)	캐나다 사람	kae-na-da sa-ram
Canadees (bn)	캐나다의	kae-na-da-ui
Mexico (het)	멕시코	mek-si-ko
Mexicaan (de)	멕시코 사람	mek-si-ko sa-ram
Mexicaanse (de)	멕시코 사람	mek-si-ko sa-ram
Mexicaans (bn)	멕시코의	mek-si-ko-ui

239. Midden- en Zuid-Amerika

Argentinië (het)	아르헨티나	a-reu-hen-ti-na
Argentijn (de)	아르헨티나 사람	a-reu-hen-ti-na sa-ram
Argentijnse (de)	아르헨티나 사람	a-reu-hen-ti-na sa-ram
Argentijns (bn)	아르헨티나의	a-reu-hen-ti-na-ui
Brazilië (het)	브라질	beu-ra-jil
Braziliaan (de)	브라질 사람	beu-ra-jil sa-ram
Braziliaanse (de)	브라질 사람	beu-ra-jil sa-ram
Braziliaans (bn)	브라질의	beu-ra-ji-rui
Colombia (het)	콜롬비아	kol-lom-bi-a
Colombiaan (de)	콜롬비아 사람	kol-lom-bi-a sa-ram
Colombiaanse (de)	콜롬비아 사람	kol-lom-bi-a sa-ram

Colombiaans (bn)	콜롬비아의	kol-lom-bi-a-ui
Cuba (het)	쿠바	ku-ba
Cubaan (de)	쿠바 사람	ku-ba sa-ram
Cubaanse (de)	쿠바 사람	ku-ba sa-ram
Cubaans (bn)	쿠바의	ku-ba-ui

Chili (het)	칠레	chil-le
Chileen (de)	칠레 사람	chil-le sa-ram
Chileense (de)	칠레 사람	chil-le sa-ram
Chileens (bn)	칠레의	chil-le-ui

Bolivia (het)	볼리비아	bol-li-bi-a
Venezuela (het)	베네수엘라	be-ne-su-el-la
Paraguay (het)	파라과이	pa-ra-gwa-i
Peru (het)	페루	pe-ru

Suriname (het)	수리남	su-ri-nam
Uruguay (het)	우루과이	u-ru-gwa-i
Ecuador (het)	에콰도르	e-kwa-do-reu

Bahama's (mv.)	바하마	ba-ha-ma
Haïti (het)	아이티	a-i-ti
Dominicaanse Republiek (de)	도미니카 공화국	do-mi-ni-ka gong-hwa-guk
Panama (het)	파나마	pa-na-ma
Jamaica (het)	자메이카	ja-me-i-ka

240. Afrika

Egypte (het)	이집트	i-jip-teu
Egyptenaar (de)	이집트 사람	i-jip-teu sa-ram
Egyptische (de)	이집트 사람	i-jip-teu sa-ram
Egyptisch (bn)	이집트의	i-jip-teu-ui

Marokko (het)	모로코	mo-ro-ko
Marokkaan (de)	모로코 사람	mo-ro-ko sa-ram
Marokkaanse (de)	모로코 사람	mo-ro-ko sa-ram
Marokkaans (bn)	모로코의	mo-ro-ko-ui

Tunesië (het)	튀니지	twi-ni-ji
Tunesiër (de)	튀니지 사람	twi-ni-ji sa-ram
Tunesische (de)	튀니지 사람	twi-ni-ji sa-ram
Tunesisch (bn)	튀니지의	twi-ni-ji-ui

Ghana (het)	가나	ga-na
Zanzibar (het)	잔지바르	jan-ji-ba-reu
Kenia (het)	케냐	ke-nya
Libië (het)	리비아	ri-bi-a
Madagaskar (het)	마다가스카르	ma-da-ga-seu-ka-reu

Namibië (het)	나미비아	na-mi-bi-a
Senegal (het)	세네갈	se-ne-gal
Tanzania (het)	탄자니아	tan-ja-ni-a
Zuid-Afrika (het)	남아프리카 공화국	nam-a-peu-ri-ka gong-hwa-guk

Afrikaan (de)	아프리카 사람	a-peu-ri-ka sa-ram
Afrikaanse (de)	아프리카 사람	a-peu-ri-ka sa-ram
Afrikaans (bn)	아프리카의	a-peu-ri-ka-ui

241. Australië. Oceanië

Australië (het)	호주	ho-ju
Australiër (de)	호주 사람	ho-ju sa-ram
Australische (de)	호주 사람	ho-ju sa-ram
Australisch (bn)	호주의	ho-ju-ui
Nieuw-Zeeland (het)	뉴질랜드	nyu-jil-laen-deu
Nieuw-Zeelander (de)	뉴질랜드 사람	nyu-jil-laen-deu sa-ram
Nieuw-Zeelandse (de)	뉴질랜드 사람	nyu-jil-laen-deu sa-ram
Nieuw-Zeelands (bn)	뉴질랜드의	nyu-jil-laen-deu-ui
Tasmanië (het)	태즈메이니아	tae-jeu-me-i-ni-a
Frans-Polynesië	폴리네시아	pol-li-ne-si-a

242. Steden

Amsterdam	암스테르담	am-seu-te-reu-dam
Ankara	앙카라	ang-ka-ra
Athene	아테네	a-te-ne
Bagdad	바그다드	ba-geu-da-deu
Bangkok	방콕	bang-kok
Barcelona	바르셀로나	ba-reu-sel-lo-na
Beiroet	베이루트	be-i-ru-teu
Berlijn	베를린	be-reul-lin
Boedapest	부다페스트	bu-da-pe-seu-teu
Boekarest	부쿠레슈티	bu-ku-re-syu-ti
Bombay, Mumbai	봄베이, 뭄바이	bom-be-i, mum-ba-i
Bonn	본	bon
Bordeaux	보르도	bo-reu-do
Bratislava	브라티슬라바	beu-ra-ti-seul-la-ba
Brussel	브뤼셀	beu-rwi-sel
Caïro	카이로	ka-i-ro
Calcutta	캘커타	kael-keo-ta
Chicago	시카고	si-ka-go
Dar Es Salaam	다르에스살람	da-reu-e-seu-sal-lam
Delhi	델리	del-li
Den Haag	헤이그	he-i-geu
Dubai	두바이	du-ba-i
Dublin	더블린	deo-beul-lin
Düsseldorf	뒤셀도르프	dwi-sel-do-reu-peu
Florence	플로렌스	peul-lo-ren-seu
Frankfort	프랑크푸르트	peu-rang-keu-pu-reu-teu
Genève	제네바	je-ne-ba

Hamburg	함부르크	ham-bu-reu-keu
Hanoi	하노이	ha-no-i
Havana	아바나	a-ba-na
Helsinki	헬싱키	hel-sing-ki
Hiroshima	히로시마	hi-ro-si-ma
Hongkong	홍콩	hong-kong
Istanbul	이스탄불	i-seu-tan-bul
Jeruzalem	예루살렘	ye-ru-sal-lem
Kiev	키예프	ki-ye-peu
Kopenhagen	코펜하겐	ko-pen-ha-gen
Kuala Lumpur	콸라룸푸르	kwal-la-rum-pu-reu
Lissabon	리스본	ri-seu-bon
Londen	런던	reon-deon
Los Angeles	로스앤젤레스	ro-seu-aen-jel-le-seu
Lyon	리옹	ri-ong
Madrid	마드리드	ma-deu-ri-deu
Marseille	마르세유	ma-reu-se-yu
Mexico-Stad	멕시코시티	mek-si-ko-si-ti
Miami	마이애미	ma-i-ae-mi
Montreal	몬트리올	mon-teu-ri-ol
Moskou	모스크바	mo-seu-keu-ba
München	뮌헨	mwin-hen
Nairobi	나이로비	na-i-ro-bi
Napels	나폴리	na-pol-li
New York	뉴욕	nyu-yok
Nice	니스	ni-seu
Oslo	오슬로	o-seul-lo
Ottawa	오타와	o-ta-wa
Parijs	파리	pa-ri
Peking	베이징	be-i-jing
Praag	프라하	peu-ra-ha
Rio de Janeiro	리우데자네이루	ri-u-de-ja-ne-i-ru
Rome	로마	ro-ma
Seoel	서울	seo-ul
Singapore	싱가포르	sing-ga-po-reu
Sint-Petersburg	상트페테르부르크	sang-teu-pe-te-reu-bu-reu-keu
Sjanghai	상하이	sang-ha-i
Stockholm	스톡홀름	seu-tok-ol-leum
Sydney	시드니	si-deu-ni
Taipei	타이베이	ta-i-be-i
Tokio	도쿄	do-kyo
Toronto	토론토	to-ron-to
Venetië	베니스	be-ni-seu
Warschau	바르샤바	ba-reu-sya-ba
Washington	워싱턴	wo-sing-teon
Wenen	빈	bln

243. Politiek. Overheid. Deel 1

politiek (de)	정치	jeong-chi
politiek (bn)	정치의	jeong-chi-ui
politicus (de)	정치가	jeong-chi-ga
staat (land)	국가	guk-ga
burger (de)	시민	si-min
staatsburgerschap (het)	시민권	si-min-gwon
nationaal wapen (het)	국장	guk-jang
volkslied (het)	국가	guk-ga
regering (de)	정부	jeong-bu
staatshoofd (het)	국가 수장	guk-ga su-jang
parlement (het)	의회	ui-hoe
partij (de)	정당	jeong-dang
kapitalisme (het)	자본주의	ja-bon-ju-ui
kapitalistisch (bn)	자본주의의	ja-bon-ju-ui-ui
socialisme (het)	사회주의	sa-hoe-ju-ui
socialistisch (bn)	사회주의의	sa-hoe-ju-ui-ui
communisme (het)	공산주의	gong-san-ju-ui
communistisch (bn)	공산주의의	gong-san-ju-ui-ui
communist (de)	공산주의자	gong-san-ju-ui-ja
democratie (de)	민주주의	min-ju-ju-ui
democraat (de)	민주주의자	min-ju-ju-ui-ja
democratisch (bn)	민주주의의	min-ju-ju-ui-ui
democratische partij (de)	민주당	min-ju-dang
liberaal (de)	자유주의자	ja-yu-ju-ui-ja
liberaal (bn)	자유주의의	ja-yu-ju-ui-ui
conservator (de)	보수주의자	bo-su-ju-ui-ja
conservatief (bn)	보수적인	bo-su-jeo-gin
republiek (de)	공화국	gong-hwa-guk
republikein (de)	공화당원	gong-hwa-dang-won
Republikeinse Partij (de)	공화당	gong-hwa-dang
verkiezing (de)	선거	seon-geo
kiezen (ww)	선거하다	seon-geo-ha-da
kiezer (de)	유권자	yu-gwon-ja
verkiezingscampagne (de)	선거 운동	seon-geo un-dong
stemming (de)	선거	seon-geo
stemmen (ww)	투표하다	tu-pyo-ha-da
stemrecht (het)	투표권	tu-pyo-gwon
kandidaat (de)	후보자	hu-bo-ja
zich kandideren	입후보하다	i-pu-bo-ha-da
campagne (de)	캠페인	kaem-pe-in
oppositie- (abn)	반대의	ban-dae-ui

oppositie (de)	반대	ban-dae
bezoek (het)	방문	bang-mun
officieel bezoek (het)	공식 방문	gong-sik bang-mun
internationaal (bn)	국제적인	guk-je-jeo-gin
onderhandelingen (mv.)	협상	hyeop-sang
onderhandelen (ww)	협상하다	hyeop-sang-ha-da

244. Politiek. Overheid. Deel 2

maatschappij (de)	사회	sa-hoe
grondwet (de)	헌법	heon-beop
macht (politieke ~)	권력	gwol-lyeok
corruptie (de)	부패	bu-pae
wet (de)	법률	beom-nyul
wettelijk (bn)	합법적인	hap-beop-jeo-gin
rechtvaardigheid (de)	정의	jeong-ui
rechtvaardig (bn)	공정한	gong-jeong-han
comité (het)	위원회	wi-won-hoe
wetsvoorstel (het)	법안	beo-ban
begroting (de)	예산	ye-san
beleid (het)	정책	jeong-chaek
hervorming (de)	개혁	gae-hyeok
radicaal (bn)	급진적인	geup-jin-jeo-gin
macht (vermogen)	힘	him
machtig (bn)	강력한	gang-nyeo-kan
aanhanger (de)	지지자	ji-ji-ja
invloed (de)	영향	yeong-hyang
regime (het)	정권	jeong-gwon
conflict (het)	갈등	gal-deung
samenzwering (de)	음모	eum-mo
provocatie (de)	도발	do-bal
omverwerpen (ww)	타도하다	ta-do-ha-da
omverwerping (de)	전복	jeon-bok
revolutie (de)	혁명	hyeong-myeong
staatsgreep (de)	쿠데다	ku-de-ta
militaire coup (de)	군사 쿠데타	gun-sa ku-de-ta
crisis (de)	위기	wi-gi
economische recessie (de)	경기침체	gyeong-gi-chim-che
betoger (de)	시위자	si-wi-ja
betoging (de)	데모	de-mo
krijgswet (de)	계엄령	gye-eom-nyeong
militaire basis (de)	군사 거점	gun-sa geo-jeom
stabiliteit (de)	안정	an-jeong
stabiel (bn)	안정된	an-jeong-doen

uitbuiting (de)	착취	chak-chwi
uitbuiten (ww)	착취하다	chak-chwi-ha-da

racisme (het)	인종차별주의	in-jong-cha-byeol-ju-ui
racist (de)	인종차별주의자	in-jong-cha-byeol-ju-ui-ja
fascisme (het)	파시즘	pa-si-jeum
fascist (de)	파시스트	pa-si-seu-teu

245. Landen. Diversen

vreemdeling (de)	외국인	oe-gu-gin
buitenlands (bn)	외국의	oe-gu-gui
in het buitenland (bw)	해외로	hae-oe-ro

emigrant (de)	이민자	i-min-ja
emigratie (de)	이민	i-min
emigreren (ww)	이주하다	i-ju-ha-da

Westen (het)	서양	seo-yang
Oosten (het)	동양	dong-yang
Verre Oosten (het)	극동	geuk-dong

beschaving (de)	문명	mun-myeong
mensheid (de)	인류	il-lyu
wereld (de)	세계	se-gye
vrede (de)	평화	pyeong-hwa
wereld- (abn)	세계의	se-gye-ui

vaderland (het)	고향	go-hyang
volk (het)	국민	gung-min
bevolking (de)	인구	in-gu

mensen (mv.)	사람들	sa-ram-deul
natie (de)	국가	guk-ga
generatie (de)	세대	se-dae

gebied (bijv. bezette ~en)	영토	yeong-to
regio, streek (de)	지방, 지역	ji-bang, ji-yeok
deelstaat (de)	주	ju

traditie (de)	전통	jeon-tong
gewoonte (de)	풍습	pung-seup
ecologie (de)	생태학	saeng-tae-hak

Indiaan (de)	인디언	in-di-eon
zigeuner (de)	집시	jip-si
zigeunerin (de)	집시	jip-si
zigeuner- (abn)	집시의	jip-si-ui

rijk (het)	제국	je-guk
kolonie (de)	식민지	sing-min-ji
slavernij (de)	노예제도	no-ye-je-do
invasie (de)	침략	chim-nyak
hongersnood (de)	기근	gi-geun

246. Grote religieuze groepen. Bekentenissen

religie (de)	종교	jong-gyo
religieus (bn)	종교의	jong-gyo-ui
geloof (het)	믿음	mi-deum
geloven (ww)	믿다	mit-da
gelovige (de)	신자	sin-ja
atheïsme (het)	무신론	mu-sin-non
atheïst (de)	무신론자	mu-sin-non-ja
christendom (het)	기독교	gi-dok-gyo
christen (de)	기독교도	gi-dok-gyo-do
christelijk (bn)	기독교의	gi-dok-gyo-ui
katholicisme (het)	가톨릭	ga-tol-lik
katholiek (de)	가톨릭 신자	ga-tol-lik sin-ja
katholiek (bn)	가톨릭의	ga-tol-li-gui
protestantisme (het)	개신교	gae-sin-gyo
Protestante Kerk (de)	개신교 교회	gae-sin-gyo gyo-hoe
protestant (de)	개신교도	gae-sin-gyo-do
orthodoxie (de)	동방정교	dong-bang-jeong-gyo
Orthodoxe Kerk (de)	동방정교회	dong-bang-jeong-gyo-hoe
orthodox	동방정교 신자	dong-bang-jeong-gyo sin-ja
presbyterianisme (het)	장로교	jang-no-gyo
Presbyteriaanse Kerk (de)	장로교회	jang-no-gyo-hoe
presbyteriaan (de)	장로교 교인	jang-no-gyo gyo-in
lutheranisme (het)	루터교회	ru-teo-gyo-hoe
lutheraan (de)	루터 교회 신자	ru-teo gyo-hoe sin-ja
baptisme (het)	침례교	chim-nye-gyo
baptist (de)	침례교도	chim-nye-gyo-do
Anglicaanse Kerk (de)	성공회	seong-gong-hoe
anglicaan (de)	성공회 신자	seong-gong-hoe sin-ja
mormonisme (het)	모르몬교	mo-reu-mon-gyo
mormoon (de)	모르몬 교도	mo-reu-mon gyo-do
Jodendom (het)	유대교	yu-dae-gyo
jood (aanhanger van het Jodendom)	유대인	yu-dae-in
boeddhisme (het)	불교	bul-gyo
boeddhist (de)	불교도	bul-gyo-do
hindoeïsme (het)	힌두교	hin-du-gyo
hindoe (de)	힌두교도	hin-du-gyo-do
islam (de)	이슬람교	i-seul-lam-gyo
islamiet (de)	이슬람교도	i-seul-lam-gyo-ui

islamitisch (bn)	이슬람의	i-seul-la-mui
sjiisme (het)	시아파 이슬람	si-a-pa i-seul-lam
sjiiet (de)	시아파 신도	si-a-pa sin-do
soennisme (het)	수니파 이슬람	su-ni-pa i-seul-lam
soenniet (de)	수니파 신도	su-ni-pa sin-do

247. Religies. Priesters

priester (de)	사제	sa-je
paus (de)	교황	gyo-hwang
monnik (de)	수도사	su-do-sa
non (de)	수녀	su-nyeo
abt (de)	수도원장	su-do-won-jang
vicaris (de)	교구 목사	gyo-gu mok-sa
bisschop (de)	주교	ju-gyo
kardinaal (de)	추기경	chu-gi-gyeong
predikant (de)	전도사	jeon-do-sa
preek (de)	설교	seol-gyo
kerkgangers (mv.)	교구민	gyo-gu-min
gelovige (de)	신자	sin-ja
atheïst (de)	무신론자	mu-sin-non-ja

248. Geloof. Christendom. Islam

Adam	아담	a-dam
Eva	이브	i-beu
God (de)	신	sin
Heer (de)	하나님	ha-na-nim
Almachtige (de)	전능의 신	jeon-neung-ui sin
zonde (de)	죄	joe
zondigen (ww)	죄를 범하다	joe-reul beom-ha-da
zondaar (de)	죄인	joe-in
zondares (de)	죄인	joe-in
hel (de)	지옥	ji-ok
paradijs (het)	천국	cheon-guk
Jezus	예수	ye-su
Jezus Christus	예수 그리스도	ye-su geu-ri-seu-do
Heilige Geest (de)	성령	seong-nyeong
Verlosser (de)	구세주	gu-se-ju
Maagd Maria (de)	성모 마리아	seong-mo ma-ri-a
duivel (de)	악마	ang-ma
duivels (bn)	악마의	ang-ma-ui

Satan	사탄	sa-tan
satanisch (bn)	사탄의	sa-tan-ui
engel (de)	천사	cheon-sa
beschermengel (de)	수호천사	su-ho-cheon-sa
engelachtig (bn)	천사의	cheon-sa-ui
apostel (de)	사도	sa-do
aartsengel (de)	대천사	dae-cheon-sa
antichrist (de)	적그리스도	jeok-geu-ri-seu-do
Kerk (de)	교회	gyo-hoe
bijbel (de)	성경	seong-gyeong
bijbels (bn)	성경의	seong-gyeong-ui
Oude Testament (het)	구약성서	gu-yak-seong-seo
Nieuwe Testament (het)	신약성서	si-nyak-seong-seo
evangelie (het)	복음	bo-geum
Heilige Schrift (de)	성서	seong-seo
Hemel, Hemelrijk (de)	하늘나라	ha-neul-la-ra
gebod (het)	율법	yul-beop
profeet (de)	예언자	ye-eon-ja
profetie (de)	예언	ye-eon
Allah	알라	al-la
Mohammed	마호메트	ma-ho-me-teu
Koran (de)	코란	ko-ran
moskee (de)	모스크	mo-seu-keu
moellah (de)	물라	mul-la
gebed (het)	기도	gi-do
bidden (ww)	기도하다	gi-do-ha-da
pelgrimstocht (de)	순례 여행	sul-lye yeo-haeng
pelgrim (de)	순례자	sul-lye-ja
Mekka	메카	me-ka
kerk (de)	교회	gyo-hoe
tempel (de)	사원, 신전	sa-won, sin-jeon
kathedraal (de)	대성당	dae-seong-dang
gotisch (bn)	고딕 양식의	go-dik gyang-si-gui
synagoge (de)	유대교 회당	yu-dae-gyo hoe-dang
moskee (de)	모스크	mo-seu-keu
kapel (de)	채플	chae-peul
abdij (de)	수도원	su-do-won
nonnenklooster (het)	수녀원	su-nyeo-won
mannenklooster (het)	수도원	su-do-won
klok (de)	종	jong
klokkentoren (de)	종투	jong-nu
luiden (klokken)	울리다	ul-li-da
kruis (het)	십자가	sip-ja-ga
koepel (de)	둥근 지붕	dung-geun ji-bung

icoon (de)	성상	seong-sang
ziel (de)	영혼	yeong-hon
lot, noodlot (het)	운명	un-myeong
kwaad (het)	악	ak
goed (het)	선	seon
vampier (de)	흡혈귀	heu-pyeol-gwi
heks (de)	마녀	ma-nyeo
demoon (de)	악령	ang-nyeong
geest (de)	정신, 영혼	jeong-sin, yeong-hon
verzoeningsleer (de)	구원	gu-won
vrijkopen (ww)	상환하다	sang-hwan-ha-da
mis (de)	예배, 미사	ye-bae, mi-sa
de mis opdragen	미사를 올리다	mi-sa-reul rol-li-da
biecht (de)	고해	go-hae
biechten (ww)	고해하다	go-hae-ha-da
heilige (de)	성인	seong-in
heilig (bn)	신성한	sin-seong-han
wijwater (het)	성수	seong-su
ritueel (het)	의식	ui-sik
ritueel (bn)	의식의	ui-si-gui
offerande (de)	제물	je-mul
bijgeloof (het)	미신	mi-sin
bijgelovig (bn)	미신의	mi-sin-ui
hiernamaals (het)	내세	nae-se
eeuwige leven (het)	영생	yeong-saeng

DIVERSEN

249. Diverse nuttige woorden

achtergrond (de)	배경	bae-gyeong
balans (de)	균형	gyun-hyeong
basis (de)	근거	geun-geo
begin (het)	시작	si-jak
beurt (wie is aan de ~?)	차례	cha-rye
categorie (de)	범주	beom-ju
comfortabel (~ bed, enz.)	편안한	pyeon-an-han
compensatie (de)	배상	bae-sang
deel (gedeelte)	부분	bu-bun
deeltje (het)	입자	ip-ja
ding (object, voorwerp)	물건	mul-geon
dringend (bn, urgent)	긴급한	gin-geu-pan
dringend (bw, met spoed)	급히	geu-pi
effect (het)	효과	hyo-gwa
eigenschap (kwaliteit)	특질	teuk-jil
einde (het)	끝	kkeut
element (het)	요소	yo-so
feit (het)	사실	sa-sil
fout (de)	실수	sil-su
geheim (het)	비밀	bi-mil
graad (mate)	정도	jeong-do
groei (ontwikkeling)	성장	seong-jang
hindernis (de)	장벽	jang-byeok
hinderpaal (de)	장애	jang-ae
hulp (de)	도움	do-um
ideaal (het)	이상	i-sang
inspanning (de)	노력	no-ryeok
keuze (een grote ~)	선택	seon-taek
labyrint (het)	미궁	mi-gung
manier (de)	방법	bang-beop
moment (het)	순간	sun-gan
nut (bruikbaarheid)	유용성	yu-yong-seong
onderscheid (het)	다름	da-reum
ontwikkeling (de)	개발	gae-bal
oplossing (de)	해결	hae-gyeol
origineel (het)	원본	won-bon
pauze (de)	휴식	hyu-sik
positie (do)	위치	wi-chi
principe (het)	원칙	won-chik

probleem (het)	문제	mun-je
proces (het)	과정	gwa-jeong
reactie (de)	반응	ba-neung

reden (om ~ van)	이유	i-yu
risico (het)	위험	wi-heom
samenvallen (het)	우연	u-yeon
serie (de)	일련	il-lyeon

situatie (de)	상황	sang-hwang
soort (bijv. ~ sport)	종류	jong-nyu
standaard (bn)	기준의	gi-jun-ui
standaard (de)	기준	gi-jun
stijl (de)	스타일	seu-ta-il

stop (korte onderbreking)	정지	jeong-ji
systeem (het)	체계	che-gye
tabel (bijv. ~ van Mendelejev)	표	pyo
tempo (langzaam ~)	완급	wan-geup
term (medische ~en)	용어	yong-eo

type (soort)	형태, 종류	hyeong-tae, jong-nyu
variant (de)	변종	byeon-jong
veelvuldig (bn)	빈번한	bin-beon-han
vergelijking (de)	비교	bi-gyo
voorbeeld (het goede ~)	예	ye

voortgang (de)	진척	jin-cheok
voorwerp (ding)	대상	dae-sang
vorm (uiterlijke ~)	모양	mo-yang
waarheid (de)	진리	jil-li
zone (de)	지대	ji-dae

250. Beperkende bijwoorden. Bijvoeglijke naamwoorden. Deel 1

accuraat (uurwerk, enz.)	꼼꼼한	kkom-kkom-han
achter- (abn)	뒤의	dwi-ui
additioneel (bn)	추가의	chu-ga-ui
anders (bn)	다른	da-reun

arm (bijv. ~e landen)	가난한	ga-nan-han
begrijpelijk (bn)	명쾌한	myeong-kwae-han
belangrijk (bn)	중요한	jung-yo-han
belangrijkst (bn)	가장 중요한	ga-jang jung-yo-han

beleefd (bn)	공손한	gong-son-han
beperkt (bn)	한정된	han-jeong-doen
betekenisvol (bn)	중요한	jung-yo-han
bijziend (bn)	근시의	geun-si-ui
binnen- (abn)	내부의	nae-bu-ui

bitter (bn)	쓴	sseun
blind (bn)	눈먼	nun-meon
breed (een ~e straat)	넓은	neol-beun

breekbaar (porselein, glas)	깨지기 쉬운	kkae-ji-gi swi-un
buiten- (abn)	외부의	oe-bu-ui
buitenlands (bn)	외국의	oe-gu-gui
burgerlijk (bn)	시민의	si-min-ui
centraal (bn)	중앙의	jung-ang-ui
dankbaar (bn)	감사하는	gam-sa-ha-neun
dicht (~e mist)	밀집한	mil-ji-pan
dicht (bijv. ~e mist)	질은	ji-teun
dicht (in de ruimte)	가까운	ga-kka-un
dichtbij (bn)	인근의	in-geu-nui
dichtstbijzijnd (bn)	가장 가까운	ga-jang ga-kka-un
diepvries (~product)	언	naeng-dong-doen
dik (bijv. muur)	두툼한	du-tum-han
dof (~ licht)	희미한	hui-mi-han
dom (dwaas)	미련한	mi-ryeon-han
donker (bijv. ~e kamer)	어두운	eo-du-un
dood (bn)	죽은	ju-geun
doorzichtig (bn)	투명한	tu-myeong-han
droevig (~ blik)	슬픈	seul-peun
droog (bn)	마른	ma-reun
dun (persoon)	야윈	ya-win
duur (bn)	비싼	bi-ssan
eender (bn)	같은	ga-teun
eenvoudig (bn)	쉬운	swi-un
eenvoudig (bn)	단순한	dan-sun-han
eeuwenoude (~ beschaving)	고대의	go-dae-ui
enorm (bn)	거대한	geo-dae-han
geboorte- (stad, land)	태어난 곳의	tae-eo-nan gos-ui
gebruind (bn)	햇볕에 탄	haet-byeo-te tan
gelijkend (bn)	비슷한	bi-seu-tan
gelukkig (bn)	행복한	haeng-bok-an
gesloten (bn)	닫힌	da-chin
getaand (bn)	거무스레한	geo-mu-seu-re-han
gevaarlijk (bn)	위험한	wi-heom-han
gewoon (bn)	보통의	bo-tong-ui
gezamenlijk (~ besluit)	공동의	gong-dong-ui
glad (~ oppervlak)	매끈한	mae-kkeun-han
glad (~ oppervlak)	고른	go-reun
goed (bn)	좋은	jo-eun
goedkoop (bn)	싼	ssan
gratis (bn)	무료의	mu-ryo-ui
groot (bn)	큰	keun
hard (niet zacht)	단단한	dan-dan-han
heel (volledig)	전체의	jeon-che-ui
heet (bn)	뜨거운	tteu-geo-un
hongerig (bn)	배고픈	bae-go-peun

hoofd- (abn)	주요한	ju-yo-han
hoogste (bn)	가장 높은	ga-jang no-peun
huidig (courant)	현재의	hyeon-jae-ui
jong (bn)	젊은	jeol-meun
juist, correct (bn)	맞는	man-neun
kalm (bn)	고요한	go-yo-han
kinder- (abn)	어린이의	eo-ri-ni-ui
klein (bn)	작은	ja-geun
koel (~ weer)	서늘한	seo-neul-han
kort (kortstondig)	단기의	dan-gi-ui
kort (niet lang)	짧은	jjal-beun
koud (~ water, weer)	차가운	cha-ga-un
kunstmatig (bn)	인공의	in-gong-ui
laatst (bn)	마지막의	ma-ji-ma-gui
lang (een ~ verhaal)	긴	gin
langdurig (bn)	장기적인	jang-gi-jeo-gin
lastig (~ probleem)	어려운	eo-ryeo-un
leeg (glas, kamer)	빈	bin
lekker (bn)	맛있는	man-nin-neun
licht (kleur)	밝은	bal-geun
licht (niet veel weegt)	가벼운	ga-byeo-un
linker (bn)	왼쪽의	oen-jjo-gui
luid (bijv. ~e stem)	시끄러운	si-kkeu-reo-un
mager (bn)	깡마른	kkang-ma-reun
mat (bijv. ~ verf)	무광의	mu-gwang-ui
moe (bn)	피곤한	pi-gon-han
moeilijk (~ besluit)	어려운	eo-ryeo-un
mogelijk (bn)	가능한	ga-neung-han
mooi (bn)	아름다운	a-reum-da-un
mysterieus (bn)	신비한	sin-bi-han
naburig (bn)	이웃의	i-us-ui
nalatig (bn)	부주의한	bu-ju-ui-han
nat (~te kleding)	젖은	jeo-jeun
nerveus (bn)	신경질의	sin-gyeong-ji-rui
niet groot (bn)	크지 않은	keu-ji a-neun
niet moeilijk (bn)	힘들지 않은	him-deul-ji a-neun
nieuw (bn)	새로운	sae-ro-un
nodig (bn)	필요한	pi-ryo-han
normaal (bn)	평범한	pyeong-beom-han

251. Beperkende bijwoorden. Bijvoeglijke naamwoorden. Deel 2

onbegrijpelijk (bn)	이해할 수 없는	i-hae-hal su eom-neun
onbelangrijk (bn)	중요하지 않은	jung-yo-ha-ji a-neun
onbeweeglijk (bn)	동요되지 않는	dong-yo-doe-ji an-neun
onbewolkt (bn)	구름 없는	gu-reum eom-neun

ondergronds (geheim)	은밀한	eun-mil-han
ondiep (bn)	얕은	ya-teun
onduidelijk (bn)	불분명한	bul-bun-myeong-han
onervaren (bn)	경험 없는	gyeong-heom eom-neun
onmogelijk (bn)	불가능한	bul-ga-neung-han
onontbeerlijk (bn)	필수적인	pil-su-jeo-gin
onophoudelijk (bn)	연속적인	yeon-sok-jeo-gin
ontkennend (bn)	부정적인	bu-jeong-jeo-gin
open (bn)	열린	yeol-lin
openbaar (bn)	공공의	gong-gong-ui
origineel (ongewoon)	독창적인	dok-chang-jeo-gin
oud (~ huis)	오래된	o-rae-doen
overdreven (bn)	과도한	gwa-do-han
passend (bn)	적합한	jeo-ka-pan
permanent (bn)	영구적인	yeong-gu-jeo-gin
persoonlijk (bn)	개인의	gae-in-ui
plat (bijv. ~ scherm)	평평한	pyeong-pyeong-han
prachtig (~ paleis, enz.)	아름다운	a-reum-da-un
precies (bn)	정확한	jeong-hwak-an
prettig (bn)	좋은	jo-eun
privé (bn)	사적인	sa-jeo-gin
punctueel (bn)	시간을 지키는	si-ga-neul ji-ki-neun
rauw (niet gekookt)	날것의	nal-geos-ui
recht (weg, straat)	곧은	go-deun
rechter (bn)	오른쪽의	o-reun-jjo-gui
rijp (fruit)	익은	i-geun
riskant (bn)	위험한	wi-heom-han
ruim (een ~ huis)	넓은	neol-beun
rustig (bn)	조용한	jo-yong-han
scherp (bijv. ~ mes)	날카로운	nal-ka-ro-un
schoon (niet vies)	깨끗한	kkae-kkeu-tan
slecht (bn)	나쁜	na-ppeun
slim (verstandig)	영리한	yeong-ni-han
smal (~le weg)	좁은	jo-beun
snel (vlug)	빠른	ppa-roun
somber (bn)	어둑어둑한	eo-du-geo-duk-an
speciaal (bn)	특별한	teuk-byeol-han
sterk (bn)	강한	gang-han
stevig (bn)	튼튼한	teun-teun-han
straatarm (bn)	극빈한	geuk-bin-han
teder (liefderijk)	자상한	ja-sang-han
tegenovergesteld (bn)	반대의	ban-dae-ui
tevreden (bn)	만족한	man-jok-an
tevreden (klant, enz.)	만족한	man-jok-an
treurig (bn)	슬픈	seul-peun
tweedehands (bn)	중고의	jung-go-ui
uitstekend (bn)	우수한	u-su-han
uitstekend (bn)	우수한, 완벽한	u-su-han, wan-byeok-an

uniek (bn)	독특한	dok-teuk-an
veilig (niet gevaarlijk)	안전한	an-jeon-han
ver (in de ruimte)	먼	meon

verenigbaar (bn)	호환이 되는	ho-hwan-i doe-neun
vermoeiend (bn)	지치는	ji-chi-neun
verplicht (bn)	의무적인	ui-mu-jeo-gin
vers (~ brood)	신선한	sin-seon-han
verschillende (bn)	다양한	da-yang-han

verst (meest afgelegen)	먼	meon
vettig (voedsel)	지방이 많은	ji-bang-i ma-neun
vijandig (bn)	적대적인	jeok-dae-jeo-gin
vloeibaar (bn)	액체의	aek-che-ui
vochtig (bn)	습한	seu-pan
vol (helemaal gevuld)	가득 찬	ga-deuk chan

volgend (~ jaar)	다음의	da-eum-ui
voorbij (bn)	지나간	ji-na-gan
voornaamste (bn)	주요한	ju-yo-han
vorig (~ jaar)	지난	ji-nan

vriendelijk (aardig)	친절한	chin-jeol-han
vriendelijk (goedhartig)	착한	cha-kan
vrij (bn)	한가한	han-ga-han
vrolijk (bn)	명랑한	myeong-nang-han
vruchtbaar (~ land)	비옥한	bi-ok-an

vuil (niet schoon)	더러운	deo-reo-un
waarschijnlijk (bn)	개연성 있는	gae-yeon-seong in-neun
warm (bn)	따뜻한	tta-tteu-tan
wettelijk (bn)	합법적인	hap-beop-jeo-gin
zacht (bijv. ~ kussen)	부드러운	bu-deu-reo-un

zacht (bn)	낮은	na-jeun
zeldzaam (bn)	드문	deu-mun
ziek (bn)	병든	byeong-deun
zoet (~ water)	민물의	min-mu-rui
zoet (bn)	단	dan

zonnig (~e dag)	화창한	hwa-chang-han
zorgzaam (bn)	배려하는	bae-ryeo-ha-neun
zout (de soep is ~)	짠	jjan
zuur (smaak)	시큼한	si-keum-han
zwaar (~ voorwerp)	무거운	mu-geo-un

DE 500 BELANGRIJKSTE WERKWOORDEN

252. Werkwoorden A-C

aaien (bijv. een konijn ~)	쓰다듬다	sseu-da-deum-da
aanbevelen (ww)	추천하다	chu-cheon-ha-da
aandringen (ww)	주장하다	ju-jang-ha-da
aankomen (ov. de treinen)	도착하다	do-chak-a-da
aanleggen (bijv. bij de pier)	정박시키다	jeong-bak-si-ki-da
aanraken (met de hand)	만지다	man-ji-da
aansteken (kampvuur, enz.)	불을 붙이다	bu-reul bu-chi-da
aanstellen (in functie plaatsen)	지명하다	ji-myeong-ha-da
aanvallen (mil.)	공격하다	gong-gyeo-ka-da
aanvoelen (gevaar ~)	감지하다	gam-ji-ha-da
aanvoeren (leiden)	이끌다	i-kkeul-da
aanwijzen (de weg ~)	가리키다	ga-ri-ki-da
aanzetten (computer, enz.)	켜다	kyeo-da
ademen (ww)	호흡하다	ho-heu-pa-da
adverteren (ww)	광고하다	gwang-go-ha-da
adviseren (ww)	조언하다	jo-eon-ha-da
afdalen (on.ww.)	내려오다	nae-ryeo-o-da
afgunstig zijn (ww)	부러워하다	bu-reo-wo-ha-da
afhakken (ww)	잘라내다	jal-la-nae-da
afhangen van ...	··· 을 신뢰하다	... seul sil-loe-ha-da
afluisteren (ww)	엿듣다	yeot-deut-da
afnemen (verwijderen)	떼다	tte-da
afrukken (ww)	찢다	jjit-da
afslaan (naar rechts ~)	돌다	dol-da
afsnijden (ww)	자르다	ja-reu-da
afzeggen (ww)	취소하다	chwi-so-ha-da
amputeren (ww)	절단하다	jeol-dan-ha-da
amuseren (ww)	즐겁게 하다	jeul-geop-ge ha da
antwoorden (ww)	대답하다	dae-da-pa-da
applaudisseren (ww)	박수를 치다	bak-su-reul chi-da
aspireren (iets willen worden)	··· 를 열망하다	... reul ryeol-mang-ha-da
assisteren (ww)	원조하다	won-jo-ha-da
bang zijn (ww)	무서워하다	mu-seo-wo-ha-da
barsten (plafond, enz.)	갈라지다	gal-la-ji-da
bedienen (in restaurant)	서빙을 하다	seo-bing-eul ha-da
bedreigen (bijv. met een pistool)	협박하다	hyeop-bak-a-da

bedriegen (ww)	속이다	so-gi-da
beduiden (betekenen)	의미하다	ui-mi-ha-da
bedwingen (ww)	억누르다	eong-nu-reu-da
beëindigen (ww)	끝내다	kkeun-nae-da
begeleiden (vergezellen)	동반하다	dong-ban-ha-da
begieten (water geven)	물을 주다	mu-reul ju-da
beginnen (ww)	시작하다	si-jak-a-da
begrijpen (ww)	이해하다	i-hae-ha-da
behandelen (patiënt, ziekte)	치료하다	chi-ryo-ha-da
beheren (managen)	운영하다	u-nyeong-ha-da
beïnvloeden (ww)	영향을 미치다	yeong-hyang-eul mi-chi-da
bekennen (misdadiger)	고백하다	go-baek-a-da
beledigen (met scheldwoorden)	모욕하다	mo-yok-a-da
beledigen (ww)	모욕하다	mo-yok-a-da
beloven (ww)	약속하다	yak-sok-a-da
beperken (de uitgaven ~)	제한하다	je-han-ha-da
bereiken (doel ~, enz.)	달성하다	dal-seong-ha-da
bereiken (plaats van bestemming ~)	이르다	i-reu-da
beschermen (bijv. de natuur ~)	보호하다	bo-ho-ha-da
beschuldigen (ww)	비난하다	bi-nan-ha-da
beslissen (~ iets te doen)	결심하다	gyeol-sim-ha-da
besmet worden (met ...)	옮다	om-da
besmetten (ziekte overbrengen)	감염시키다	gam-nyeom-si-ki-da
bespreken (spreken over)	의논하다	ui-non-ha-da
bestaan (een ~ voeren)	살다	sal-da
bestellen (eten ~)	주문하다	ju-mun-ha-da
bestraffen (een stout kind ~)	벌주다, 처벌하다	beol-ju-da, cheo-beol-ha-da
betalen (ww)	지불하다	ji-bul-ha-da
betekenen (beduiden)	의미하다	ui-mi-ha-da
betreuren (ww)	후회하다	hu-hoe-ha-da
bevallen (prettig vinden)	좋아하다	jo-a-ha-da
bevelen (mil.)	명령하다	myeong-nyeong-ha-da
bevredigen (ww)	만족시키다	man-jok-si-ki-da
bevrijden (stad, enz.)	해방하다	hae-bang-ha-da
bewaren (oude brieven, enz.)	보관하다	bo-gwan-ha-da
bewaren (vrede, leven)	보호하다	bo-ho-ha-da
bewijzen (ww)	증명하다	jeung-myeong-ha-da
bewonderen (ww)	존경하다	jon-gyeong-ha-da
bezitten (ww)	소유하다	so-yu-ha-da
bezorgd zijn (ww)	걱정하다	geok-jeong-ha-da
bezorgd zijn (ww)	걱정하다	geok-jeong-ha-da
bidden (praten met God)	기도하다	gi-do-ha-da

bijvoegen (ww)	추가하다	chu-ga-ha-da
binden (ww)	묶다	muk-da
binnengaan (een kamer ~)	들어가다	deu-reo-ga-da
blazen (ww)	불다	bul-da
blozen (zich schamen)	붉히다	buk-hi-da
blussen (brand ~)	끄다	kkeu-da
boos maken (ww)	화나게 하다	hwa-na-ge ha-da
boos zijn (ww)	… 에게 화내다	… e-ge hwa-nae-da
breken	부러뜨리다	bu-reo-tteu-ri-da
(on.ww., van een touw)		
breken (speelgoed, enz.)	깨뜨리다	kkae-tteu-ri-da
brengen (iets ergens ~)	가져오다	ga-jyeo-o-da
charmeren (ww)	매료하다	mae-ryo-ha-da
citeren (ww)	인용하다	i-nyong-ha-da
compenseren (ww)	보상하다	bo-sang-ha-da
compliceren (ww)	복잡하게 하다	bok-ja-pa-ge ha-da
componeren (muziek ~)	작곡하다	jak-gok-a-da
compromitteren (ww)	위태롭게 하다	wi-tae-rop-ge ha-da
concurreren (ww)	경쟁하다	gyeong-jaeng-ha-da
controleren (ww)	제어하다	je-eo-ha-da
coöpereren (samenwerken)	협동하다	hyeop-dong-ha-da
coördineren (ww)	조정하다	jo-jeong-ha-da
corrigeren (fouten ~)	고치다	go-chi-da
creëren (ww)	창조하다	chang-jo-ha-da

253. Werkwoorden D-K

danken (ww)	감사하다	gam-sa-ha-da
de was doen	빨래하다	ppal-lae-ha-da
de weg wijzen	안내하다	an-nae-ha-da
deelnemen (ww)	참가하다	cham-ga-ha-da
delen (wisk.)	나누다	na-nu-da
denken (ww)	생각하나	saeng-gak-a-da
doden (ww)	죽이다	ju-gi-da
doen (ww)	하다	ha-da
dresseren (ww)	가르치다	ga-reu-chi-da
drinken (ww)	마시다	ma-si-da
drogen (klederen, haar)	말리다	mal-li-da
dromen (in de slaap)	꿈을 꾸다	kku-meul kku-da
dromen (over vakantie ~)	꿈꾸다	kkum-kku-da
duiken (ww)	뛰어들다	ttwi-eo-deul-da
durven (ww)	감히 … 하다	gam-hi … ha-da
duwen (ww)	밀다	mil-da
een auto besturen	자동차를 운전하다	ja-dong-cha-reul run-jeon-ha-da
een bad geven	목욕시키다	mo-gyok-si-ki-da

een bad nemen	목욕하다	mo-gyok-a-da
een conclusie trekken	결론을 내다	gyeol-lo-neul lae-da
een foto maken (ww)	사진을 찍다	sa-ji-neul jjik-da
eisen (met klem vragen)	요구하다	yo-gu-ha-da
erven (ww)	상속하다	sang-sok-a-da
eten (ww)	먹다	meok-da
excuseren (vergeven)	용서하다	yong-seo-ha-da
existeren (bestaan)	존재하다	jon-jae-ha-da
feliciteren (ww)	축하하다	chuk-a-ha-da
gaan (te voet)	가다	ga-da
gaan slapen	잠자리에 들다	jam-ja-ri-e deul-da
gaan zitten (ww)	앉다	an-da
gaan zwemmen	수영하다	su-yeong-ha-da
garanderen (garantie geven)	보증하다	bo-jeung-ha-da
gebruiken (bijv. een potlood ~)	… 를 사용하다	… reul sa-yong-ha-da
gebruiken (woord, uitdrukking)	사용하다	sa-yong-ha-da
geconserveerd zijn (ww)	보존되다	bo-jon-doe-da
gedateerd zijn (ww)	… 부터 시작되다	… bu-teo si-jak-doe-da
gehoorzamen (ww)	복종하다	bok-jong-ha-da
gelijken (op elkaar lijken)	닮다	dam-da
geloven (vinden)	믿다	mit-da
genoeg zijn (ww)	충분하다	chung-bun-ha-da
gieten (in een beker ~)	따르다	tta-reu-da
glimlachen (ww)	미소를 짓다	mi-so-reul jit-da
glimmen (glanzen)	빛나다	bin-na-da
gluren (ww)	엿보다	yeot-bo-da
goed raden (ww)	추측하다	chu-cheuk-a-da
gooien (een steen, enz.)	던지다	deon-ji-da
grappen maken (ww)	농담하다	nong-dam-ha-da
graven (tunnel, enz.)	파다	pa-da
haasten (iemand ~)	재촉하다	jae-chok-a-da
hebben (ww)	가지다	ga-ji-da
helpen (hulp geven)	도와주다	do-wa-ju-da
herhalen (opnieuw zeggen)	반복하다	ban-bok-a-da
herinneren (ww)	기억하다	gi-eok-a-da
herinneren aan … (afspraak, opdracht)	… 을 생각나게 하다	… eul saeng-gang-na-ge ha-da
herkennen (identificeren)	알아보다	a-ra-bo-da
herstellen (repareren)	보수하다	bo-su-ha-da
het haar kammen	빗질하다	bit-jil-ha-da
hopen (ww)	희망하다	hui-mang-ha-da
horen (waarnemen met het oor)	듣다	deut-da
houden van (muziek, enz.)	좋아하다	jo-a-ha-da
huilen (wenen)	울다	ul-da
huiveren (ww)	몸을 떨다	mo-meul tteol-da

huren (een boot ~)	임대하다	im-dae-ha-da
huren (huis, kamer)	임대하다	im-dae-ha-da
huren (personeel)	고용하다	go-yong-ha-da
imiteren (ww)	모방하다	mo-bang-ha-da
importeren (ww)	수입하다	su-i-pa-da
inenten (vaccineren)	접종하다	jeop-jong-ha-da
informeren (informatie geven)	알리다	al-li-da
informeren naar ... (navraag doen)	··· 에 관하여 묻다	... e gwan-ha-yeo mut-da
inlassen (invoegen)	넣다	neo-ta
inpakken (in papier)	포장하다	po-jang-ha-da
inspireren (ww)	영감을 주다	yeong-ga-meul ju-da
instemmen (akkoord gaan)	동의하다	dong-ui-ha-da
interesseren (ww)	관심을 끌다	gwan-si-meul kkeul-da
irriteren (ww)	짜증나게 하다	jja-jeung-na-ge ha-da
isoleren (ww)	고립시키다	go-rip-si-ki-da
jagen (ww)	사냥하다	sa-nyang-ha-da
kalmeren (kalm maken)	진정시키다	jin-jeong-si-ki-da
kennen (kennis hebben van iemand)	알다	al-da
kennismaken (met ...)	··· 와 아는 사이가 되다	... wa a-neun sa-i-ga doe-da
kiezen (ww)	선택하다	seon-taek-a-da
kijken (ww)	보다	bo-da
klaarmaken (een plan ~)	준비하다	jun-bi-ha-da
klaarmaken (het eten ~)	요리하다	yo-ri-ha-da
klagen (ww)	불평하다	bul-pyeong-ha-da
kloppen (aan een deur)	두드리다	du-deu-ri-da
kopen (ww)	사다	sa-da
kopieën maken	복사하다	bok-sa-ha-da
kosten (ww)	값이 ··· 이다	gap-si ... i-da
kunnen (ww)	할 수 있다	hal su it-da
kweken (planten ~)	기르다	gi-reu-da

254. Werkwoorden L-R

lachen (ww)	웃다	ut-da
laden (geweer, kanon)	장탄하다	jang-tan-ha-da
laden (vrachtwagen)	싣다	sit-da
laten vallen (ww)	떨어뜨리다	tteo-reo-tteu-ri-da
lenen (geld ~)	빌리다	bil-li-da
leren (lesgeven)	가르치다	ga-reu-chi-da
leven (bijv. in Frankrijk ~)	살다	sal-da
lezen (een boek ~)	읽다	ik-da
lid worden (ww)	가입하다	ga-i-pa-da
liefhebben (ww)	사랑하다	sa-rang-ha-da
liegen (ww)	거짓말하다	geo-jin-mal-ha-da

liggen (op de tafel ~)	놓여 있다	no-yeo it-da
liggen (persoon)	눕다	nup-da
lijden (pijn voelen)	고통을 겪다	go-tong-eul gyeok-da
losbinden (ww)	풀다	pul-da
luisteren (ww)	듣다	deut-da

lunchen (ww)	점심을 먹다	jeom-si-meul meok-da
markeren (op de kaart, enz.)	표시하다	pyo-si-ha-da
melden (nieuws ~)	알리다	al-li-da
memoriseren (ww)	외우다	oe-u-da

mengen (ww)	섞다	seok-da
mikken op (ww)	겨냥대다	gyeo-nyang-dae-da
minachten (ww)	경멸하다	gyeong-myeol-ha-da
moeten (ww)	… 해야 하다	… hae-ya ha-da

morsen (koffie, enz.)	엎지르다	eop-ji-reu-da
naderen (dichterbij komen)	가까이 가다	ga-kka-i ga-da
neerlaten (ww)	내리다	nae-ri-da
nemen (ww)	잡다	jap-da

nodig zijn (ww)	필요하다	pi-ryo-ha-da
noemen (ww)	부르다	bu-reu-da
noteren (opschrijven)	적다	jeok-da
omhelzen (ww)	껴안다	kkyeo-an-da

omkeren (steen, voorwerp)	뒤집다	dwi-jip-da
onderhandelen (ww)	협상하다	hyeop-sang-ha-da
ondernemen (ww)	착수하다	chak-su-ha-da
onderschatten (ww)	과소평가하다	gwa-so-pyeong-ga-ha-da

onderscheiden (een ereteken geven)	훈장을 주다	hun-jang-eul ju-da
onderstrepen (ww)	밑줄을 긋다	mit-ju-reul geut-da
ondertekenen (ww)	서명하다	seo-myeong-ha-da
onderwijzen (ww)	교육하다	gyo-yuk-a-da

onderzoeken (alle feiten, enz.)	조사하다	jo-sa-ha-da
ongerust maken (ww)	걱정하게 만들다	geok-jeong-ha-ge man-deul-da
onmisbaar zijn (ww)	필요하다	pi-ryo-ha-da
ontbijten (ww)	아침을 먹다	a-chi-meul meok-da

ontdekken (bijv. nieuw land)	발견하다	bal-gyeon-ha-da
ontkennen (ww)	거부하다	geo-bu-ha-da
ontlopen (gevaar, taak)	피하다	pi-ha-da
ontnemen (ww)	박탈하다	bak-tal-ha-da

ontwerpen (machine, enz.)	설계하다	seol-gye-ha-da
oorlog voeren (ww)	참전하다	cham-jeon-ha-da
op orde brengen	정리하다	jeong-ni-ha-da
opbergen (in de kast, enz.)	치우다	chi-u-da
opduiken (ov. een duikboot)	떠오르다	tteo-o-reu-da
openen (ww)	열다	yeol-da
ophangen (bijv. gordijnen ~)	걸다	geol-da

ophouden (ww)	그만두다	geu-man-du-da
oplossen (een probleem ~)	해결하다	hae-gyeol-ha-da
opmerken (zien)	알아차리다	a-ra-cha-ri-da
opmerken (zien)	잠깐 보다	jam-kkan bo-da
opscheppen (ww)	자랑하다	ja-rang-ha-da
opschrijven (op een lijst)	적어 넣다	jeo-geo neo-ta
opschrijven (ww)	적다	jeok-da
opstaan (uit je bed)	일어나다	i-reo-na-da
opstarten (project, enz.)	착수하다	chak-su-ha-da
opstijgen (vliegtuig)	이륙하다	i-ryuk-a-da
optreden (resoluut ~)	행동하다	haeng-dong-ha-da
organiseren (concert, feest)	조직하다	jo-jik-a-da
overdoen (ww)	다시 하다	da-si ha-da
overheersen (dominant zijn)	발호하다	bal-ho-ha-da
overschatten (ww)	과대평가하다	gwa-dae-pyeong-ga-ha-da
overtuigd worden (ww)	확신하다	hwak-sin-ha-da
overtuigen (ww)	납득시키다	nap-deuk-si-ki-da
passen (jurk, broek)	어울리다	eo-ul-li-da
passeren	지나다	ji-na-da
(~ mooie dorpjes, enz.)		
peinzen (lang nadenken)	생각에 잠기다	saeng-ga-ge jam-gi-da
penetreren (ww)	꿰뚫다	kkwe-ttul-ta
plaatsen (ww)	놓다	no-ta
plaatsen (zetten)	배치하다	bae-chi-ha-da
plannen (ww)	계획하다	gye-hoek-a-da
plezier hebben (ww)	즐기다	jeul-gi-da
plukken (bloemen ~)	따다	tta-da
prefereren (verkiezen)	선호하다	seon-ho-ha-da
proberen (trachten)	해보다	hae-bo-da
proberen (trachten)	시도하다	si-do-ha-da
protesteren (ww)	항의하다	hang-ui-ha-da
provoceren (uitdagen)	도발하다	do-bal-ha-da
raadplegen (dokter, enz.)	상담하다	sang-dam-ha-da
rapporteren (ww)	보고하다	bo-go-ha-da
redden (ww)	구조하다	gu-jo-ha-da
regelen (conflict)	해결하다	hae-gyeol-ha-da
reinigen (schoonmaken)	닦다	dak-da
rekenen op …	… 에 의지하다	… e ui-ji-ha-da
rennen (ww)	달리다	dal-li-da
reserveren	예약하다	ye-yak-a-da
(een hotelkamer ~)		
rijden (per auto, enz.)	가다	ga-da
rillen (ov. de kou)	추워서 떨다	chu-wo-seo tteol-da
riskeren (ww)	위험을 무릅쓰다	wi-heo-meul mu-reup-sseu-da
roepen (met je stem)	부르다	bu-reu-da

roepen (om hulp)	부르다, 요청하다	bu-reu-da, yo-cheong-ha-da
ruiken (bepaalde geur verspreiden)	냄새가 나다	naem-sae-ga na-da
ruiken (rozen)	냄새를 맡다	naem-sae-reul mat-da
rusten (verpozen)	쉬다	swi-da

255. Verbs S-V

samenstellen, maken (een lijst ~)	작성하다	jak-seong-ha-da
schieten (ww)	쏘다	sso-da
schoonmaken (bijv. schoenen ~)	닦다	dak-da
schoonmaken (ww)	청소하다	cheong-so-ha-da
schrammen (ww)	할퀴다	hal-kwi-da
schreeuwen (ww)	소리치다	so-ri-chi-da
schrijven (ww)	쓰다	sseu-da
schudden (ww)	흔들다	heun-deul-da
selecteren (ww)	고르다	go-reu-da
simplificeren (ww)	단순화하다	dan-sun-hwa-ha-da
slaan (een hond ~)	때리다	ttae-ri-da
sluiten (ww)	닫다	dat-da
smeken (bijv. om hulp ~)	애걸하다	ae-geol-ha-da
souperen (ww)	저녁을 먹다	jeo-nyeo-geul meok-da
spelen (bijv. filmacteur)	연기하다	yeon-gi-ha-da
spelen (kinderen, enz.)	놀다	nol-da
spreken met ...	… 와 말하다	… wa mal-ha-da
spuwen (ww)	뱉다	baet-da
stelen (ww)	훔치다	hum-chi-da
stemmen (verkiezing)	투표하다	tu-pyo-ha-da
steunen (een goed doel, enz.)	지지하다	ji-ji-ha-da
stoppen (pauzeren)	정지하다	jeong-ji-ha-da
storen (lastigvallen)	방해하다	bang-hae-ha-da
strijden (tegen een vijand)	싸우다	ssa-u-da
strijden (ww)	전투하다	jeon-tu-ha-da
strijken (met een strijkbout)	다림질하다	da-rim-jil-ha-da
studeren (bijv. wiskunde ~)	공부하다	gong-bu-ha-da
sturen (zenden)	보내다	bo-nae-da
tellen (bijv. geld ~)	세다	se-da
terugkeren (ww)	되돌아가다	doe-do-ra-ga-da
terugsturen (ww)	돌려보내다	dol-lyeo-bo-nae-da
toebehoren aan ...	… 에 속하다	… e sok-a-da
toegeven (zwichten)	굴복하다	gul-bok-a-da
toenemen (on. ww)	늘다	neul-da
toespreken (zich tot iemand richten)	말을 걸다	ma-reul geol-da

| toestaan (goedkeuren) | 허락하다 | heo-rak-a-da |
| toestaan (ww) | 허락하다 | heo-rak-a-da |

toewijden (boek, enz.)	헌정하다	heon-jeong-ha-da
tonen (uitstallen, laten zien)	보여주다	bo-yeo-ju-da
trainen (ww)	훈련하다	hul-lyeon-ha-da
transformeren (ww)	변형시키다	byeon-hyeong-si-ki-da

trekken (touw)	잡아당기다	ja-ba-dang-gi-da
trouwen (ww)	결혼하다	gyeol-hon-ha-da
tussenbeide komen (ww)	간섭하다	gan-seo-pa-da
twijfelen (onzeker zijn)	의심하다	ui-sim-ha-da

uitdelen (pamfletten ~)	나누어 주다	na-nu-eo ju-da
uitdoen (licht)	끄다	kkeu-da
uitdrukken (opinie, gevoel)	표현하다	pyo-hyeon-ha-da
uitgaan (om te dineren, enz.)	나가다	na-ga-da
uitlachen (bespotten)	조롱하다	jo-rong-ha-da

uitnodigen (ww)	초대하다	cho-dae-ha-da
uitrusten (ww)	설비하다	seol-bi-ha-da
uitsluiten (wegsturen)	제명하다	je-myeong-ha-da
uitspreken (ww)	발음하다	ba-reum-ha-da

uittorenen (boven ...)	우뚝 솟다	u-ttuk sot-da
uitvaren tegen (ww)	꾸짖다	kku-jit-da
uitvinden (machine, enz.)	발명하다	bal-myeong-ha-da
uitwissen (ww)	지우다	ji-u-da

vangen (ww)	잡다	jap-da
vastbinden aan ...	... 에 묶다	... e muk-da
vechten (ww)	싸우다	ssa-u-da
veranderen (bijv. mening ~)	바꾸다	ba-kku-da

verbaasd zijn (ww)	놀라다	nol-la-da
verbazen (verwonderen)	놀라게 하다	nol-la-ge ha-da
verbergen (ww)	숨기다	sum-gi-da
verbieden (ww)	금지하다	geum-ji-ha-da

verblinden (andere chauffeurs)	앞이 안 보이게 만들다	a-pi an bo-i-ge man-deul-da
verbouwereerd zijn (ww)	뻥뻥하다	ppeong-ppeong-ha-da
verbranden (bijv. papieren ~)	태우다	tae-u-da
verdedigen (je land ~)	방어하다	bang-eo-ha-da

verdenken (ww)	수상히 여기다	su-sang-hi yeo-gi-da
verdienen (een complimentje, enz.)	받을 만하다	ba-deul man-ha-da
verdragen (tandpijn, enz.)	참다	cham-da
verdrinken (in het water omkomen)	익사하다	ik-sa-ha-da

verdubbelen (ww)	두 배로 하다	du bae-ro ha-da
verdwijnen (ww)	사라지다	sa-ra-ji-da
verenigen (ww)	연합하다	yeon-ha-pa-da
vergelijken (ww)	비교하다	bi-gyo-ha-da

vergeten (achterlaten)	두고 오다	du-go o-da
vergeten (ww)	잊다	it-da
vergeven (ww)	용서하다	yong-seo-ha-da
vergroten (groter maken)	늘리다	neul-li-da
verklaren (uitleggen)	설명하다	seol-myeong-ha-da

verklaren (volhouden)	확언하다	hwa-geon-ha-da
verklikken (ww)	고발하다	go-bal-ha-da
verkopen (per stuk ~)	팔다	pal-da
verlaten (echtgenoot, enz.)	떠나다	tteo-na-da
verlichten (gebouw, straat)	비추다	bi-chu-da

verlichten (gemakkelijker maken)	쉽게 하다	swip-ge ha-da
verliefd worden (ww)	··· 와 사랑에 빠지다	... wa sa-rang-e ppa-ji-da
verliezen (bagage, enz.)	잃어버리다	i-reo-beo-ri-da
vermelden (praten over)	언급하다	eon-geu-pa-da

vermenigvuldigen (wisk.)	곱하다	go-pa-da
verminderen (ww)	줄이다	ju-ri-da
vermoeid raken (ww)	피곤하다	pi-gon-ha-da
vermoeien (ww)	피곤하게 하다	pi-gon-ha-ge ha-da

256. Verbs V-Z

vernietigen (documenten, enz.)	파괴하다	pa-goe-ha-da
veronderstellen (ww)	추측하다	chu-cheuk-a-da
verontwaardigd zijn (ww)	분개하다	bun-gae-ha-da
veroordelen (in een rechtszaak)	선고하다	seon-go-ha-da

veroorzaken ... (oorzaak zijn van ...)	··· 의 이유가 되다	... ui i-yu-ga doe-da
verplaatsen (ww)	옮기다	om-gi-da
verpletteren (een insect, enz.)	눌러서 뭉개다	nul-leo-seo mung-gae-da
verplichten (ww)	강요하다	gang-yo-ha-da
verschijnen (bijv. boek)	출간되다	chul-gan-doe-da

verschijnen (in zicht komen)	나타나다	na-ta-na-da
verschillen (~ van iets anders)	다르다	da-reu-da
versieren (decoreren)	장식하다	jang-sik-a-da
verspreiden (pamfletten, enz.)	배포하다	bae-po-ha-da

verspreiden (reuk, enz.)	발산하다	bal-san-ha-da
versterken (positie ~)	강화하다	gang-hwa-ha-da
verstommen (ww)	말하기를 멈추다	mal-ha-gi-reul meom-chu-da
vertalen (ww)	번역하다	beo-nyeok-a-da
vertellen (verhaal ~)	이야기하다	i-ya-gi-ha-da
vertrekken (bijv. naar Mexico ~)	떠나다	tteo-na-da

vertrouwen (ww)	신뢰하다	sil-loe-ha-da
vervolgen (ww)	계속하다	gye-sok-a-da
verwachten (ww)	예상하다	ye-sang-ha-da
verwarmen (ww)	데우다	de-u-da
verwarren (met elkaar ~)	혼동하다	hon-dong-ha-da
verwelkomen (ww)	인사하다	in-sa-ha-da
verwezenlijken (ww)	현실로 만들다	hyeon-sil-lo man-deul-da
verwijderen (een obstakel)	제거하다	je-geo-ha-da
verwijderen (een vlek ~)	없애다	eop-sae-da
verwijten (ww)	책망하다	chaeng-mang-ha-da
verwisselen (ww)	교환하다	gyo-hwan-ha-da
verzoeken (ww)	부탁하다	bu-tak-a-da
verzuimen (school, enz.)	결석하다	gyeol-seok-a-da
vies worden (ww)	더러워지다	deo-reo-wo-ji-da
vinden (denken)	믿다	mit-da
vinden (ww)	찾다	chat-da
vissen (ww)	낚시질하다	nak-si-jil-ha-da
vleien (ww)	아첨하다	a-cheom-ha-da
vliegen (vogel, vliegtuig)	날다	nal-da
voederen (een dier voer geven)	먹이다	meo-gi-da
volgen (ww)	··· 를 따라가다	... reul tta-ra-ga-da
voorstellen (introduceren)	소개하다	so-gae-ha-da
voorstellen (Mag ik jullie ~)	소개하다	so-gae-ha-da
voorstellen (ww)	제안하다	je-an-ha-da
voorzien (verwachten)	예상하다	ye-sang-ha-da
vorderen (vooruitgaan)	나아가다	na-a-ga-da
vormen (samenstellen)	이루다	i-ru-da
vullen (glas, fles)	채우다	chae-u-da
waarnemen (ww)	지켜보다	ji-kyeo-bo-da
waarschuwen (ww)	경고하다	gyeong-go-ha-da
wachten (ww)	기다리다	gi-da-ri-da
wassen (ww)	씻다	ssit-da
weerspreken (ww)	반대하다	ban-dae-ha-da
wegdraaien (ww)	돌아서다	do-ra-seo-da
wegdragen (ww)	가져가다	ga-jyeo-ga-da
wegen (gewicht hebben)	무게를 달다	mu-ge-reul dal-da
wegjagen (ww)	몰아내다	mo-ra-nae-da
weglaten (woord, zin)	생략하다	saeng-nyak-a-da
wegvaren (uit de haven vertrekken)	출항하다	chul-hang-ha-da
weigeren (iemand ~)	거부하다	geo-bu-ha-da
wekken (ww)	깨우다	kkae-u-da
wensen (ww)	원하다	won-ha-da
werken (ww)	일하다	il-ha-da
weten (ww)	알다	al-da

willen (verlangen)	원하다	won-ha-da
wisselen (omruilen, iets ~)	교환하다	gyo-hwan-ha-da
worden (bijv. oud ~)	되다	doe-da
worstelen (sport)	레슬링하다	re-seul-ling-ha-da
wreken (ww)	복수하다	bok-su-ha-da

zaaien (zaad strooien)	뿌리다	ppu-ri-da
zeggen (ww)	말하다	mal-ha-da
zich baseerd op	··· 에 근거하다	... e geun-geo-ha-da
zich bevrijden van ... (afhelpen)	··· 를 제거하다	... reul je-geo-ha-da

zich concentreren (ww)	집중하다	jip-jung-ha-da
zich ergeren (ww)	짜증을 부리다	jja-jeung-eul bu-ri-da
zich gedragen (ww)	행동하다	haeng-dong-ha-da
zich haasten (ww)	서두르다	seo-du-reu-da
zich herinneren (ww)	기억하다	gi-eok-a-da

zich herstellen (ww)	회복하다	hoe-bok-a-da
zich indenken (ww)	상상하다	sang-sang-ha-da
zich interesseren voor ...	··· 에 관심을 가지다	... e gwan-si-meul ga-ji-da
zich scheren (ww)	깎다	kkak-da

zich trainen (ww)	훈련하다	hul-lyeon-ha-da
zich verdedigen (ww)	자기 보호하다	ja-gi bo-ho-ha-da
zich vergissen (ww)	실수하다	sil-su-ha-da
zich verontschuldigen	사과하다	sa-gwa-ha-da

| zich vervelen (ww) | 심심하다 | sim-sim-ha-da |
| zijn (ww) | 있다 | it-da |

zinspelen (ww)	암시하다	am-si-ha-da
zitten (ww)	앉다	an-da
zoeken (ww)	··· 를 찾다	... reul chat-da
zondigen (ww)	죄를 범하다	joe-reul beom-ha-da

zuchten (ww)	한숨을 쉬다	han-su-meul swi-da
zwaaien (met de hand)	손을 흔들다	so-neul heun-deul-da
zwemmen (ww)	수영하다	su-yeong-ha-da
zwijgen (ww)	침묵을 지키다	chim-mu-geul ji-ki-da

www.ingramcontent.com/pod-product-compliance
Lightning Source LLC
Chambersburg PA
CBHW071324090426
42738CB00012B/2782